城乡融合发展
与农民权益保障研究

CHENG XIANG RONG HE FA ZHAN
YU NONG MIN QUAN YI BAO ZHANG YAN JIU

史卫民等◎著

中国法制出版社
CHINA LEGAL PUBLISHING HOUSE

前　言

党的十八大以来，为了解决农业农村领域发展严重滞后的问题，缩小城乡发展差距，促进城乡融合发展，党中央、国务院加大了农业农村领域的改革，相继推出了征地制度改革、土地承包经营权抵押融资、土地承包经营权自愿有偿退出、深化新型农业经营主体改革、乡村振兴战略等，为新时代农业农村的发展注入了新的活力。在深化农业农村改革和城乡融合发展中，有一条主线就是农民权益不受侵害。在征地制度改革中，完善对被征地农民合理、规范、多元保障机制。建立兼顾国家、集体、个人的土地增值收益分配机制，合理提高个人收益。加大土地征收补偿安置中农民权益保护，完善被征地农民养老保险制度。在土地承包经营权抵押融资中防范金融风险，土地承包权自愿有偿退出，农民专业合作社运行中社员权益保护等方面，都把保护农民权益放在首位，让农民共享改革发展的成果。

全书共分为六章。第一章为农地征收中增值收益分配法律保障研究。从土地收益及增值收益分配的基本理论入手，对增值收益分配中的利益主体进行了研究。通过对陕西省农地征收中增值收益分配的实践探索，归纳出我国农地征收中增值收益分配主要存在利益主体分配不公平、农民利益保护不到位、收益分配程序不完整、分配过程监管力度差、分配纠纷解决渠道窄等问题。提出农地征收中增值收益分配应遵循公平公正、利益均衡、平等保护等基本原则。通过严格监督约束政府权力，保障农村集体合法权益，适当提高农民分配比例，规范收益分配过程程序，强化收益分配监督机制，妥善解决收益分配纠纷来加以解决。

第二章为征地补偿安置中农民权益法律保护研究。征地补偿安置中的农民权益是与政治、经济和发展有密切关系的知情权、参与权、决策权、监督权、财产权、社会保障权以及救济权。我国在征地补偿安置中农民权益的保护仍存在补偿安置规定不够完善，补偿安置主体参与失衡，补偿安置程序过于形式，补偿安置模式普遍单一，补偿安置监督力度不够，补偿安置纠纷难以解决等问题。通过对美国、日本、韩国征地补偿安置中农民权益保护的考察，其征地补偿安置法规较为完善，征地补偿安置程序较为严格，征地补偿安置监督体系健全等对我国提供了有益的经验和借鉴。我国征地补偿安置中应遵循公平正义、资源优化配置以及以人为本原则，在具体的措施上应当完善补偿安置中的制度性规定，细化补偿安置中的程序性事项，构建多元规范的补偿安置模式，提高补偿安置中的全面监督力，健全补偿安置的社会保障机制，加大补偿安置纠纷的救济机制，以此来规范和保障征地补偿安置中农民权益的切实保护。

第三章为被征地农民养老保险法律问题研究。建立完善的被征地农民养老保险法律制度对降低被征地农民的养老风险、促进城乡一体化发展、维护农村社会和谐稳定都具有重要的理论意义和实践价值。在概括分析被征地农民养老保险法律规范现状的基础上，我国被征地农民养老保险存在法律体系不完备，征地补偿不合理，监督机制不完善，就业培训不配套等问题。通过对域外发达国家农民养老保险法律制度的比较考察，完善的立法、严格的程序、合理的补偿、有保障的就业给我们提供了有益的借鉴。完善被征地农民养老保险法律制度要坚持以低水平保障为起点，与经济发展水平相适应原则；坚持保障资金由政府、集体、个人三方共同负担的原则；公平与效率兼顾的原则。同时完善城乡居民养老保险法律体系，制定科学合理公平土地补偿标准，健全养老保险的管理与监督机制，加大被征地农民再就业培训力度。

第四章为土地承包经营权抵押中债权人风险防范法律对策研究。深入研究土地承包经营权抵押中债权人风险防范法律对策对促进金融机构积极开展此项业务，加快农村金融改革创新，推进城乡一体化建设都有着重要的理论意义和现实意义。土地承包经营权抵押中债权人的主要风险包括法律风险、操作风险、信用风险、变现风险 4 个方面。通过对国内陕西省高陵区、福建省沙县、四川省成都市、宁夏回族自治区平罗县土地承包经营权抵押中风险防范主要做法的考察，政府的大力支持、合理的融资模式、科学的评估方法、有效的风险防范给我们提供了有益的启示。从建立健全相关法律法规、强化农地信贷规范管理、创新信贷担保组合方式、构筑风险分担补偿机制、完善农地价值评估机制和加强农户信用体系建设 6 个方面提出了债权人风险防范的法律对策。

第五章为农村土地承包经营权（以下简称农地承包权）退出法律制度构建

研究。在界定农地承包权退出的概念和性质基础上，阐明了农地承包权退出的3种主要类型，梳理了农地承包权退出的发展演变。对当前国内农地承包权有偿退出改革试点的江苏省金湖县、四川省内江市、重庆市梁平县和宁夏平罗县的试点做法进行对比分析，其权属清晰是基础，设置条件是前提，农民自愿是根本，合理补偿是关键，防范风险是保障为制度构建提供了经验启示。明确农地承包权退出的主体，规范退出方为农户，确立了退出条件和程序；统一接收方为村农民集体经济组织。构建农地承包权退出补偿制度，补偿原则应坚持公平、“谁受益，谁补偿”、可持续发展原则。补偿主体和资金来源包括村集体经济组织、地方和中央政府、新的农地经营者。补偿标准构成应包含土地资源自身价值、社会保障价值、增值收益价值、维持稳定价值和心理要素价值5部分。补偿方式包括一次性经济补偿、社会保障性补偿、多元化退出补偿。防范农地承包权退出的风险，农地承包权退出中主要面临法律风险、失业风险和生存风险，应从完善农地承包权退出的法律法规、建立退出农民就业培训保障机制、健全退出农民社会保障衔接制度防范风险。

第六章为农民专业合作社社员权益保护法律问题研究。在对合作社的概念、特征、法律地位分析基础上，对合作社社员权益的内容、性质及社员权益保护的理论基础进行了探讨。重点就农民专业合作社成立、运行、分配、监督中社员权益保护进行了分析，归纳了存在问题，提出了相应的完善建议。

目录

CONTENTS

第三章 被征地农民养老保险法律问题研究

第四章 土地承包经营权抵押中债权人风险防范法律对策研究

第五章 农地承包权退出法律制度构建研究

第一章 | 农地征收中增值收益分配法律保障研究

一、问题的提出

十八大报告中提出要“大幅提高农民在集体土地增值收益中的分配比例”。十八届三中全会进一步提出：缩小征地范围，规范征地程序，完善对被征地农民合理、规范、多元保障机制。建立兼顾国家、集体、个人的土地增值收益分配机制，合理提高个人收益。再次强调合理提高个人收益，减小利益分配格局差异，缩减城乡差异、贫富差异。2015 年 1 月，中央印发了《关于农村土地征收、集体经营性建设用地入市、宅基地制度改革试点工作的意见》，在农村土地征收改革方面提出了要探索缩小土地征收范围，规范制定征收目录，健全矛盾纠纷调处机制，全面公开土地征收信息，完善对被征地农民合理、规范、多元保障机制等。近年来，我国经济水平有了飞速发展，不能一味地靠牺牲农民的土地财产权利来降低工业化城镇化成本。我们有必要也有条件来大幅度提高农民在土地增值收益中的分配比例。

自中国共产党第十八次全国代表大会（简称中共十八大）以来，中央一号文件中反复强调要改革征地制度，提高农民在土地增值收益中的分配比例。这体现了国家对“三农”问题及维护农民权益的高度重视。随着我国城市化进程的不断深入，国有土地资源的递减与城市用地需求的递增所带来的矛盾逐渐显现，城市区域大批扩张，土地成为地方政府牟利的武器。因此，地方政府纷纷将投资目光转向农村土地，大量农村集体土地转变为城市土地。与此同时，政府的土地租费、税费收入也大幅度增加，土地财政在一定程度上减轻了地方政府的财政负担，为了保证地方政府稳定的财政收入，城市拆迁和征地事件频频上演，随之而来的是大量的失地农民。

在社会的重压下，失地农民往往缺乏技能，在城市里找不到谋生出路，并且在土地征收中获得征地增值收益分配过低，生活完全得不到保障。一方面，由于农村集体和农民被排除在被征土地的增值收益分配之外，在许多农民眼里，征地在一定程度上让自己的利益受到损害，心理或多或少有点难以接受，从而引发一系列的社会问题；另一方面，政府和投资商占有了绝大部分土地增值收益，农民在此过程获得的补偿相当微薄，一些政府官员利用手中职权在土地征收增值收益分配过程中以权谋私，引起村集体和农民个人的极度不满。

以上种种情况都说明我国农地征收过程中增值收益分配制度存在许多不合理因素，这引发了社会各界对土地增值收益分配的广泛讨论。如何合理分配土地增值收益，保护农民利益，激发土地使用者的生产积极性，实现土地的高效利用和城市经济的稳定增长，已成为我国土地资源管理的重要研究课题之一。因此，只有实现相关权利主体在土地征收中公平分配增值收益，才能确保土地制度的健全，促进社会的和谐发展。

二、农村土地增值收益分配的理论基础

（一）土地增值收益的概念界定

1. 土地收益

土地收益是指经营土地所获得的收益或报酬，它包括农业土地收益和非农土地收益，农业土地收益是指从事农、林、牧、副、渔等农业劳动所获得的劳动报酬，非农土地收益是指通过土地征用和土地流转（土地出租、抵押、转包、转让等）带来的收入[①]。在我国，土地所有权不能流转。土地流转指的仅仅是土地承包经营权的转移，而非所有权的转移，因此，土地流转所产生的土地收益并不是土地所有权的交换价值，而是土地承包经营权所包含的交换价值。如果将农民集体组织和农户考虑为土地收益分配的主体，那么在农地非农化或政府征地过程中所获得的征地补偿安置费也是一种土地收益。土地收益按用途和属性不同分为以下几类：

（1）土地产出收益

土地产出收益既包括直接耕种土地所得的收入，还包括土地流转所得的收入。它是农民赖以生存和就业、养老和医疗、教育等基本生活的有力保障。

---

① 韩芳：《农村土地养老保障功能研究》，知识产权出版社 2011 年版，第 50—70 页。

（2）土地增值收益

土地的增值收益也就是土地发展权，随着社会的进步和经济的快速发展，尤其随着我国城市化进程加速，土地通过变化用途而发生的增值，形成了土地收益新的变化[①]。

农用地和城镇建设用地在同一区域的供求差别很大：一块土地从原来的农用地转为建设用地后，并不会改变这片区域对农用地和城镇建设用地的供求，只是土地转变用途后流入不同的市场，土地价格相应发生变化，而变化前后的差额就是征地的增值收益。

（3）级差地租

不同地块的土地等级不同，土地的肥沃程度、地理位置上的差别都影响着土地质量和等级，即级差地租。土地状况直接影响到农产品出产率，肥沃的土地比贫瘠的土地产出的农产品数量更多、质量更好，规整的土地与不规整的土地相比，前者更方便机械化生产和技术投入。

土地是农产品的生产基础，再高端的技术支持、再有经验的人力投入，都要与土地结合才能生产出农产品。土地状况对农产品的收益产生影响，农产品实现收益与土地上各种因素和土地周围各种因素息息相关。

土地与一定的区位密切相关，还与周围的自然条件、经济状况、交通设施等紧密相连。土地周围的水资源丰富、植被保护完整、温度适宜比水资源匮乏、植被破坏严重、干旱的土地更有利于生产农业；靠近市中心、人流量大的地区的土地产出物的价格远高于远离市区、人烟稀少的地区；交通便利的地区，农产品的流通速度与成本比地处偏僻地区的农产品的流通速度快、流通成本低。

（4）土地潜在收益

土地的潜在收益是指随着经济的飞速发展，土地价值也随之不断提高。在分析土地的潜在收益时，我们应当看到现代农业生产的多元化，现在的农业生产不仅仅单指农作物的生产，它还包括生态环境、旅游、观光、休闲、农副业以及初级农产品加工等综合性土地利用的收益。农民对土地产生一种依赖关系，农民的生存与土地息息相关，在工商业不发达的农村，土地是他们最仰赖也是唯一的生存资料，在农民心目中，土地是他们赖以生存的依靠。

---

① 朱一中，王哲：《土地增值收益管理研究综述》，载《华南理工大学学报》（社会科学版）2014年第2期，第48—51页。

2. 土地增值收益

（1）概念

土地增值收益，是指农业用地转为建设用地并开发后，达到建设用地的某种利用条件而发生的增值，而土地增值收益的增加，一般而言主要来源于两种：要素的投入使得土地价值的增加和土地供需关系的变化而引起的土地价值增加[①]。

（2）计算方法

土地增值收益的构成要素及计算土地增值收益的计算方法为：土地增值收益 =（征地补偿费＋土地开发费＋城市建设大配套费＋税费＋投资利息＋投资利润）× 土地增值率[②]。

（3）土地增值率大小的因素：

根据用途不同，土地的增值率也不相同，一般从高到低依次排序为：商业—住宅—工业。

根据级别不同，土地增值率也不相同，一般从高到低依次排序为：一级—四级，土地增值率的高低可以参照样点地价的测算结果，并参考往年的出让、转让和估价资料，结合专家的意见来进行评估。一般来讲，土地增值率的确定通常是由一种用途先确定一个级别的土地增值率，然后根据递增或递减幅度来确定其他级别的土地增值率。

土地增值收益中既包括现期收益，也包括预期收益，就如在预计土地价格时，除了考虑土地的实际价格之外，还会参考以往的出让、转让和估价资料，结合经验以及社会发展等因素对土地未来的价格进行预期，并以此对现期的土地价格进行调整。因此，由于预期而使得土地价格调整所带来的收益也应包含在土地增值收益中。

（二）土地增值的来源分析

土地增值根据其是否来自土地使用者的贡献而将其划分为人工增值和自然

① 田冀：《原划拨用地入市后土地增值收益率的分区研究》，载《国土资源科技管理》2013 年第 3 期，第 87—92 页。

② 刘明浩，邱道持：《储备土地增值收益激励与收益测算研究》，载《生态经济》（学术版）2008 年第 1 期，第 127—132 页。

增值[①]，前者指土地使用者或经营者直接投资而形成的土地增值，后者指受经济社会发展、土地供需、政策等影响而形成的土地增值，包括基础设施建设和投资辐射性效应而形成的土地增值。同时，土地增值的形成及其大小，是与土地生产及投资的程度密切相关的，因此又可以把土地增值划分为投资转移增值和非投资转移增值[②]。

1. 投资移转增值

投资转移增值指的是个别投资主体向土地投入劳动、资金等生产要素，这些具体有效的投资活动对土地产生直接影响，并以经济效益的形式直接转到土地上而形成的土地增值。一般来说，投资转移增值中明确来源于投资主体的部分归投资主体所有。根据生产性要素的不同，又把投资转移增值分为内部直接投资增值和外部辐射性投资增值。

内部直接投资增值是指土地使用者或经营者对土地进行连续不断的投资，从而使得该块土地的生产力提高并产生相应的土地增值。此类增值在租约期内转化为级差地租 II，归土地使用者（包括经营者或投资者）所有。通常是作为生产成本的资本投入，在实际中并无流失，在租约期外则转化为级差地租 I 而归土地所有者所有，本文主要考虑租约期内的土地增值情况，认为内部直接投资增值归土地使用者所有。比如，土地开发商对土地进行“五通一平”“七通一平”等，这些直接性的基础设施建设投入使得该土地能够适合特定的建设需要而引起土地增值，此时的投入资本通常被纳入基建成本。

外部辐射性投资增值是指除了土地使用者或经营者之外的投资主体在土地上进行投资，其进行的投资活动并非以提高原土地使用者或经营者的土地价值为投资目的，但却产生了溢出效益而形成土地增值，同时这种溢出效益影响的并非某特定地块，而是某区域或相邻近的一些地块[③]。此类增值转化为绝对地租和级差地租（级差地租 III）增值，根据地租理论应归土地所有者所有。同时由

---

① 陈莹，谭术魁，张安录：《武汉市征地过程中的土地增值测算》，载《中国土地科学》2009 年第 12 期，第 16—21 页。

② 邓宏乾：《土地增值收益分配机制：创新与改革》，载《华中师范大学学报》（人文社会科学版）2008 年第 5 期，第 42—49 页。

③ 有关学者提出级差地租 III 的概念，它来源于“宏观投资”，即其他投资者或国家对城市土地进行投资的“地租效应扩散性”，认为如此便可把具有外溢效应的外部投资与原土地使用者的投资区分开来；在这个划分之下，把级差地租 II 土地增值归原土地使用者或经营者，把级差地租 III 归社会共享。

于我国土地归国家或集体所有，因此根据社会公平正义原则建议通过税收方式使地租归社会公共所有。此类增值在实际中经常流失，主要是征地拆迁后地方政府把土地使用权一次性出让给开发商，从而导致土地增值流入开发商和新的土地使用者手中，并且土地增值的流失成为开发商进行土地开发建设的主要动力。

2. 非投资移转增值

非投资转移增值指的是并非由于个别投资主体的投资活动引起的土地增值，一般包括土地用途调整、政策、土地稀缺性、市场供需等因素引起的土地增值。此类增值转化为绝对地租和级差地租（包括级差地租 III）增值，其分配与外部辐射性投资增值类似，建议通过税收使地租归社会公共所有。非投资转移增值又可分为效益性增值、供求性增值、普遍性社会增值[①]。

（1）效益性增值

效益性增值是指由于土地用途发生变化、利用率提高等因素引起的土地增值。由于土地利用的多样性和广泛性，土地所有者或土地使用者在一定条件下根据自身需求而改变土地用途，并且总是偏好于同一地块由低收益用途向高收益用途转变，从而形成用途转变增值。在征地拆迁过程中，农地转变用途变为城市建设用地，这是土地用途转变增值的最典型例子。另外，旧城改造拆迁则是建设用地从低收益用途转变为高收益用途的普遍例子，拆迁中农村宅基地转变为商业、住宅用地等用途。此外，除了用途转变增值，还有一种土地增值是基于土地利用率的提高，比如建设容量的转变，即容积率等指标的变化。效益性增值涉及土地用途的转变，绝对地租因其在不同产业部门的地租量不同而发生增值。同时，土地从低收益用途向高收益用途的转变又必然涉及级差地租的增值，此时的绝对地租增值和级差地租增值总是难以绝对地区分开来，至于级差地租 I、II 或 III 之间更是难以区分。总体来说，无论绝对地租增值还是级差地租增值，根据地租理论都应归土地所有者即农民集体所有，农民作为集体成员之一并且作为独立的产权主体，应该参与土地的效益性增值，在征地拆迁过程中农民有权分享土地用途转变产生的部分土地增值。

（2）供求性增值

供求性增值指的是随着社会经济的发展，城市化、工业化进程加快，城市

---

① 曹飞:《农地非农化增值收益分配分析》，载《广东商学院学报》2013 年第 3 期，第 79—84 页。

人口飞速增长，日益增长的土地需求与相对有限的土地供给之间的矛盾尖锐化，这种因土地资源的供不应求所产生的土地增值称为供求性增值，本质上它是由于土地的稀缺性而引起，因此也称为稀缺性增值。土地的供求性增值会受到土壤、气候等多种自然因素的影响和制约①。

（3）普遍性社会增值

除上述土地增值外，社会经济发展中还有很多因素会引起非投资转移的土地增值，包括一些制度、政策、利率、科学技术等因素，比如政治稳定、社会安定情况下投资者的投资预期总是比较高，因此也会导致土地增值，但此类社会经济发展引起的土地增值具有很强的普遍性，它的社会福利性覆盖面较大并且更加难以区分，一般情况下并不做特别研究。

（三）土地增值的归属分析

在我国，土地增值收益的矛盾主要集中在农地转非过程中的增值归属问题，一般来说，人工增值即使用者对土地的直接投资造成的增值，学术界基本认同“谁投资、谁收益”的原则。关于自然增值的分配问题，由于其形成来源的复杂性与多样性，它是土地增值收益分配机制的研究重点，学术界的观点聚焦在“公”“私”间的争论。

其一，“涨价归私”论，认为土地财产权应受保护，在土地私有制下，土地私有者在转让时占有土地价值的增长。在我国二元土地所有制背景下，学者主要是基于保护农民合理产权利益的角度，运用市场经济理论和产权理论进行分析。他们认为，农村集体土地所有权和国家所有权应是平等的产权，土地产权应从制度上真正归还给农民，与土地有关的发展权应通过市场交易在主体间得以转移，即使用于公益事业的建设用地也不例外，由于政府对城市基础设施的投资而引起的土地增值也应归农民集体所有，对于所得土地增值中过高的部分则由政府通过税收方式来调节②。

其二，“涨价归公”论，认为土地增值是社会发展的结果，其增值收益应该归于社会大众，因为它是由周围环境的改善而带来的辐射性增值。根据我国征地的实际情况，目前实行的征地补偿政策实质上是“涨价归公”，在征地过

① 杨凡：《农村集体土地增值收益分配机制建设研究》，载《农业经济》2019 年第 2 期，第 92—94 页。

② 钱静：《浅谈农村土地增值收益分配问题》，载《辽宁农业科学》2014 年第 5 期，第 66—69 页。

程中往往存在着被征地农民获得补偿过低的问题，政府剥夺和侵犯了农民的合理权益。而地方政府获得的增值收益并非仅仅是自然增值而是包括土地价格扭曲在内的土地增值，土地价格扭曲程度越大，地方政府从中获取的增值收益也就越多，相应地农民所获得的补偿就越少。这就出现了地方政府以“涨价归公”原则为由，利用中央政府赋予的征地垄断权力，从中攫取了大部分土地收益，导致农民的权益严重受损[①]。

其三，“公私兼顾”论，认为农民作为社会成员应分享土地增值，而由于土地的自然增值受整个社会的经济发展影响，不同主体投资所产生的外部性效益难以分割，因此在土地增值归公的同时也应对投资主体给予合理的补偿或利益分享。“涨价归私”论是基于土地私有制的，而“涨价归公”论则是基于社会经济发展对土地增值的贡献，在我国特殊的二元土地所有制背景下，农村集体土地产权具有模糊性，绝对的“涨价归私”论或者“涨价归公”论并不适用于我国实际[②]。

综上所述，“公私兼顾”论或许是有效调和的产物，体现了对中国现实的关怀[③]，相对而言则较符合我国国情。从我国的具体实践来看，一方面，由于征地补偿标准偏低，使政府在土地增值收益中获利空间大；另一方面，由于在增值收益分配过程中，归公的土地增值收益大部分投入到城市化建设中，投向农村的很少，从而加剧了城乡之间、农村地区之间因征地引起的矛盾冲突。实际上，“公私兼顾”论的研究是对“涨价归公”论的一种补充和完善，虽然“公私兼顾”强调农民应参与土地增值，但实际建议中仅表现为农民应得到合理补偿，以及土地使用者以外的投资主体按贡献程度分享土地增值。

（四）土地增值收益的分配机制

在农地征收过程中，如何分配增值收益是一个关键的问题。目前土地增值收益分配中政府占有的比例偏高，作为土地使用权所有者的集体以及农民占有

---

① 刘英博：《集体土地增值收益归属的分析与重构》，载《东北师大学报》（哲学社会科学版）2014 年第 3 期，第 43—46 页。

② 张期陈，胡志平：《论被征农民增值收益的归属》，载《中南财经大学学报》2010 年第 6 期，第 30—33 页。

③ 方涧，沈开举：《土地征收中的公平补偿与增值收益分配》，载《北京理工大学学报》（社科版）2017 年第 3 期，第 142—149 页。

的比例偏低，而给农民分配的增值收益比例一直没有大的变化，而用途转变后的土地价格的上涨幅度却越来越大，所以，总的来看集体和农民的土地增值收益分配比例不断降低。尤其是近年来，土地使用量大幅度增长，而征地增值收益分配比例却没有做出相应的实质性调整，导致农民在土地增值收益分配中处于不利地位。

1. 土地增值收益分配类型

从理论上看，农村集体土地增值收益有多种情形，比如土地用途改变、人工和技术要素投入、土地本身稀缺性特征导致的自然增值等。但现阶段我国所谓的农村集体土地增值收益，多是指第一种情形，即农村集体用地转为国有建设用地并进行相应开发后，达到建设用地的某种利用条件（比如“七通一平”）而发生的增值。一方面，这种增值的增幅，农村集体土地经过土地一级开发，通过招拍挂方式出让给开发商，其增值幅度多为数十倍甚至上百倍；另一方面，现阶段这种增值实践广泛分布于我国各地，是最主要的增值模式。

从收益类型看，土地增值收益通常包括纯收益与毛收益。政府在农地征收过程中，土地增值收益通常可以分为两部分：在土地征收环节，即在土地取得环节，政府以税费的形式取得的土地增值收益（也称初次土地增值收益）；在土地出让环节，即在土地供应环节，政府通过用地者支付的土地受让价款或者土地出让金取得的土地增值收益（也称二次土地增值收益）。从土地收益环节看，通常分为征收环节、供应环节和使用环节增值。从土地增值收益产生的出让类型看，可以分为协议出让用地、招拍挂出让用地和划拨用地增值收益；整体上看，农地增值毛收益为征收后建设用地价格（一般指土地出让价格）与征地前农地价格之差，而征地前农地价格通常又包括市场价格（多用农地收益还原法确定）与非市场价格（兼有保障价格与发展权价格的内涵），这方面由于学者所持观点差异也会导致收益估算出现较大差别；农地增值纯收益则指出让价格扣除征地环节总费用、基础设施配套费用、出让环节总费用等的余额，这也正是许多学者、管理部门和利益团体最为关注的部分。

2. 土地增值收益分配途径

农地转化为城市用地后有两种不同性质的去向，一种变为城市公共用地，如城市公共场所的建设用地；另一种变为城市商业用地，如城市房地产开发和城市工业园建设用地。针对这两种不同性质的农地变更，国际上对此有不同的土地所有权的流转模式。对于城市公共用地所采用的模式是由政府以“公共利益”的名义，通过土地征收的途径以实现土地所有权的变更，原土地所有者有权得到政府按照市场价格给予的合理补偿。这是典型的农地征收行为，符合公共事业所使用的农地征用要求。而对于城市商业用地，则由商业用地单位与土地所有者进行谈判，按照平等自愿的交易原则进行土地交易，实现土地流转，原土地所有者有权利获得商业用地单位给予的经济补偿。由于我国现行法律对土地流转进行了严格的限制，城市商业用地单位与集体土地所有者之间的谈判交易是法律所禁止的。因此，国际通用土地流转模式在中国是行不通的，不具有可操作性。农业用地向城市用地进行转化不能按照国际通行的这两种流转模式运行，只能由地方政府利用权力对土地流转进行深度介入。根据《中华人民共和国农村土地承包法》(以下简称《农村土地承包法》)中的相关规定，农用土地不得承包用于非农建设，不得改变土地的农业用途。而《宪法》中规定“城市的土地属于国家所有”，在《土地管理法》中有“建设单位使用国有土地，应当以出让等有偿方式获得”等规定[①]。这就构成了我国土地制度最基本的城乡二元分割：农村土地归集体所有，而城市的土地归国家所有。要完成农业用地向城市用地的转化，就必须由政府对农业用地进行征收，将土地集体所有制转化为国家所有，政府征地行为是农地变更的唯一合法渠道。

3. 土地增值收益分配方法

在征地过程中，各利益主体参与土地增值收益分配。中央政府作为土地的最终所有者，以税收形式参与征地收益分配。地方政府负责地方经济发展，从土地征收过程中获取土地增值收益。村集体组织作为农村土地的所有人，获取征地增值收益，由于农村集体土地实行家庭承包制，农民拥有土地使用权而非所有权，因此，土地增值收益按一定比例在村集体组织和农民之间分配。但是这种方法只是笼统地对分配步骤和利益主体进行简单说明，这就导致了在实际操作中，分配标准和分配比例的不确定和不统一，只是在分配时规定应该按照公平性原则进行分配，并没有做到具体量化，就产生了因分配方法的不明确引发的土地征收过程中增值收益分配不合理的情况[②]。

---

① 王春凤：《论农村集体土地征收的立法科学性进路——以土地管理法修订为视角》，载《广东农业科学》2013年第24期，第219—222页。

② 藏微，王春敏，马明，韩冬：《我国农村土地增值收益分配探讨》，载《中国房地产》2014年第4期，第18—21页。

土地征收增值收益扣除应交与国家的各项税费以后，剩余部分交由农村集体经济组织，由农村集体经济组织与农民个人共同分享，将剩余部分的收益分配到农村集体组织和被征地农民手里，其所得不到30%[①]，远低于地方政府获得的比例。被征地农民所得到的土地收益最低，并且征地无须村民同意，村民无否决权，地方政府因此获取了大部分的土地收益，也由此形成了对土地财政的高度依赖。这进一步促使地方政府扩大征地规模，这种长期以来形成的不平衡的分配方法产生了大量的社会矛盾，使农民与政府的矛盾不断激化，农民失地又失业，其基本生活得不到保障等问题也相继产生。所以，要想土地增值收益分配公平正义，就需要严格细化分配方法，量化分配比例，使整个土地征收过程合理有序[②]。处理好土地增值收益分配对深化土地制度改革，促进城乡协调发展，保持社会和谐稳定具有重要意义[③]。

三、农地征收中增值收益分配利益主体及其关系

在我国土地征收过程中，中央政府代表整体全局利益和国家利益，地方政府代表局部利益和地区利益，集体经济组织代表村集体组织利益，农民则代表个人利益。

（一）农地征收中增值收益分配的利益主体

1. 中央政府

中央政府作为国家利益的代表，是国家土地征收规划的最高决策者和制定者，在制定用地计划时着眼于国家全局土地规划，从国家整体的发展要求出发，目的在于在满足农业用地后实现各地区城市化进程的均衡和适宜发展。中央政府作为土地征收过程中各项措施的制定者和实施者，对土地征收以及实施过程进行严格的把控，对征地增值收益分配的原则、方法、模式进行规定，并在增

① 唐烈英：《集体土地补偿分配问题研究》，载《农村经济》2014年第3期，第3—8页。

② 彭开丽，张安录：《农地城市流转中土地增值收益分配不公平的度量——方法与案例》，载《价值工程》2012年第31期，第1—4页。

③ 刘元胜，胡岳岷：《农民权益：农村土地增值收益分配的根本问题》，载《财经科学》2017年第7期，第40—49页。

值收益分配中权衡各方利益进行合理分配。同时，中央政府还肩负着耕地保护、粮食安全、生态环境等重要任务，把握着土地管理政策变迁与改革的方向和速度，从政策制定、征地行为、收益分配、监督管理等多方面进行严格控制，确保经济、社会、生态利益的共同发展和提高[①]。为了国家整体的发展目标，确保土地合理利用，促进公共福利水平提高，维护社会多方利益平衡[②]。但总体来看，在农地征收增值收益的分配过程中，中央政府所起的作用并不是直接分享增值收益，更多的是发挥间接作用，其主要体现在征地以及增值收益分配的政策制定这一阶段。

2. 地方政府

地方政府是中央征地政策在当地区域的落实者，在政策实施过程中，地方政府享有其管辖范围内的土地征收和用途转换的决策权及其征地增值收益的分配权。地方政府作为国家的代表，同时作为当地城市的规划者、建设者和经营者，是中央政府下达的各项命令的实施者和负责人。土地是实现地方政府目标的最重要的资源、资本和资产，地方政府一旦掌握了土地，就可以有效调节区域经济和政府收入，同时避免预算内支出的硬约束限制[③]。由于房地产业是大多地方政府的支柱产业，为了增加财政收入和发展地方经济，地方政府会利用自己直接掌握土地征收及处置的权力，低价征地，高价出让，来获取当地发展的资金和完成上级政府考核的目标[④]。所以，不论是出于保障当地财政收入状况以及实现当地经济的飞速发展，还是为了完成自身政绩目标，当地政府都会利用土地征收实现这些目的。但是，当国家利益与地方政府利益不一致时，地方政府往往会保护当地利益而与中央政府的政策背道而驰[⑤]。

---

① 张远索，周爱华，杨广林：《农村集体土地增值收益分配主体及其权利研究》，载《农业经济》2015年第2期，第104—106页。

② 陈莹，杨芳玲：《农用地征收过程中的增值收益分配研究》，载《华中科技大学学报》（社科版）2018年第6期，第119—126页。

③ 邓晓兰，陈拓：《土地征收增值收益分配双规则及相关主体行为分析》，载《贵州社会科学》2014年第5期，第82—87页。

④ 董晓倩：《农地非农化过程中土地收益合理分配研究》，沈阳师范大学2012年硕士论文。

⑤ 周学荣，陈莉：《政府在农地征收中增值收益分配中的角色定位研究》，载《经济与管理评论》2013年第5期，第27—33页。

3. 村集体

我国相关法律规定，农村集体土地的所有者是农村集体经济组织。在理论上，农村集体经济组织与国家都是土地的所有者，在土地问题上应该享有同等的决策权，但实际情况并非如此。农村集体经济组织相对于地方政府而言，在征地决策过程中处于被动而非与地方政府平等的地位，农村集体经济组织作为农民利益的维护者和代表者，并没有完全行使自身的职责。

4. 被征地农民

被征地农民是征地过程中所得收益分配最少的主体，由于成员结构相对分散、人员数量众多、组织较为困难等因素，农民的决策权在土地征收及增值收益分配过程中很难得到保障。农民个体在征地过程中所追求的是自身利益最大化，农民作为集体经济组织的成员，本来应该成为集体土地征收环节中最大的受益者，但由于决策权、知情权、监督权得不到保障，所得到的土地增值收益最低。在农地征收、用途转化、增值收益分配的一系列过程中，由于农民缺乏必要的经济和法律知识，基本上无法和地方政府及村集体进行讨价还价。

（二）农地征收中利益主体之间的关系

在土地征收活动中，不同的主体有不同的利益追求，各主体之间形成特殊的利益分配关系，也形成了土地征收中错综复杂的利益冲突关系。在我国目前的市场经济条件下，土地征收中存在的主要的利益关系有：国家与农村集体经济组织之间的利益分配关系，各级政府之间的利益分配关系，农村集体经济组织与农民的利益分配关系，地方政府与土地使用者的利益分配关系。为了更清晰地描述四大利益主体之间错综复杂的利益关系，本文构造了以下框架来进行分析，首先，将中央政府与地方政府统一作为“政府”这一利益主体；其次，将集体组织和农民个人统一作为“农民集体”这一利益主体，分析顺序则是首先分析政府与农民集体这两大主体的利益关系；然后从上而下、从左到右分别对中央政府与地方政府、集体组织与农民个人之间的利益关系进行分析[①]。利益分析的总体框架如图 1.1：

---

① 郭玲霞，彭开丽：《土地征收中的利益分配及福利测度文献述评》，载《商业时代》2014 年第 5 期，第 113—114 页。

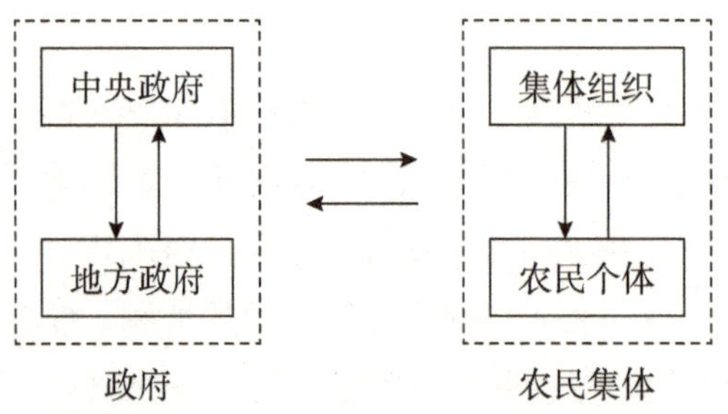

图 1.1　利益主体总体框架图

1. 中央政府和地方政府之间的利益关系

在土地征收及增值收益分配过程中，中央政府与地方政府的关系既“亲密”又相互“矛盾”，“亲密”之处在于中央政府和地方政府分别是整个土地征收行为及增值收益分配中的决策者、执行者、监督者和服务者[①]，“矛盾”之处在于二者在其中既是相对独立的政治组织，又有不同的利益诉求，在土地征收及增值收益分配问题上所要达到的出发点与目标不相同。

在利益诉求方面，中央政府作为国家公权力的代表，是社会公共利益的集中代表者、实现者、维护者，其行为以追求公共利益最大化为目标[②]，在征地过程中所得到的增值收益主要用于发展公共事业，实现各地均衡稳定发展；地方政府除要贯彻执行中央政府的路线、方针、政策外，主要侧重于当地的经济发展，追求本地区经济利益的最大化。自从国家财政体制实行分税制改革以来，明确中央政府与地方政府在财政收入上的分配关系，新的分税制中将增值税的 75% 上交给中央政府，其余 25% 则分配到地方政府。分税制改革使中央政府的财政紧张状况得以缓解，而地方政府财政收入在减少的同时事权却进一步增加。更多的事权行使需要更加雄厚的财权支出为基础，事权大于财权的结果进一步加剧了地方政府的财政压力。为了缓解地方政府的财政压力，地方政府会千方百计寻找新的稳定的收入来源，而土地作为地方政府能够自由支配并能带来高额回报的重要资源，自然就成为提高政府财政收入

① 赵黎明，王建：《征地过程中地方政府的角色和责任分析》，载《天津师范大学学报》（社会科学版）2008 年第 1 期，第 22—26 页。

② 张远索，谢文阳，张占录：《我国“宅基地换房”利益主体博弈分析》，载《经济与管理》2013 年第 2 期，第 22—28 页。

的首选[①]。在此情况下，中央政府和地方政府就有了各自的利益驱动。在经济利益、社会利益和环境生态利益之中，中央政府更多的是考虑社会方面和环境等公共利益，而地方政府更多的是追求经济利益[②]。

2. 地方政府和村集体之间的利益关系

地方政府代表着地方的整体利益，农村集体经济组织则代表着各自集体的权利。在我国目前的征地及增值收益分配过程中，这两个主体之间由于利益的冲突所导致的矛盾也逐渐升级。而我国的法律法规及制度又缺乏相关的规定，难免会出现土地增值收益分配不合理等情况。在农地征收过程中，征地增值收益分配也存在着许多不足之处，从而使得利益分配不公平现象产生。我国土地征收补偿实行的是“产值倍数法”，它以“维护农民原有的生活水平”为原则，土地转变用途增值是土地增值的重要方式，而单以这种方法来确定征地增值收益分配是不合理的，这种标准的不合理性是对农民集体利益的削弱。一方面，公权力权能过大，私权利权能过小，再加上欠缺对私权利的保护，两个利益主体之间呈现不平衡状态。另一方面，我国强调国家利益高于一切，随着市场经济的迅速发展和法律制度的逐步完善，我国逐渐确立了对公民财产权利的平等保护原则。

3. 农村集体与农民之间的利益关系

从本质上来说，农村集体经济组织与农民个人的利益诉求应该是一致的，但是基于以下原因，农村集体经济组织与农民个人之间的利益冲突也十分明显。一方面，依照现行法律规定，农村集体是农村土地的所有者，但对“农村集体”未作明确规定或限制；农民个人是农村土地的使用者，并不单独享有土地所有权，这就产生了农村集体土地所有权与使用权相分离的现象，导致两者之间因为权利不明晰而产生利益冲突。另一方面，村委会是地方政府认可的集体土地所有权代表者，负责落实地方政府下达的任务，是乡镇政府农村工作的代理人，面对土地征收产生的巨大收益，这样的身份也使得村干部很容易从中渔利。在农地征收及增值收益分配过程中，为了谋取自身利益最大化，农村集体经济组

---

① 彭小霞：《农村土地征收增值收益分配失衡的制度性障碍分析》，载《中共济南市委党校学报》2014 年第 2 期，第 14—19 页。

② 肖轶，魏朝富，尹珂：《农地非农化中不同利益主体博弈行为分析》，载《中国人口资源与环境》2011 第 3 期，第 89—93 页。

织从中变相获取利润，而对于这样的现象又缺乏相关的监督管理机制和惩处机制；而被征地农民在土地增值巨大收益面前，不会主动放弃，甚至结成有组织的利益群体来寻求和实现自己的利益诉求，使得征地增值收益分配中村集体与被征地农民的利益冲突非常尖锐。

四、陕西农地征收中增值收益分配的实践探索

陕西省的城镇化表现出城乡两栖型的半城镇化人口的特点，大部分转移人口无法实质上享受和城里人一样的生活、工作条件。因此，如何深化征地制度改革，让被征地农民更多分享征地增值收益，建立被征地农民利益保护的长效机制，不仅是陕西推进新型城镇化发展的重点，也是实现全面小康社会迫切需要解决的难题。近年来，陕西在深化征地制度改革中，通过加强制度建设，提高征地补偿标准，提高农民增值收益分配比例，取得了一定成效。

（一）陕西农地征收中增值收益分配的制度构建

2010 年陕西省颁发了《陕西省征地统一年产值及区片综合地价平均标准的通知》，要求认真组织实施新的征地补偿标准，加强对实施新征地补偿标准的监督，解决征地工作中存在的补偿标准低、区域不平衡等重点问题，维护被征地农民的合法权益，保障经济较快发展，社会平稳。

陕西省于 2011 年颁发了《关于进一步完善陕西省被征地农民就业培训和社会养老保险的意见》，提出建立被征地农民社会养老保险制度，足额从征地收入中提取被征地农民社会保险所需费用，用于被征地农民参加社会保险的补助，社保资金不落实的不得批准用地。征地时增加“被征地农民社会保障费”项目，每亩最低不低于 1 万元。同时，要把被征地农民纳入统一的就业失业和就业服务体系。

陕西省于 2014 年颁发了《关于切实加强土地管理全面提高土地利用效率的意见》，提出“积极探索‘留地’‘入股’‘留物业’等多种安置途径，完善对被征地农民合理、规范、多元保障机制”“提取一定比例的土地增值收益资金，来弥补被征地农民就业培训、社会保障支出等”。

2015 年，陕西省颁发了《陕西省省级统一征地项目管理规程（试行）》，

对职责分工、用地报批、统一征地流程、资金管理、特殊补偿事项、监督检查作了明确规定，特别是对各类补偿作了具体细化，保障被征地农民的合法权益。

（二）陕西农地征收中增值收益分配的实践探索

1. 通过提高征地补偿安置费用将增值收益提前分配给农民

自 2010 年 5 月 1 日起，陕西省执行的征地补偿安置标准为征地片区综合地价，即将行政管辖区域划分成若干片区，允许不同片区征地补偿有差异。如西安市平均 4.17 万元，咸阳市平均 3.15 万元，宝鸡市平均 2.9 万元，渭南市平均 3.18 万元，铜川市平均 3.28 万元，延安市平均 3.46 万元，榆林市平均 2.24 万元等，并要求 2—3 年调整一次。而西安市在实际操作中，本着同地同价的原则，将征地补偿标准提升为 6.8 万—8 万元 / 亩。对靠近城区的村组，将补偿标准提高到 8 万元 / 亩，其余纳入新征地范围的村均以 6.8 万元 / 亩的标准进行补偿，最大限度地保障群众合法权益。从实际补偿情况来看，陕西省关中地区因经济社会发展水平较快，城乡接合部地区实际补偿费用较多，实际补偿标准已达法定补偿标准的 3—5 倍，或获得较大面积的安置住房，被征地农民已提前分享到了土地增值收益。

2. 通过返还一定比例建设用地或建设用地指标用于增加农村集体经济收益

陕西省部分地区在依法办理用地手续和符合城市规划的前提下，留出一定比例的土地用于被征地村发展符合国家规划布局的产业。一些地方就地或异地返还给被征地农民集体组织一定比例建设用地或建设用地指标，返还比例通常在5%—10%，最高可达20%。这种办法对提高农民增值收益分配比例最为直接，效果最为明显。村集体获得返还用地后，有的是投资建设兴办企业，发展实业；有的是建设房屋用于出租；有的是与公司合作开发，按土地折价入股。如咸阳市就推行按被征地或可征地面积的 10%—15% 留用经济发展用地，并给予相应的优惠政策支持。

3. 通过提高被征地农民社会保障使农民间接受益

在建立被征地农民社会养老保险制度方面，要求政府出资部分原则上不低于社会保障费用总额的 30%，并通过实行社保资金专户管理来实现社保资金的有效、安全、规范运用，同时提取一定的储备金来防范和化解养老保险基金的支付风险[①]。如西安市对被征地农民养老保险资金的筹集方式和标准进行细化。规定征收后人均耕地不足 0.3 亩的，在原补偿安置标准上每亩增加 3.5 万元；在 0.3 亩以上但不足 0.5 亩的，增加 3 万元；在 0.5 亩以上的，增加 2.5 万元，作为新征地农民养老保险资金。这项规定较好地保障了被征地农民的长远生计问题。

4. 通过提供就业保障让农民提高收入

陕西省健全和完善了被征地农民就业服务体系建设，加大资金投入，扶持被征地农民就业。通过提供就业信息、提供劳动技能培训、广开就业渠道等途径，增强被征地农民创业和就业能力，实现多途径就业。主要做法有：在企业招聘会和招工上，推荐本地被征地农民优先就业；在拆迁实施和企业基建上，给予被征地村组农民优先用工权利；公益管理类岗位优先招聘本地被征地农民；对处于劳动年龄段被征地农民实施创业培训和就业技能培训。特别是西安市由政府资金支付被征地农民就业培训费和中介费，多渠道全方位促进了被征地农民就业。

五、农地征收中增值收益分配的问题检讨

随着陕西省经济社会发展和城市建设用地的不断扩张，征收农民土地数量不断增加，被征地农民越来越多，预计陕西省每年将有 10 万农民完全失去土地，被征地农民增值收益分配和利益保障问题日益突出。近年来，陕西省农村人口加速向城市转移，而且未来几年内这一转移势头不会有明显减弱。但在整个征地增值收益分配过程中，由于各个收益分配利益主体的诉求不同，加之政府在其中扮演的多重角色也影响着收益分配的整个过程，从而导致增值收益分配的结果出现了对原有土地使用权人不公平的现状，也进一步反映了陕西省以及我国对增值收益分配的制度不完善，监管力度不够，对农民的权益保护不到位等一系列问题。

（一）政府权力使用不当

目前我国土地市场还不健全，还处于发展阶段，政府向农民征收土地后，

① 张建涛：《陕西省被征地农民利益保护机制研究》，载《陕西行政学院学报》2017 年第 2 期，第 38—43 页。

虽然严格规定以招标拍卖挂牌的方式出让，但是以协议方式出让的、暗箱操作等问题仍然存在，这便促使供需双方不按土地市场价格，而是以低于土地市场的价格进行交易，那么土地供给者将获得用地单位寻租的费用。在缺乏有效权力监督的情况下，政府就可以通过土地市场垄断供给者的身份获取巨额租金。而被征地者因缺乏参与而无法获知土地交易的一系列具体情况，因而也无法知道被征地的具体增值额，无法参与合理土地增值的分配。汉中市洋县谢村镇村民说："对集体土地征收征用，一般村民没有什么发言权，政府制定什么补偿标准就执行什么标准。"调研中咸阳市三原县新兴镇马莲滩村一名村干部说："不是不能征地，但得和农民说清楚，为啥要征地，征地是建啥，不能蒙骗。征地改革必须让每个人都知道真实情况，让大家做决定。"

20 世纪 90 年代中期分税制改革以后，地方政府的事权与财权随着社会的发展逐渐出现了巨大的失衡，城镇化的快速推进给地方政府扩大财政收入提供了一个新的收入来源，卖地成了很多地方财政收入的重要途径。土地增值收益的节节攀升导致地方政府对于卖地收入的依赖越来越大。政府在土地征收过程中处于垄断地位，而且以较低的成本征收农村集体经济组织和农民的土地。对于土地征收过程中被征地农民得到的增值收益数额，以及对政府给予的安置方案存在意见时，政府的征地计划照样能够进行，而且被征地农民对该土地征收存在意见、不愿或不同意被征收时不影响土地征收的整个过程。这些年在城市建设方面各级地方政府背负了巨大的债务，为了弥补税收收入的不足，卖地成为各级地方政府增加收入的重要途径，也因此使得地方土地财政模式难以破除。在土地财政模式之下，地方政府一方面阻碍集体土地入市交易，希望独享土地垄断所带来的土地增值收益；另一方面，地方政府在土地的征收中，为了减少土地征收成本、提升收益，必然会压低征地补偿标准，从而降低了农民在土地增值收益中所占的比例。陕西西安市长安区兴隆街道办西甘河村面临整村征地搬迁，一亩耕地的补偿标准是 4.08 万元。村民郭某某说："我们不清楚每亩 4.08 万元的标准是怎么算出来的，可能是根据原先耕地种植收益和当地农民收入算出来的。但是根据政府部门公布的信息，我们这地方工业用地的出让价每亩都超过 10 万元，商业用地的价格还要高得多。我认为，应该根据征地后项目建设的情况来计算征地补偿标准。"

（二）利益主体分配不公平

据前面的分析，我们知道在土地征收过程中会形成巨额的增值收益。农民作为集体成员共同拥有土地所有权，并通过家庭承包经营取得了土地使用权。新的土地使用者通过投资对土地进行开发利用，使土地资源得到符合市场要求的有效配置，因此土地增值收益也应在国家、农民以及新的土地使用者之间分配[①]。但是，在现实的分配中，农民得到的只是按农地原用途的补偿，被排除在了增值收益分配之外，而地方政府为了招商引资，低价出让土地使用权，从而使得土地征收的增值收益在国家与用地单位之间分配，可以说我国土地征收中增值收益的分配存在着很多不合理、不公平的地方。

1. 农民获得少量的增值收益分配

农民获得的是按照被征收土地的原用途所给予的补偿，土地被征收后所得到的增值收益很少。目前，我国征收土地的补偿主要包括对土地的补偿、对失地者进行安置的补助以及对地上附着物和青苗的补偿。按照《中华人民共和国土地管理法》（以下简称《土地管理法》）第 47 条规定的补偿标准[②]，我们可以看出农民获得的土地征收增值收益分配的额度非常低。现行的土地征收补偿是按照土地原有的用途进行补偿。实际上，农用地转变成建设用地以后，其价格会很快上涨，依现行补偿方式，农民是拿不到上涨的那部分土地收益的，而这部分收益恰恰是占土地征收中增值收益最多的一部分。并且按照现行《土地管理法》的规定，被征收土地的补偿标准过低，完全不能弥补农民因为被征收土

---

① 刘英博：《集体土地增值收益归属的分析与重构》，载《东北大学学报》（哲学社会科学版）2014 年第 3 期，第 43—46 页。

② 《土地管理法》第 47 条规定："国家征收土地的，依照法定程序批准后，由县级以上地方人民政府予以公告并组织实施。县级以上地方人民政府拟申请征收土地的，应当开展拟征收土地现状调查和社会稳定风险评估，并将征收范围、土地现状、征收目的、补偿标准、安置方式和社会保障等在拟征收土地所在的乡（镇）和村、村民小组范围内公告至少三十日，听取被征地的农村集体经济组织及其成员、村民委员会和其他利害关系人的意见。多数被征地的农村集体经济组织成员认为征地补偿安置方案不符合法律、法规规定的，县级以上地方人民政府应当组织召开听证会，并根据法律、法规的规定和听证会情况修改方案。拟征收土地的所有权人、使用权人应当在公告规定期限内，持不动产权属证明材料办理补偿登记。县级以上地方人民政府应当组织有关部门测算并落实有关费用，保证足额到位，与拟征收土地的所有权人、使用权人就补偿、安置等签订协议；个别确实难以达成协议的，应当在申请征收土地时如实说明。相关前期工作完成后，县级以上地方人民政府方可申请征收土地"。

地而遭受到的损失，这对农民是不公平的，这在性质上属于低价剥夺。政府在征收过程中，以“农地年产值”法确定对农民的补偿价格，出让时却按照土地建设用途来确定价格，地方政府因此拥有巨大的牟利空间。有时政府为吸引外资等，也会降低建设用地的价格，使某些企业获取暴利，这也给政府机构寻租创造了机会，从而使以公共利益的名义出发的土地征收行为变得扭曲，成了以牺牲农民利益为代价而获得地方政府和用地单位双赢的交易。

2. 城市土地使用者分享增值收益

在计划经济时代，建设项目由国家直接进行投资，用地单位代表的也是国家利益，不存在土地使用者渔利土地收益的情况。但随着社会主义市场经济的建立和完善，市场投资主体也由原来单一的政府主体向私人和企业等多元主体转化。这些投资主体在投资开发过程中，很多时候需要通过获得土地才能进行建设，这就需要先从政府手中获得土地使用权，然后通过土地开发获得利润，土地的增值收益也就体现在其获得的利润里面。在我国转型期，由于各种因素的影响，地区经济的持续稳定发展就成了考核地方政府和领导干部政绩的最重要指标，这就使得开发商在投资时，往往能够享受到地方政府招商引资的优惠政策。一些地方政府为了促进经济增长、突出政绩，就会想尽办法把招商引资工作彻底落实，有时急于求成，会以极低的甚至是低于成本的价格将土地出让给开发商，有的地方政府也以先征后返、财政补贴等形式变相减免土地出让收入。很多开发商在获得土地后，并不急于销售和竣工，而是通过“囤地”的方式，等待政府的城市规划实施、基础设施建设到位后有选择地进行开发。这样开发商就获得了由规划、基础设施完善和城市经济增长所带来的土地增值收益，在成本不变的同时，土地增值收益就成了开发商的超额利润。很多开发商会利用政策空白以隐蔽的办法“囤地”，使政府找不到理由收回土地。政府通过对城市规划和改善基础设施的实施才使得土地升值，但政府在此环节得到的回报只是微乎其微的土地增值税。因此，本该属于土地出让金的一部分增值收益却成了用地者的超额利润，使他们无偿地占有了土地征收的增值收益。

3. 地方政府获取大部分增值收益

在土地征收过程中，有的地方政府面对上级考核的压力，利用“公共利益”法律标准的缺位大打“土地财政”的算盘。从数量上看，土地出让金的数量也不断增加。图 1.2 是我国 2008 年至 2014 年 302 个城市的土地出让金变化统计图。

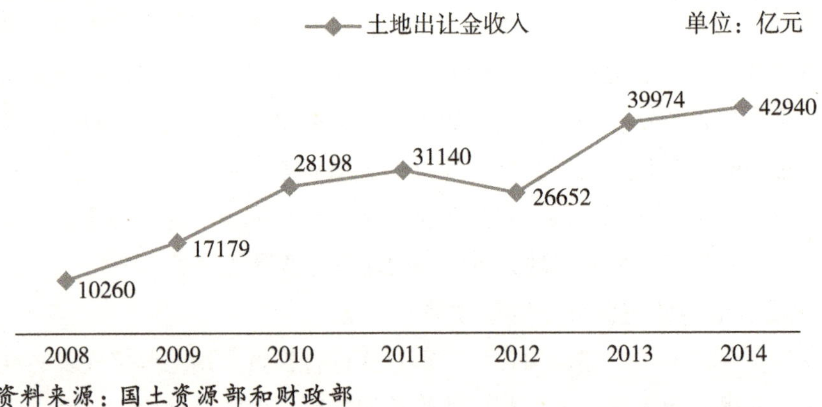

资料来源：国土资源部和财政部

图 1.2 全国 302 个城市 2008—2014 年土地出让金变化统计

土地出让金减去征地、拆迁、补偿、税费等相关费用后的余额即政府在土地征收过程中获得的收益。从图 1.2 可以看出，2008—2013 年，全国土地出让金 6 年上涨 3 倍，总计 15 万亿元，2014 年全国土地出让金收入 4.29 万亿元，同比增长 3.1%，可见土地出让金情况保持了较高的热度，全部统计城市土地出让金累计值也逐渐递增，政府能获得巨额的增值收益来源于政府对土地征收权和土地出让权的双重垄断。在土地征收方面，政府的征收权使其垄断了农村土地所有权市场，从而政府把土地用途转变产生的增值从农民手中夺走；而土地供应的垄断，使政府能够在低价征地、争利的基础上，对外垄断出让土地使用权，使土地出让产生高额利润。这种双重垄断地位，为各级地方政府带来了巨额的土地收益。现在各级政府都在追求以经济增长为目标的政绩，由于在增加地方财政收入上的作用是比较明显且简单易行，此类收益事实上已经成为许多地方政府的“第二财政”。在缺乏有效监督的情况下，地方政府通过“土地财政”来突显政绩的做法早已屡见不鲜。据调查表明，地方政府在土地征收中获得了大部分的收益。目前在城市建设占用农业用地过程中，土地收益的分配比例大致为：农民得 5%—10%，集体经济组织得 25%—30%，60%—70% 为县、乡、镇各级政府所得，可见农民在整个土地增值收益分配中所占的比例是微乎其微的[①]。

① 鲍海君：《城乡征地增值收益分配：农民的反应与均衡路径》，载《中国土地科学》2009 年第 7 期，第 33—35 页。

（三）农民利益保护不到位

土地是农民赖以生存的物质基础，同时也是农民集体所享有的一项重要财产，土地征收改变了土地权属，使农民承受了财产上的特别牺牲。基于维护自身利益的客观需要，作为土地征收相对人的农民自然有着参与收益分配的权利，维护自身合法权益的强烈动机。因而在增值收益分配中，农民理应享有参与权，但在收益分配中征地补偿参与主体强弱失衡。从目前征地收益的各个主体来看，政府、农民、企业等根本不在一个层次上，对于农民来说，在征地收益分配协商中基本上是没有话语权，分配多少、何时分配等都是由政府说了算，农民只能是被动地接受，这种强弱的失衡直接导致农民在土地增值收益分配中难以全额拿到属于自己的那一份。农民群体并没有一个属于自己的组织，加上很多农民的法律意识淡薄，维护自身合法权益的意识不强，导致各级政府主体纷纷利用自身所掌握的资源优势、信息优势等做出损害被征地农民收益的事情。有的地方政府在征地中往往打着公共利益的幌子进行商业开发，村民被蒙蔽其中，等到发现自己的土地被商业开发之后，一切都已尘埃落定。更极端的情况就是，一些基层政府将农民的征地增值收益分配进行截流克扣，大幅降低农民土地增值收益比例。而农民在贡献了巨额土地财富的同时，农村的土地和人口进入城市的合法渠道仍然由各地政府通过行政手段加以配置，而且这种行政配置基本无视市场机制发出的信号。特别是农民的长远发展得不到保障，西安未央区未央宫街道办北枣园村准备征收已有几年，但因不少村民反对，仍未实施。村民反对征收的主要原因是大家对将来的生产生活出路十分担心。西安市灞桥区十里铺街道办长乐坡村面临征用拆迁改造。村民说："按现在的政策，集体土地被征为国有土地后，村民除了每户能得到几套安置房，得不到多少补贴，长远发展得不到保障。"

目前，我国《土地管理法》等法律法规中对农民土地征收参与权有所规范。例如，《土地管理法》规定了土地征收批准程序后以及征地补偿安置方案确定后政府的公告义务，提出了行政主体听取被征地农村集体经济组织和农民意见的要求，这些无疑都是与被征地农民参与权紧密联系的内容，而在《土地管理法实施条例》《征用土地公告办法》《国土资源听证规定》等法规规章中，农民参与权的具体内容也得到了一定程度的反映。然而，制度的规定不等于权利的实现，在我国土地征收实践中，农民无法有效参与到土地增值收益分配的过程却又是一个不争的事实。而在近年围绕《农村集体土地征收补偿条例》的立法争论中，农民参与权保障同样成为人们热烈讨论的问题。这种情形表明，我国农民土地收益分配参与权的实现尚面临着诸多需认真对待的现实困境。

（四）收益分配程序不完整

《土地管理法》第 48 条规定对土地补偿方案的公告进程和时间方面有部分相关规定，但并不完整，其中并没有详细的土地增值收益分配过程的相关规范。在已有的法规中我们可以看出被征地农民是没有谈判权利的。我国的土地征收相关法律在名义上规定了被征地农民如果对征地收益分配过程存在争议，可以向当地政府机关或者向上级相关部门进行举报维权。但在现实土地征收过程中，如果被征地农民对土地增值收益数额，以及征地补偿安置方案存在意见时，政府往往采用置之不理的态度，这类规定形同虚设，阻隔了被征地农民在对征地增值收益分配或因征地安置等存在分歧时的处理途径。

现行法律对征地增值收益分配的流程基本没有明确的规定。在不健全不规范的体制下，有些地方政府忽视了被征地农民知情权、听证权和异议反馈权等权利，极大地影响了收益分配公开、透明、合理地进行。

（五）分配过程监管力度差

土地征收过程具有增值收益分配过程监督机制不健全的明显特点。例如国家给予农民的征地增值收益被非法截留，一个重要的原因在于缺乏对地方政府的行为进行有效监督。在其他国家和地区，不仅设立了土地决策、咨询和执行机构，为保证土地收益分配的合理性和公平性，还专门设有土地所有者仲裁机构裁决征用者之间的争议，许多国家均有自身独立的仲裁机构。我国并没有专门设立类似的土地法院或土地法庭，因而增值收益分配中争议的裁决及征用双方行为的调节和矫正都无从落实。

我国当前的监管性规定主要都是征地制度的相关监管规定，对增值收益分配过程并没有做出监管性规定。纵观我国当前的征地制度，其监管性规定散见于《土地管理法》《土地管理法实施条例》以及《建设用地审查报批管理办法》《国土资源听证规定》《征收土地公告办法》以及其他有关的规范性文件中，《土地管理法实施条例》第 26 条规定市、县和乡（镇）人民政府应当加强对安置补助费使用情况的监督，并没有增值收益分配相关规定。

从以上相关规定中可以看出，对于征地过程中增值收益分配问题并没有相关规范性文件对这一过程加以监管，这也是使得政府在此过程截留土地增值收益、滥用政府权力对农民实施侵害的一大诱因。

（六）分配纠纷解决渠道窄

行政诉讼是人民法院监督和审查行政机关行使行政职权的一种司法制度。法院可以受理什么行政案件，就是说哪个行政机关或哪个行政部门的哪种行政行为将会接受人民法院的监督和审查，自然也说明行政相对人在何种尺度内的权益将会通过行政诉讼的救济方式得到保护。由此可见，受案的范围就是行政诉讼的核心。

我国关于分配过程纠纷的受案范围在行政诉讼法中没有特别明确细致的说明，仅仅做了概括和列举的规定，虽然《关于执行〈行政诉讼法〉若干问题的解释》中对于行政诉讼的受案范围进行了一些补充，但我国现行的《中华人民共和国行政诉讼法》（以下简称《行政诉讼法》）和《若干解释》中仍存在明显缺陷，这些缺陷阻碍了行政诉讼的功能全面有效地实现，主要表现有以下几个方面：

第一，根据我国《土地管理法》规定，市、县人民政府土地行政主管部门在听取被征收土地相关权利人的意见的基础上，将拟定的征地补偿、安置方案报市、县人民政府批准后组织实施。征收农地的各项费用应当自征地收益分配、安置方案批准之日起三个月内全额支付。这个规定说明了市、县人民政府的土地管理部门可以按照法定的程序做出关于征地收益分配和安置的决定，并且这一决定对于被征地的农民具有约束力，如果被征地农民对于该决定有异议，可以通过诉讼方式寻求解决，这符合了我国的行政诉讼的受案范围。但是实践中，市、县人民政府的土地管理部门所做出的关于征地过程的收益分配和安置的决定都是以通告或者批复红头文件的形式公布，但法院把这类的红头文件都视为抽象的行政行为，通常将这类诉讼案件拒之门外，不予受理。

第二，行政裁决终局性的问题。我国《行政诉讼法》第 13 条规定：“公民、法人或者其他组织对法律规定由行政机关最终裁决的行政行为不服提起行政诉讼，人民法院不予受理”。《中华人民共和国行政复议法》（以下简称《行政复议法》）第 5 条规定：“公民、法人或者其他组织对行政复议决定不服的，可以依照行政诉讼法的规定向人民法院提起行政诉讼，但是法律规定行政复议决定为最终裁决的除外。”第 14 条规定：“对行政复议决定不服的，可以向人民法院提起行政诉讼；也可以向国务院申请裁决，国务院依照本法的规定做出最终裁决。”所以，国务院、省、自治区、直辖市的人民政府对行政复议案件享有最终裁决权，对他们的裁决不服不能再向人民法院提起诉讼。这种终局性的设定实际上就是剥夺了被征地人的诉讼权利，这违背了法律自然正义的原则。

第三，行政不作为的消极行为。行政不作为是指行政机关负有解决农地征收中农民请求的法定职责，或者在发生特定的情况时负有采取行政措施的法定职责，而行政机关没有按照法律的规定履行行政职责，也没有采取措施，甚至推诿或者不予答复，以及采用特别消极的方式拖延解决的时间。行政机关有权利要求用地单位支付土地补偿金，同时也有义务积极去解决农地征收的过程中出现的问题，但是实践中，不答复和推诿是行政机关最常用的不作为的方式。在农地征收的过程中，行政不作为常常发生，这也是被征地的农民在提起司法救济时被拒之门外的原因之一。

六、农地征收中增值收益分配的完善建议

我国现行的农村土地增值收益分配对农民利益的侵害如不认真解决，将会破坏农村社会的稳定。因而，构建以公平公正、利益均衡、平等保护为原则的农村土地增值收益分配机制势在必行。其中，最关键的问题是在提高农民土地增值收益分配比例的基础上合理分配土地增值收益，本着这一目的，本章从农村土地增值收益分配机制构建进行阐述，期望建立一个公平、有效、合理的农村土地增值收益分配机制。

（一）完善农地征收中增值收益分配的遵循原则

农地非农化增值收益分配需要遵循三个原则，即公平公正原则、利益均衡原则和平等保护原则；遵循公平公正原则，是在土地转变用途所得利益的调整上，应该承认征地增值收益一大部分来源于农民放弃了拥有农地的权利，因此，征地所得的收益分配既要回馈社会，也应回馈农民，使农民享受到增值收益所带来的福利；遵循利益均衡原则，是要最大限度地保证农地征收中增值收益分配各方主体的利益均衡，同时农民集体和农民个人也能分配到合理的收益以维持失地后的生产和生活；遵循平等保护原则，是在保障前两个原则的前提下，

保证土地增值收益分配各方利益主体的分配是平等的，这里的平等要更多地照顾到弱势群体，体现对农民更多的保护。

1. 公平公正原则

兼顾各方的利益，符合公平公正原则。农用土地被征收后用途发生变化，产生巨大的增值空间，是政府建设开发的结果，这里的土地资产增值有相当大一部分应当归功于城市规划和城市开发。但是农民为了国家经济建设和城镇化也做出了贡献，在土地征收后权益损失也比较大，所以增值收益分配不仅要兼顾全社会的利益和城镇建设的需要，而且也应让失地农民享受更多的土地增值收益，符合社会公平原则①。

个人利益在公共利益面前，个人利益是渺小的，在个人利益面对公共利益对其做出让步时，国家也应当给予个人利益公平的补偿，既然征收行为可以最大限度地使公众得以受益，那么用牺牲少部分人的利益来成全大多数人利益的办法，就不是一种合理的行为逻辑。如果没有公平公正加以制约，就相当于私人权利的大门向公共权力敞开并为公共利益所用，也就失去了私域与公共权力的基本界限，所以，土地征收应当遵循公平公正的原则，将被征地农民的实际损失计算进去，无论是公共利益还是私人利益，只要是相对人的合法利益，都必须给予相应的合理保护。公平补偿的目的“既要保障被征地农民的生活水平不因征地而下降，又要防止因征地拆迁收益分配而暴富②”。

2. 利益均衡原则

土地征收增值收益分配要综合考量被征农地作为生产资料、农民生存和发展的保障以及对国家粮食战略安全和生态安全等各方面的价值，最大限度地平衡与征收相关的一切主体的利益，包括国家、社会、农民集体经济组织和农民等，使其均得到其所应得的部分。被征地农民失去土地就相当于失去了生产资料和生活保障，土地征收中增值收益分配应当对被征地农民生活、后续保障和发展做出一定的安排，使其生活水平不低于征地前，并提供相应的保障，使其具备不断改善自身生活境况的相应条件。土地增值收益分配应当区分不同的增值来源，根据各相关主体对被征收土地的增值是否有贡献决定其是否参与增值收益的分配，根据其贡献大小设定其应得份额，贡献多的多得，贡献少的少得，

---

① 姜和忠，徐卫星：《农地非农化配置中的收益分配问题》，载《中国土地科学》2011 年第 6 期，第 65—69 页。

② 贺雪峰：《地权的逻辑 II：地权变革的真相与谬误》，东方出版社 2013 年版，第 129 页。

没有贡献的不得，保证分配的公平。农地征收行为不符合利益平衡原则的不得为之，土地的征收是建立在立法者为实现较高的利益而对原来利益重新分配的基础上，增值收益分配的目的就在于平衡两种利益之间的关系[①]。

3. 平等保护原则

农村土地被征收后其用途发生转变，转变后的土地产生了巨大的增值空间，这是政府实施开发建设带来的结果，土地以这样的方式发生的增值有相当大一部分应当归功于政府对城市的规划和开发。而农民作为土地的使用权人，为国家的经济建设和推动城镇化进程也牺牲了自己的利益，在土地征收后农民的合法权益遭到很大的损失，因此，土地增值收益所得分配不仅要致力于国家的经济建设，也应给予失地农民更多的土地增值收益。这里所指的平等保护是具有倾向性的，也就是说在具体的收益分配过程中，各项政策以及增值收益所得应该向农民这一弱势群体倾斜。

平等保护原则是合理分配土地增值收益的基本原则，在现阶段是指要保护农民的权益，让其也分享到土地被征收后的增值收益。我国立法上的平等与现实中的平等还有一段距离，而恰恰是这段距离导致了城乡间的差距以及社会上的很多其他不稳定因素。虽然土地经征收后有了巨大的增值收益，但是在我国现阶段的土地征收补偿标准却未包含土地增值部分，并且在补偿过程中的收益分配被层层截流，极大地损害了农民的利益。为了使农民可以平等地享受土地征收后的增值收益，实现真正意义上的平等，应该在征收过程中给予农民更多的权利和收益。在分配过程中更多地考虑到失地农民失地后的生活保障和生计问题，让农民参与土地用途转变后的增值收益分配，并且在分配中给予他们更多的增值收益。

（二）完善农地征收中增值收益分配的具体建议

1. 严格监督约束政府权力

农地增值收益分配中政府应该扮演的角色是农地征收增值收益分配相关法规政策的制定者（在农地征收相关法律法规不健全的情况下，各级政府应结合当地实际制定分配政策，保证农地征收及增值收益分配行为的有序进行）、土地增值收益分配相关主体的利益协调者（政府应制定收益分配的相应措施，确

① 潘佳玮：《城市化进程中土地征收法律问题研究》，人民出版社 2009 版，第 150—240 页。

定公平公正的分配原则，协调平衡各方利益主体的冲突，合理实现各方利益，保证农地征收及增值收益分配工作的可持续发展）。应改变政府在土地征收及增值收益分配中的垄断地位，还原被征地农民的主体地位，采取有效措施防止政府权力滥用，规范政府行为，使得农民作为土地实际的占有者享受土地增值所带来的收益，最终保障农民的合法权益。

要对政府在土地增值收益分配过程中的行为以及所得收益的使用建立严格的监督和约束机制。一方面，加强对土地增值收益分配过程监督制约，形成内外结合的监督体系。建立严格的内部审批监督制度，对土地增值收益分配的具体方案、审批环节、最终结果的公示都要进行严格监督，明确审批人员的具体权限、责任和义务，制定奖惩分明的内部约束和监督措施。同时，建立对审批部门和人员的社会监督制度，形成多元监督体系。另外，可以考虑在征地增值收益分配的制度设计中更多地引入听证、公告、协商程序，控制地方政府增值收益分配的决策权，防止利益冲突直接侵害村集体及被征地农民的利益。在严格监督约束政府权力的基础上，还应进一步规范政府的土地收支，遏制土地财政。加大中央对地方政府的财政转移支付力度，通过规范的财政转移支付制度来实现不同地区之间的收益均衡，改变地方政府对土地财政的过度依赖[①]。另一方面，完善对政府所得收益的规范使用和监督约束。土地因征收增值是由自然因素、用途转变、地理位置、供求关系、政府行为等多种因素形成的复杂过程[②]，如果政府不能分享征地增值收益，那么被征地地区以及整个城市大量的公共基础设施以及配套将无法完成，现实中许多被征收土地正是由于公共基础设施及其配套的延伸和完善而大幅增值。因此，不是说政府不能分享土地征收后的增值收益，关键是要对政府所得增值收益的使用进行规范管理并加强监管。政府要对所得增值收益的使用做到公开透明，资金使用方向、使用用途、具体支出、剩余部分等都向社会公开，接受社会、群众、媒体、审计等全面监督，让社会各界知道和清楚政府所获收益的具体支出情况，同时打消了社会各界对政府所获收益的猜测和质疑，也有利于法治政府、诚信政府、服务政府的构建。同时，还应当用适当比例反哺当地农村的耕地保护、土地流转、土地整理、公

---

① 葛扬，贾春梅：《关于中国房地产业发展路径的分析》，载《经济纵横》2011年第10期，第35—38页。

② 刘英博：《集体土地增值收益权归属的分析与重构》，载《东北师大学报》（哲学社会科学版）2014年第3期，第13—16页。

益设施、文化发展、社会保障等项目，支持当地经济社会发展，实现不同地区的利益平衡和共同发展。

2. 保障农村集体合法权益

征地增值收益在农村集体组织内部的分配至关重要，它不但是农村集体土地所有权的具体表现，也是农民参与土地收益分配的重要途径，更是法律所规定的民主决策、民主管理、民主监督的基层群众自治在农村土地制度深化改革中的重要体现。要切实地保障村集体在征地增值收益分配过程中的合法权益，就要让村集体直接参与收益分配的全过程，地方政府在土地征收后要将补偿与增值收益的分配方式和分配范围等通过农村集体进行公布，让村集体拥有知情权和和异议申报权。此外，还要有相关的裁决机制和异议申报机制来保障村集体权利的有效实施，使增值收益分配的全过程规范化和制度化。

当前，要保障村集体征地增值收益分配的合法权益，应做到以下几点：一是明确村集体作为集体土地的所有者。由于乡镇农民集体容易与乡镇政府相混淆，而村民小组随着征地拆迁、集中居住等大多不复存在，村集体由于村民委员会和村党支部的设置相对健全，适合作为农村集体土地的所有者。目前，全国各地正在推进集体土地所有权、土地承包经营权、宅基地使用权的确权登记工作，在确权登记的基础上，向农村集体经济组织颁发集体土地所有权证，明确权属关系。二是明确集体所得增值收益的使用方向。应充分发挥村集体民主决策、民主管理的权利，在涉及村民土地权益以及增值收益分配等重大事项的决策上，严格贯彻执行法定程序是关键[①]。应按照《中华人民共和国物权法》（以下简称《物权法》）《村民委员会自治法》的相关规定，由本集体成员讨论决定征地后的增值收益在村集体内部的分配，严格执行村民委员会或村民代表会议有2/3以上的组成人员参加方可召开，所作决定应当经到会人员的过半数或2/3以上代表同意的规定。集体经济组织、村民委员会或者其负责人做出的决定侵害集体成员合法权益的，受侵害的集体成员可以请求人民法院予以撤销[②]。当然，地方政府可以对增值收益分配的使用方向进行原则性规定，如用于村内公共基础设施建设、本村集体经济产业发展、贫困人员的生活补助、被征

---

① 郑和园：《集体建设用地使用权流转增值收益分配制度研究——基于安徽省相关制度考察》，载《淮南师范学院学报》2014年第6期，第20—24页。

② 史卫民：《农村发展与农民土地权益法律保障研究》，中国社会科学出版社2015年版，第69页。

地农民的就业培训、医疗养老保险以及环境保护等，使集体成员共享土地增值收益[①]。同时，村集体应建立账目，通过村务公开栏、告示、广播、网络等多种方式让村民知晓，定期公布使用情况，接受集体成员的监督。三是建立严格的责任追究制度。对征地增值收益分配、使用过程中村干部的违规违法行为进行严厉责任追究，构成犯罪的，依法追究其刑事责任，保障增值收益分配、使用的合法化、制度化和规范化，确保村集体合法权益不受侵害。

3. 适当提高农民分配比例

要切实保障农民的合法权益，真正意义上从土地征收中的增值收益分配中获益，就要提高农民土地增值收益分配比例。

随着我国城市化进程以及房地产行业的蓬勃发展，地方政府投入大量的农村土地用于商业性开发，政府得到大量的土地增值收益，而失地农民从中获得的补偿偏低，农民的利益严重受损。国家对此也越来越重视。党的十八大后，国家加大了征地制度改革力度。在具体的实施中，应该将收益分配比例作如下调整：将政府和投资者以前所得 60%—70% 降低为 50%，村集体经济组织所得 25%—30% 改为 30%，农民以前所得 5%—10% 提高为 20%，在这样的调整下，村集体经济组织的比例基本不变，削弱了政府和投资者的分配比例并且大大地提高了农民的分配比例，做以上调整主要基于如下理由：

第一，基于土地发展权应该提高农民土地增值收益分配比例。土地增值收益也属于社会财富的一种，具体来说，在土地增值收益的初次分配中，政府应当尊重和承认土地权利人基于土地所有权而产生的土地发展权，保护公民基于土地所有权和发展权获得相应土地增值的权利。为此，在征收（无论是实物征收，还是管制性征收）非国有土地时，政府要给予被征收人公平的收益分配。因为土地征收的本质在于且仅仅在于，为了公共利益的需要，政府获得了与被征收人进行强制交易的权力，但其并没有因此获得不予分配或者少分配给被征收人的权力。

第二，基于对弱势群体的保护，在公平、平等分配原则基础上实现对农民的倾斜保护，并在具体增值收益分配中以土地市场价格为基准。虽然在我国增值收益分配过程中，对于公平、平等的分配原则并没有一个统一的界定，但如果从

① 龙开胜，石晓平：《土地出让配置效率与收益分配公平的理论逻辑及改革路径》，载《南京农业大学学报》（社会科学版）2018 年第 5 期，第 79—87 页。

政府在土地征收过程中仅仅获得"强制交易权"这个角度来说，按照"市场价格"来给予被征收人分配应该是最为公平的，因为所谓"市场价格"就是当事人在同意进行交易的前提下，通过讨价还价、谈判协商和互相妥协而形成的价格。

第三，基于地方政府角色归位的角度考虑，应该削减地方政府的增值收益分配比例。农地增值收益分配中政府应该扮演的角色是农地征收增值收益分配相关法律法规的制定者、土地市场运行机制的补充者、土地增值收益分配相关主体的利益协调者等。而现实中政府角色具有"政府人"和"经济人"的双重角色，成为特殊效用目标追求者，模糊产权制度下的土地实际剩余控制者等。必须对政府角色进行重新定位，政府应成为产权制度体系建设的规范者，农村社会稳定可持续发展的服务者与引导者，农民主体地位的维护者等。

此外，要建立能真正提高农民土地增值收益分配比例的长远有效机制，就必须对现行征地制度进行重大改革，考虑到我国当前的实际情况，要为现行的征地制度做好铺垫，需要解决如下问题：第一，对现行征地制度进行重大改革并不是一蹴而就，在其中会涉及方方面面的利益，也会遇到来自各方面的阻力。第二，明确界定公共利益范围。土地征收权的行使只有在真正涉及公共利益时，政府才可以使用。第三，以土地市场价格作为参照进行征地补偿。政府以公共利益的名义征收农民集体土地，同样也要根据当时的土地市场价格给予农民合理补偿。实质上，土地征收制度的性质是其强制性而非低价格。第四，建立城乡一体化的建设用地市场。允许农民集体经济组织以出让、出租等形式经营经营性建设用地，国家对这两大主体的行为要进行严格的限定和规范，并加强对农民集体土地收入分配和使用过程中的监管。

4. 规范收益分配过程程序

程序性在国家的法律、法规中的地位非常重要，尤其我国正处在社会主义法治建设的阶段。收益分配程序在整个农地征收的过程中占有非常重要的地位。

季卫东在其著作《程序比较论》中提出，合理的程序应当具备四个原则：正当过程原则、中立性原则、条件优势原则、合理化原则[①]。援引到收益分配程序中同样适用，即规范收益分配程序应从过程的正当性出发，保证收益分配流程的公开透明，接受大众参与和监督[②]。汪进元认为，程序是主体参与活动的过

---

① 季卫东：《程序比较论》，载《比较法研究》1993年第1期，第1—33页。

② 汪进元：《论宪法的正当性程序原则》，载《法学研究》2001年第2期，第51—59页。

程、顺序、方式和方法等方面的总和。正当程序运行的基本要件应包括程序的合法性、主体的平等性、过程的公开性、决策的自治性和结果的合理性。规范收益分配程序首先要解决的问题就是收益分配受益主体资格的问题，其次才考虑分配的合理性和公开性等问题。农地增值收益分配程序的具体构成分为两种要件：一是农地征收程序的要件构成，指出农地征收的程序构成要件应当包括程序的参与性、裁判者的中立性、程序的自治性、结果的确定性、程序的及时终结性等。二是农地收益分配法律程序的一般性过程，包括实施中的资产评估程序、协商程序、收益分配公示程序、听证程序、强制执行程序、救济程序等。

目前，我国法律中对收益分配过程程序规定得比较粗糙、不科学，公正性和公示性不够，收益分配程序的不完善使集体土地所有权权益受侵害时得不到及时有效的保护，正当法律程序的缺失，导致一些地方征地收益分配过低、集体和农民的土地权益得不到保障。通过了解农地征收增值收益分配程序的各个重要环节，建议通过以下程序来规范整个土地增值收益分配过程。

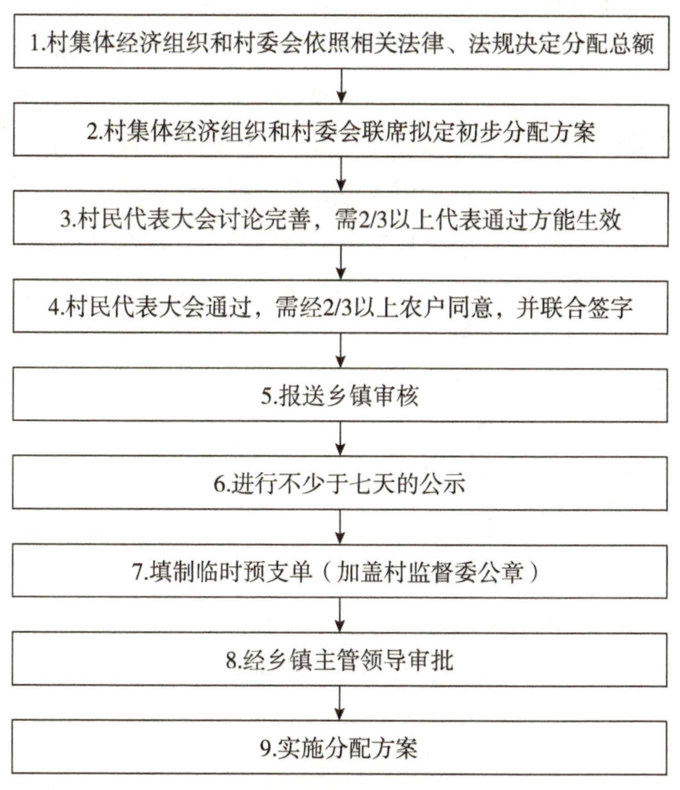

图 1.3　土地增值收益分配程序

如图 1.3 所示，土地征收过程中增值收益分配程序总共分为 9 个步骤，从增值收益分配额、分配方案的拟定到分配方案的落实都要严格按照程序进行，并且对每个部分的权利责任人都要全面落实，如果其中一个步骤出现问题，就要追究相关人员的责任，做到权责一致，并由村集体对每个环节进行监督，以保证增值收益分配程序的有效实施。此程序较完整地列出了增值收益分配中的关键节点，并明晰了每个环节的相关责任人，对每个环节都做到了严格的把控。

5. 强化收益分配监督机制

监督检查是行政主体为了实现行政管理的职权，以相对人是否守法和是否履行了行政法规定的义务的情况，单方面地进行强制性了解、督促的具体行政行为。农村增值收益分配过程中的监督检查能够及时地将分配过程中出现的种种问题进行反馈和解决。我国目前的农村土地增值收益分配过程中缺失有效的监督体制，这会导致一些不合格的政府官员产生不尊重公民财产的现象。

建立长期有效可行的增值收益分配监督机制，具体可以从以下方面入手：第一，建立行政机关监督机构。在整个增值收益分配的过程中，由于政府在此过程中身份的多重性，并且我国并没有制定专门的监督机制加以规范，在利益的驱使下，违法征地、收益分配不合理现象时有发生，使得增值收益分配过程中出现诸多问题，并引发了许多社会矛盾，所以在此过程中应该设立专门的监督机构来行使监督权，以保证增值收益分配过程合理合法，减少违法行为的发生。所以完善法律制度来规范土地增值收益分配过程具有重要意义。第二，监督主体多元化。对出让金的提取、管理、使用、审计等纳入制度化、规范化、程序化轨道，将有关信息向社会公开，接受各方面监督。此外，政府应减少财政对土地的依赖，保持土地价格基本稳定①。建议如下：首先，健全行政监察机制，加强行政主体内部监督；其次，启动土地违法问责处分机制，采取将问责意见连同违法处分补偿基金的事实材料由省级监察机关、国土资源主管部门、人力资源和社会保障部门经过一定程序后，直接上报，使相关处分落实到人；最后，加大司法监督、社会监督力度，改革信访、举报制度，推进信息公开和通报制度等，提高举报接案效率、搭建社会监督平台。政府、农民集体以及农民个人三方利益主体中，农民个人处于劣势地位，对于土地增值收益分配的不

① 刘刚：《农民土地产权残缺与不公平农地收益分配制度研究》，载《经济纵横》2008 年第 11 期，第 65—67 页。

公通常只能被动接受，而如果建立一个机构，使得各利益主体可以在收益分配过程中互相监督，一旦有分配不公或不合理的地方可以举证并做出相应惩罚[①]。

6. 妥善解决收益分配纠纷

目前，我国土地征收中的许多争议都还无法进入司法的视野，最高人民法院公布《关于审理涉及农村土地承包纠纷案件适用法律问题的解释》，打破了长期以来征地补偿纠纷游离于司法救济之外的局面，但范围有限，仅涉及农村土地承包地征收补偿费用分配的民事纠纷人民法院才予以受理。对增值补偿尤其是增值收益分配等纠纷案件则要么采取非司法救济渠道，要么没有其他任何排解渠道，借鉴国外经验，积极构建我国土地增值收益分配过程中各种纠纷的司法救济机制显得尤为必要和迫切。

为公正地解决增值收益分配纠纷，必须建立公正、完善的收益分配纠纷解决机制，建立司法审查机制，赋予法院对土地增值收益分配过程正当性和合理性的审查权，收益分配标准争议的审查权，增值收益分配程序是否合法的审查权，这种监督权和审查权的行使必须以土地征收主体的责任制度为基础，所以应当建立征地主体的法律责任制度，包括民事责任、行政责任和刑事责任，为此，应注意以下问题：

第一，扩大增值收益分配争议案件司法管辖的范围。为了维护利益主体的权益，使整个收益分配过程合理有效地进行，就需要扩大解决纠纷案件的受理范围，除了补偿标准纠纷，还应包括很多其他的增值收益分配过程的纠纷。为更加全面地保护当事人的土地权益，化解矛盾，对其他分配过程纠纷如安置补偿纠纷，分配程序纠纷等均应纳入受理范围之列，都可以申请裁决或者提起诉讼。

第二，收益分配纠纷的司法救济与其他纠纷解决方式的协调配合。增值收益分配争议由政府裁决，通过行政渠道解决纠纷，有助于提高争议解决的效率，但不能仅将行政裁决作为唯一的解决纠纷渠道，应拓宽纠纷解决路径，建立多元化的纠纷解决机制。如果人民法院能够明确将增值收益分配纠纷案件引入司法审查的范围，提供司法救济，将会更有利于促进公众对司法正义的认同，促进司法改革，也更能形成对行政征收权行使的司法约束。考虑到我国的实际情

---

① 周义：《论农村土地征收程序的完善——由一则土地征收纠纷案件引起的思考》，载《华中师范大学研究生学报》2008 第 5 期，第 23—25 页。

况，在行政救济与司法救济的关系模式上，可以实行行政救济，它是司法救济的必经前置程序，只有先经行政裁决后，对裁决不满的，才能向法院提请行政诉讼，否则，不能直接起诉。通过赋予被征地农民以提起民事诉讼的权利，使被征地农民获得充分的救济，这样，便能有效地减少对政府在征地过程中的双重角色所产生的不公正猜测以及在一定程度上减少地方保护主义现象，如此才能符合现代法治社会司法最终裁决的原则①。

七、结论及展望

本文在研究和总结土地增值相关理论的基础上，提出了土地征收过程中增值收益的含义，并分析了土地征收中增值收益的形成机理，在此基础上对现有土地增值收益分配理论做了介绍，并指出土地增值收益需要兼顾各方利益。文章还全面分析了土地征收中增值收益的分配现状及存在的问题，由此在制度层面上揭示了问题产生的原因。结合土地征收中增值收益分配的现状及原因，提出了土地增值收益应该按照利益均衡原则、公平公正原则和合理合法原则进行分配，在此基础上提出改革的建议，从而对土地征收中增值收益分配理论进行有益的探索，并对实践发挥有一定的指导意义。本文的研究结论如下。

土地征收中的增值收益是指当农用地转变为城市建设用地以后，伴随着土地用途的转变导致土地价格上涨所产生的收益。土地征收中增值收益需要兼顾各方利益主体，但我国分配的现状是地方政府获取大量的土地增值收益，中间商也从中渔利，致使农民的权益遭到严重侵害。造成这些问题的原因有政府不正确的政绩观的影响，也有征地环节制度不健全等因素。以“公私兼顾”论为理论基础，针对问题的原因，并结合我国国情，现阶段改革的措施主要是，从主观上限制政府的权利，加强农民的权利意识；从客观上完善土地征收机制和土地收益分配机制。土地增值部分应由不同主体共同分享，但应侧重于失地农民一方，既要保障他们目前的生活，也要兼顾今后的发展问题，做到“取之于农，用之于农”。

---

① 吴玲，刘腾谣：《提高农民在土地增值收益中的分配比例》，载《边疆经济与文化》2014 年第 3 期，第 1—2 页。

在今后的研究中，还需要对各地区不同情况的土地增值问题做进一步的研究；针对具体的增值收益分配比例，还需要通过使用经济、数学模型来进行证实；对于在农地征收中增值收益分配所提出的建议还需要在实践过程中进行深入研究。

参考文献

专著类

[1] 应松年:《中国行政法学》，中国政法大学出版社 1997 年版。

[2] 姜明安:《行政法与行政诉讼法》，北京大学出版社、高等教育出版社 1999 年版。

[3] 梁慧星:《中国物权法草案建议稿——条文、说明、理由与参考法例》，社会科学出版社 2000 年版。

[4] 张世信，周帆:《行政法学》，复旦大学出版社 2001 年版。

[5] 黄祖辉，汪晖:《城市化进程中的土地制度研究》，中国社会出版社 2002 年版。

[6] 廖小军:《中国失地农民研究》，社会科学文献出版社 2005 年版。

[7] 李国建:《中国被征地农民补偿安置研究》，中国海洋大学出版社 2008 年版。

[8] 潘善斌:《农地征收法律制度研究》，民族出版社 2008 年版。

[9] 崔亮:《农村征地安置补偿纠纷实例说法》，中国法制出版社 2009 年版。

[10] 王坤，李志强:《新中国土地征收制度研究》，社会科学文献出版社 2009 年版。

[11] 潘佳玮:《2009 西安高新区发展难点研究》，西北大学出版社 2010 年版。

[12] 黄健雄:《农村征地补偿安置法律政策解答》，法律出版社 2010 年版。

[13] 张安录:《征地补偿费分配制度研究》，科学出版社 2010 年版。

[14] 卢旺:《送法下乡之征地补偿安置》，中国政法大学出版社 2010 年版。

[15] 马晓萍:《房屋拆迁与征地补偿》，中国法制出版社 2011 年版。

[16] 季金华，徐骏:《土地征收法律问题研究》，山东人民出版社 2011 年版。

[17] 章彦英:《土地征收救济机制研究》，法律出版社 2011 年版。

[18] 赵彬:《土地流转与房屋征收法律事务》，法律出版社 2011 年版。

[19] 马晓萍:《房屋拆迁与征地补偿》，中国法制出版社 2011 年版。

[20] 邹爱华:《土地征收中的被征收人权利保护研究》，中国政法大学出版社 2011 年版。

[21] 李慧中，张期陈:《征地利益论》，复旦大学出版社 2011 年版。

[22] 韩芳:《农村土地养老保障功能研究》，知识产权出版社 2011 年版。

[23] 樊平:《农地政策与农民权益》，社会科学文献出版社 2012 年版。

[24] 王心良:《基于农民满意度的征地补偿研究》，中国社会科学出版社 2012 年版。

[25] 何格，陈文宽著:《同地同权下的征地补偿机制重构研究》，中国农业出版社 2013 年版。

[26] 畅斌:《中国农村土地征收补偿暨城中村实务改造与维权保障》，法律出版社 2013 年版。

[27] 王慧娟，施国庆:《城市郊区征地拆迁移民置换与补偿安置》，社会科学文献出版社 2013 年版。

[28] 史卫民:《农村发展与农民土地权益法律保障研究》,中国社会科学出版社 2015 年版。

[29] 王永慧:《农地非农化增值收益分配机制研究》,中国人民大学出版社 2015 年版。

[30] 毋晓蕾:《土地增值收益分配问题研究——以河南省为例》,水利水电出版社 2016 年版。

[31] 周跃辉:《按权能分配农村集体土地增值收益研究》,经济科学出版社 2017 年版。

[32] 朱一中:《地方治理背景下的土地增值收益分配研究:土地产权与土地租税费》,光明日报出版社 2017 年版。

[33] 朱道林:《土地增值收益分配悖论:理论、实践与改革》,科学出版社 2018 年版。

期刊类

[1] 季卫东:《程序比较论》,载《比较法研究》1993 年第 1 期。

[2] 汪进元:《论宪法的正当性程序原则》,载《法学研究》2001 年第 2 期。

[3] 白呈明:《农村土地纠纷的社会基础及其治理思路》,载《中国土地科学》2007 年第 6 期。

[4] 张宁,刘正山:《农地转非中如何合理补偿农民——兼评两种代表性征地补偿观》,载《生态经济》(学术版)2008 年第 1 期。

[5] 刘明浩,邱道持:《储备土地增值收益激励与收益测算研究》,载《生态经济》2008 年第 1 期。

[6] 邓宏乾:《土地增值收益分配机制:创新与改革》,载《华中师范大学学报》(人文社会科学版)2008 年第 5 期。

[7] 鲍海君:《城乡征地增值收益分配:农民的反应与均衡路径》,载《中国土地科学》2009 年第 7 期。

[8] 王家庭,张换兆:《工业化、城市化与土地制度的互动关系:美国的经验》,载《亚太经济》2009 第 4 期。

[9] 陈莹,谭术魁,张安录:《武汉市征地过程中的土地增值测算》,载《中国土地科学》2009 第 12 期。

[10] 张期陈,胡志平:《论被征农民增值收益的归属》,载《中南财经大学学报》2010 年第 6 期。

[11] 高雅:《从要素角度论农转非土地增值收益分配》,载《前沿》2010 年第 10 期。

[12] 李运华:《论社会保障权之宪法保障——以社会保障权宪法规范的完善为中心》,载《江苏社会科学》2011 年第 5 期。

[13] 王华华,陈国治:《我国城市化中土地征收引发的群体性事件防控研究》,载《求实》2011 年第 7 期。

[14] 肖轶,魏朝富,尹珂:《农地非农化中不同利益主体博弈行为分析》,载《中国人

口资源与环境》2011 年第 3 期。

[15] 姜和忠，徐卫星：《农地非农化配置中的收益分配问题：基于可持续发展理论的公平原则》，载《中国土地科学》2011 年第 6 期。

[16] 刘静：《农村征地中的农民权利保护问题》，载《华中师范大学研究生学报》2012 年第 6 期。

[17] 王铁雄：《征地补偿与农民财产权益保护问题研究》，载《法学杂志》2012 年第 2 期。

[18] 曹胜：《政绩压力与利益谋取——对农地征用中地方政府行为的理论分析》，载《科学决策》2012 年第 8 期。

[19] 刘江涛，张波：《城市边缘区土地增值收益分配管理研究综述》，载《经济问题探索》2012 年第 8 期。

[20] 张勇：《改革农村土地征收制度完善增值收益分配机制》，载《内蒙古师范大学学报》（社科版）2012 年第 1 期。

[21] 彭开丽，张安录：《农地城市流转中土地增值收益分配不公平的度量——方法与案例》，载《价值工程》2012 年第 31 期。

[22] 朱一中，曹裕：《农地非农化过程中的土地增值收益分配研究——基于土地发展权的视角》，载《经济地理》2012 年第 10 期。

[23] 田旭：《农地发展权配置与农地增值收益分配研究》，载《沈阳工程学院学报》（社会科学版）2012 年第 1 期。

[24] 苑韶峰，刘欣玫，杨丽霞，孙乐：《农地转用过程中土地增值收益分配研究综述》，载《上海国土资源》2012 年第 1 期。

[25] 唐朝光，蒋文能：《基于市场价格的集体土地征收补偿研究》，载《学术论坛》2012 年第 10 期。

[26] 王琦：《论集体土地征收补偿制度理念的转变》，载《税务与经济》2012 年第 4 期。

[27] 田大治：《我国集体土地征收中存在的问题及对策研究》，载《河南师范大学学报》（哲学社会科学版）2012 年第 4 期。

[28] 刘明明，樊莉莉：《论被征地农民公平分享土地增值利益的权利保障》，载《临沂大学学报》2012 年第 1 期。

[29] 邹谢华，郭威：《土地增值收益需正本清源》，载《中国土地》2012 年第 2 期。

[30] 郭素芳：《天津农地征用中农民土地收益分配机制研究》，载《地域研究与开发》2012 第 4 期。

[31] 苑韶峰，杨丽霞，施伟伟，孙乐：《农地非农化过程中土地增值收益分配的物元模型分析》，载《上海国土资源》2012 年第 4 期。

[32] 孙国锋：《我国产权改革停滞的原因分析》，载《生产力研究》2013 年第 6 期。

[33] 田冀：《原划拨用地入市后土地增值收益率的分区研究》，载《国土资源科技管理》

2013 年第 3 期。

[34] 曹飞:《农地非农化增值收益分配分析》，载《广东商学院学报》2013 年第 30 期。

[35] 王春风:《论农村集体土地征收的立法科学性进路——以土地管理法修订为视角》，载《广东农业科学》2013 年第 24 期。

[36] 周学荣，陈莉:《政府在农地征收中增值收益分配中的角色定位研究》，载《经济与管理评论》2013 年第 5 期。

[37] 林瑞瑞，朱道林，刘晶，周鑫:《土地增值产生环节及收益分配关系研究》，载《中国土地科学》2013 年第 2 期。

[38] 张广辉，魏建:《土地产权、政府行为与土地增值收益分配》，载《广东社会科学》2013 年第 1 期。

[39] 盛培宏:《城镇化视角下土地制度改革》，载《特区经济》2013 年第 7 期。

[40] 王静:《城镇化中土地制度改革的未来走向——中国近 10 年研究成果综述》，载《甘肃行政学院学报》2013 年第 4 期。

[41] 王克稳:《论我国集体土地征收中的被征收人》，载《苏州大学学报》(哲学社会科学版) 2013 年第 1 期。

[42] 荣宏庆，李玮:《浅谈提高农民在土地增值收益分配中的比例》，载《地方财政研究》2014 年第 4 期。

[43] 武立永:《农民公平分享农村土地增值收益的效率和正义》，载《农村经济》2014 年第 4 期。

[44] 李坤英:《保障农民权利建立合理的土地增值收益分配机制》，载《新农业》2014 年第 5 期。

[45] 丁同民:《关于现行农地非农化收益分配模式的思考》，载《区域经济评论》2014 年第 1 期。

[46] 朱一中，王哲:《土地增值收益管理研究综述》，载《华南理工大学学报》(社会科学版) 2014 第 2 期。

[47] 钱静:《浅谈农村土地增值收益分配问题》，载《辽宁农业科学》2014 年第 5 期。

[48] 刘英博:《集体土地增值收益归属的分析与重构》，载《东北师大学报》(哲学社会科学版) 2014 年第 3 期。

[49] 藏微，王春敏，马明，韩冬:《我国农村土地增值收益分配探讨》，载《中国房地产》2014 年第 4 期。

[50] 唐烈英:《集体土地补偿分配问题研究》，载《农村经济》2014 年第 3 期。

[51] 吴玲，刘腾谣:《提高农民在土地增值收益中的分配比例》，载《边疆经济与文化》2014 年第 3 期。

[52] 金宇:《农村土地增值分配理论探究》，载《改革与战略》2014 年第 5 期。

[53] 刘英博:《集体土地增值收益归属的分析与重构》，载《东北大学学报》(哲学社

会科学版）2014 第 3 期。

[54] 郭玲霞，彭开丽：《土地征收中的利益分配及福利测度文献述评》，载《商业时代》2014 年第 5 期。

[55] 张远索，周爱华，杨广林：《农村集体土地增值收益分配主体及其权利研究》，载《农业经济》2015 年第 2 期。

[56] 徐会苹：《提高农民土地增值收益分配比例的对策建议》，载《经济纵横》2015 年第 5 期。

[57] 杨红朝：《论农民公平分享土地增值收益的制度保障》，载《农村经济》2015 年第 4 期。

[58] 李胜利，郑和园：《农村集体土地增值收益分配的公平与效率——博弈与权衡》，载《西北工业大学学报》（社会科学版）2015 年第 2 期。

[59] 彭錞：《土地发展权与土地增值收益分配：中国问题与英国经验》，载《中外法学》2016 年第 6 期。

[60] 徐美银：《共享发展理念下农村土地增值收益分配制度改革研究》，载《中州学刊》2016 年第 9 期。

[61] 史卫民，杨晶：《征地增值收益分配的利益主体及其关系重构》，载《西北大学学报》（哲学社会科学版）2016 年第 4 期。

[62] 孟宏斌：《农地非农化征用中的农民土地增值收益权保护》，载《改革与战略》2017 年第 1 期。

[63] 蔡瑞林，庄国波，唐焱：《农地非农化增值收益分配政策的优化》，载《西北农林科技大学学报》（社会科学版）2017 年第 2 期。

[64] 徐进才，徐艳红，庞欣超，姚喜军，郝梦洁：《基于“贡献—风险”的农地征收转用土地增值收益分配研究——以内蒙古和林格尔县为例》，载《中国土地科学》2017 年第 3 期。

[65] 方涧，沈开举：《土地征收中的公平补偿与增值收益分配》，载《北京理工大学学报》（社会科学版）2017 第 3 期。

[66] 朱道林：《我国土地增值及其分配关系的现实特征和制度障碍》，载《学海》2017 年第 3 期。

[67] 赵晓雷，胡雯，石诚：《“赋权强能”：城市化进程中土地增值收益分配机制新解》，载《科学发展》2017 年第 4 期。

[68] 陈燕：《提高农民在土地增值收益中的合理分配比例》，载《学术评论》2017 年第 6 期。

[69] 刘元胜，胡岳岷：《农民权益：农村土地增值收益分配的根本问题》，载《财经科学》2017 年第 7 期。

[70] 史卫民，欧阳远丛：《保障农民公平分享征地增值收益问题探讨》，载《理论导刊》

2017 年第 8 期。

[71] 靳相木，陈阳：《土地增值收益分配研究路线及其比较》，载《经济问题探索》2017 年第 10 期。

[72] 罗明，张欣杰，杨红：《土地增值收益分配国际经验及借鉴》，载《中国土地》2018 年第 2 期。

[73] 广西国土资源厅调控和监测处：《兼顾三方收益提升农民收入——农村土地制度改革中土地增值收益分配的探索、成效》，载《南方国土资源》2018 第 3 期。

[74] 谢保鹏，朱道林，陈英，裴婷婷，晏学丽：《土地增值收益分配对比研究：征收与集体经营性建设用地入市》，载《北京师范大学学报》（自然科学版）2018 第 3 期。

[75] 龙开胜，石晓平：《土地出让配置效率与收益分配公平的理论逻辑及改革路径》，载《南京农业大学学报》（社会科学版）2018 年第 5 期。

[76] 陈莹，杨芳玲：《农用地征收过程中的增值收益分配研究——以湖北省 17 个地市（州）为例》，载《华中科技大学学报》（社会科学版）2018 第 6 期。

[77] 贾艳杰，宋洋，侯巧莲：《农地征收补偿与增值收益分配关系探讨》，载《天津师范大学学报》（社会科学版）2018 年第 6 期。

[78] 曾盛聪：《地利共享、分配正义与政府责任：一个分析框架》，载《人文杂志》2018 年第 10 期。

[79] 联合课题组：《改革中的农村土地增值收益分配关系重构——以浙江省义乌市为例》，载《中国土地》2019 年第 2 期。

[80] 杨凡：《农村集体土地增值收益分配机制建设研究》，载《农业经济》2019 年第 2 期。

[81] 姜海，陈乐宾：《土地增值收益分配公平群体共识及其增进路径》，载《中国土地科学》2019 年第 2 期。

[82] 吴昭军：《集体经营性建设用地土地增值收益分配：试点总结与制度设计》，载《法学杂志》2019 年第 4 期。

[83] 孙秋鹏：《农村土地征收问题研究述评与展望》，载《学术探索》2019 年第 5 期。

[84] 孟存鸽：《农地转非中土地增值收益产生环节及归属探析》，载《山东农业工程学院学报》2019 年第 5 期。

学位论文

[1] 刘法威：《平均地权的理论与实践研究》，南京农业大学 2008 年博士学位论文。

[2] 李寿廷：《土地征收法律制度研究——基于利益平衡的理论分析与制度构建》，西南政法大学 2010 年博士学位论文。

[3] 高素青：《我国农村征地补偿法律问题研究——以重庆市为例》，西南政法大学 2010 年博士学位论文。

[4] 侯志业:《土地征收中增值收益分配的法律制度研究》,郑州大学2010年硕士学位论文。

[5] 王玥琪:《论农地征收纠纷的司法救济》,长春理工大学2012年硕士学位论文。

[6] 范明荣:《土地征收过程中增值利益分配机制探究》,南昌大学2013年硕士学位论文。

[7] 李萌:《论我国集体土地征收补偿制度的改革》,湖南师范大学2012年硕士学位论文。

[8] 王婷:《集体土地征收补偿标准的法律问题研究》,山东建筑大学2012年硕士学位论文。

[9] 李兴兴:《我国农村集体土地征收补偿法制研究》,扬州大学2013年硕士学位论文。

[10] 李旭斌:《集体土地上房屋征收补偿制度研究》,南京大学2013年硕士学位论文。

[11] 冷志强:《集体土地征收补偿制度研究》,北京交通大学2014年硕士学位论文。

[12] 成婷婷:《农村集体土地征收补偿制度研究》,安徽大学2014年硕士学位论文。

[13] 田旭:《中国城镇化进程中征地收益分配研究》,辽宁大学2014年博士学位论文。

[14] 贾婷婷:《被征收农地增值收益分配研究》,山西财经大学2015年硕士学位论文。

[15] 王直妹:《农村集体土地增值收益分配法律问题研究——基于土地征收视角》,安徽财经大学2015年硕士学位论文。

[16] 刘思言:《论土地征收增值收益分配法律制度完善》,华南理工大学2016年硕士学位论文。

[17] 程晓波:《土地征收中的利益均衡研究》,浙江大学2016年博士学位论文。

[18] 张宁宁:《新型城镇化进程中土地征收增值收益分配问题研究——以山东省为例》,山东财经大学2016年硕士学位论文。

[19] 向林生:《贵州省农地征收中被征地农民权益保障研究》,中央民族大学2017年博士学位论文。

[20] 龚暄杰:《农村集体土地增值利益分享法律制度研究》,西南政法大学2017年博士学位论文。

[21] 赵倩:《基于农地发展权的土地增值收益分配研究》,长安大学2017年硕士学位论文。

[22] 初日林:《集体土地征收后土地增值收益构成及分配研究》,沈阳农业大学2018年硕士学位论文。

[23] 朱臻玄:《农村集体土地征收中增值收益分配法律问题研究》,山东大学2018年硕士学位论文。

[24] 刘东青:《农村集体土地征收中政府角色研究》,黑龙江大学2018年硕士学位论文。

第二章 | 征地补偿安置中农民权益法律保护研究

一、问题的提出

2014年十八届四中全会对全面深化改革做了进一步部署，以农村土地制度改革为重心的农村法治、农民权益保护被提到了新发展阶段的议题中来。2015年农村土地制度改革主攻的三大方向就是：以农村土地征收、集体经营性建设用地入市、宅基地制度改革为代表的“三块地”改革试点将全面深入；以土地确权登记颁证工作为代表的农村土地承包经营制度改革迎来系列部署；耕地保护和补偿制度迎来顶层设计[①]。

本文的研究对象是农地征收补偿安置过程中的农民权益，是将研究视角从宏观转向微观，通过研究视角转变对土地征收相关问题进一步探究。我国目前在整个土地征收的制度建设方面研究较多，对征地补偿安置的研究也主要集中在制度建设，较少有人关注被征地农民权益的细化，故出现农民权益在补偿安置过程中受损最为严重的现象。征地补偿安置阶段是整个土地征收过程中矛盾最尖锐、最直接的阶段，被征地主体作为弱势群体常常被强权左右，不能按照自己的意愿来争取自己应有的权益，有时会出现因地区资源间差异让被征地主体所享有的安置权益不均衡，进而引发暴力性事件等。所以在补偿安置过程中，如何剥离出农民最切身的利益来予以重视、保护就是促进征地补偿安置阶段安定的重要问题。而处理好补偿安置阶段的各种矛盾就会给整个土地征收活动推进创造一个良性的大环境，从而进一步促进农村多元化发展和城乡一体化进程。因此，对征收补偿安置过程中处于社会弱势地位的农民权益保护应高度重视。本文通过对相关资料分析归纳，总结出在农地补偿安置过程中与农民密切相关

---

① 孙丹：《中央农村工作会议闭幕“三块地”改革试点全面深入》，载 http://www.ce.cn/xwzx/gnsz/gdxw/201512/25/t20151225_7812322.shtml，最后访问日期2019年12月20日。

的权益以及农民权益受到侵害的主要问题，最后提出保障农地征收补偿安置中农民权益的政策性建议。

土地征收补偿安置中农民权益保护和我国的土地产权制度、土地征收制度等方面密切相关。我国的土地征收中关于农民权益的保护研究存在较多不够的地方，本文尝试在农地补偿安置阶段针对农民权益保护进行系统的探索和研究。对这些方面的研究不仅适用于土地征收补偿安置中农民权益的保障，对于我国农民土地权益保护理论以及丰富物权法的内容都有重要意义。

做好农地征收补偿安置有利于百姓，更有利于国家。但近年来农地征收补偿安置过程中因损害农民权益等事件使得其敏感度不断增加。本章将农民的权益作为研究对象，目的是更好地保障农民的切身权益，使得政府、用地单位、农民三方利益平衡，最终让各方利益需求在农地征收补偿安置的结果中得以满足①。通过法律规范地方政府和村集体行为，充分保护好被征地农民权益，为今后征地制度改革和征地补偿安置制度改革提供借鉴和参考。

二、土地征收补偿安置中农民权益保护的一般考察

安置即安顿，主要取就近布置之意，其引申义甚至可以至就寝之处所。因此，安置在某种意义上和住处是有很大相关性的，土地征收过程中也就是和土地征收房屋安置有较大的关联性。但随着城镇化的不断推进，对被征地农民的安置更多地表现在除有安定的居所外还要有完善的生存保障和生活保障，特别是在被征地农民权益满足和获得上。城乡一体化发展是社会化发展的必然趋势，土地征收是城镇化的主要活动，征地补偿安置阶段又是涉及被征地农民利益诉求最多的阶段，所以做好农村征地补偿安置过程中农民权益保护的研究，对农民个人、国家和社会的发展都意义重大。

（一）征地补偿安置中农民权益的内涵

征地补偿安置是在土地征收后，依照对被征地农民所带来的损失进行的补偿或赔偿的表现形式，它是为了更好地帮助被征地农民开展正常的生产生活而进行的一系列活动。其中所涉及被征地农民的各种权利和利益即是征地补偿安

---

① 赵倩：《城中村改造后农民权益保护问题研究》，郑州大学 2013 年硕士论文。

置中的农民权益。权益是在社会中产生的，以一定的社会承认为前提，由其享有主体自主享有的权能和利益[①]。而征地补偿安置中的农民权益是指农民和农村集体经济组织在征地补偿安置活动中，依法享有的财产所有、承包、经营、收益、消费的权利和利益，农民在被征收土地之后依法享有的损失补偿权和赔偿权以及享有的一切与生计相关的受保障的权利。

征地补偿安置问题是建设新农村的关键，因为它不仅能够稳定秩序，更能缓和社会矛盾。但随着征地试点实践广度和深度的不断扩大，农地征地补偿安置中的问题层出不穷，尤其表现在农民权益保护的缺失上。在立法意见、程序研究、制度研究以及整个过程中农民权益的维护上都有不同程度的研究成果，与此相关的土地增值收益分配、土地确权登记制度、宅基地相关热点问题也在不断地更新推进。但这些问题都是贯穿在整个土地征收过程中的宏观性研究，所以细化土地征收阶段并针对农民权益受侵害的问题进行深入分析是处理好整个土地征收活动的关键。

（二）征地补偿安置中农民权益的范围

1. 征地补偿安置中农民权益的内容

被征地农民作为征地补偿安置的对象，在征地补偿安置活动中所享有的权益是多方面的。根据我国《土地管理法》《土地管理法实施条例》《征用土地公告办法》以及《关于完善征地补偿安置制度的指导意见》等相关法律法规可得出征地补偿安置中农民权益的范围包括以下内容：

（1）知情权。土地征收活动中的知情权是指被征地农民知晓、了解与土地征收活动相关信息的权利，是被征地农民在土地征收补偿安置中实现参与权和监督权的前提与保证，是保障被征地农民各项合法权益的关键，是集体土地征收中的重要一环。

（2）参与权。被征地农民根据自己的意愿参与到征地补偿安置活动中，对自己如何被补偿安置有发言的权利、反对的权利以及参与不受干扰的权利。参与权是被征地农民了解真实情况的主要形式，更是被征地农民争取和保护自己合法权益最主要的途径。

（3）决策权。在征地补偿安置中农民最主要的决策表现在自主选择、评估

---

① 卓泽渊：《法政治学》，法律出版社 2005 年版，第 275 页。

议价、拒绝不合理等行为活动上。自主选择是让被征地主体自主选择对自己最优或最需要的安置方案。评估议价是让被征地主体对补偿安置方案有协商和讨价还价的权利，让被征地农民的意见得到应有的重视。拒绝不合理是被征地农民说“不”的权益，拒绝不合法不合理的补偿安置安排是被征地农民依法所享有的处分权。从社会的发展历程来看，尊重人权的个性化需求是推动社会进步，保证社会稳定的重要方面，也是公利和私利趋同的最终归宿。另外，土地征收补偿安置中的利益分配是农民权益保护的重要方面，积极行使决策权是确保农民权益最优化的前提，是农民谈判桌上的砝码。

（4）监督权。被征地农民的监督权是一项独特的基本权利，是指被征地农民有监督国家机关及其工作人员的征地补偿安置活动的权利，是被征地农民参与征地补偿安置中一项不可缺少的内容。具体表现为：

第一，监督主体上的广泛性。当前社会新媒体平台覆盖密度越来越大，特别是涉及农民权益的问题更是深受关注，因此，监督主体全民化是其广泛性的表现之一。被征地农民行使监督权表明了他们对征地安置补偿活动的参与和关心，国家机关的处理或答复体现了对被征地农民的尊重。

第二，监督过程中的参与性。主要表现在被征地农民直接行使的监督权和被征地农民通过自己选举的农村集体组织代表行使的监督权。

第三，监督目的上的纠错性。被征地农民行使监督权可以维护自身权益或公共利益，更可以督促有关国家机关予以改正和纠错，通过内部监管的压力，保证征地安置主体在合法合理的轨道内进行征地补偿安置活动[①]。

（5）财产性权益。财产性权益是促使人们进行社会活动的主要物质动因。在征地补偿安置活动中，它主要是指被征地农民享有的财产权，主要表现在享有使用权益上的财产权。财产权是被征地农民基本人权中最重要的内容之一，它是被征地农民赖以生存的最基本保证，是支撑其他政治和经济权利自由的物质基础。土地征收活动本身具有强制性，而征地补偿安置是直接对被征地农民财产权受损而进行的补偿，所以征收补偿安置与被征地农民财产权关系的紧密性不言而喻[②]。

在土地征收补偿安置的过程中，被征地农民权益的财产性权益受损不仅最

① 王月明：《公民监督权体系及其价值实现》，载《华东政法大学学报》2010 年第 3 期，第 38—44 页。

② 蒋卓慧：《集体土地征收中农民生存权保障研究》，苏州大学 2014 年硕士论文，第 12 页。

严重而且最直接。我国农村土地主要由集体所有，但农民仍享有稳定的集体土地使用权、土地承包经营权以及土地流转权。随着社会的不断发展，对土地需求量的增加，土地价值也将越来越高，与此同时，国家不断出台的扶持农业发展政策带来的优惠也会越来越多，所以农民来自土地的收入一定会越来越高。除此之外，还有一些依附于土地上的权利，比如政府的良种补贴、粮食补贴等。所以，一旦农民土地被征收，农民最重要的生产资料和经济来源将损失巨大，其依附于土地上的各项权利将会消失。这些依附于土地的权利，实际上也在间接影响农民的生活质量。实际操作中还有许多权利与土地直接或间接相关，这些权利都有可能随土地的消失而逐渐退化或弱化。因为土地价值不菲，所以农民因土地被征收或者征用可能造成的经济损失及其依附于土地上所有的财产权价值的流失将不可估量[①]。

（6）社会保障权。社会保障是通过养老、医疗、教育、就业和保险等一系列保障性方式来确保被征地农民有生存的权利，所以社会保障权是被征地农民要求在土地被征收后得到应有安置保障的权利。

保障生存是保护并帮助生活贫困和社会经济能力较弱的农民，最终目的就是保障被征地农民能过像普通人一样的生活，能有普通人一样的尊严[②]。发展权益的基础是让被征地农民在没有具体法律依据的情况下，也可以直接根据相关法律的规定，向国家申请最低限度的生活救助[③]。

在征地补偿安置活动中，因为土地本身的生产保障和社会保障作用，尤其是作为农民的最主要经济来源，农民拥有一块土地就相当于拥有了一份属于他们自己的工作，就相当于有了保障自己生存的能力。大多数农民的家庭收入和生活需要都来源于这份土地。因此，通过给予社会保障权替代土地承载的这种基本生存需求就更为必要。因为土地的生存保障作用，其担负着农民生活、就业、养老等多方面的责任和职能，所以必须重视农民的发展权益，不断丰富发展权益的内容，最大限度地为被征地农民的权益提供保障。

（7）救济权。救济权是指被征地农民在征地补偿安置过程中因其知情权、参与权、决策权、监督权、财产权、社会保障权等基本权益受到损害而申请救

① 任艳坤：《被征地农民权益法律保护》，中南民族大学 2012 年硕士论文，第 4 页。

② ［日］大须贺明著，林浩译：《生存权论》，法律出版社 2001 年版，第 16 页。

③ 蒋卓慧：《集体土地征收中农民生存权保障研究》，苏州大学 2014 年硕士论文，第 13 页。

济和保护权利。该权利是被征地农民进行维权活动应有的权利，更是保障其他权益的有力后盾。

2. 征地补偿安置中农民权益间关系

知情权、参与权、决策权和监督权是被征地农民参加政治活动的一切权利、自由和利益，它们是基层民主的具体表现形式。只有让被征地农民充分参与并了解各项征地补偿安置环节才能确保其财产性权益和社会保障权不受侵害。财产性权益是被征地农民的根本权益，一切涉农征地活动的开展都与被征主体的财产性权益密不可分，权益保护的最终目的也是保障被征地农民的根本权益，它是社会保障权得以推进的基础。社会保障权是前述权益的愿景，是被征地农民生活安定的长远保障。它是在前述权益基础上能够不断发展且前景较好的权益，因此，它是对被征地农民权益得以完整保护所必不可少的一种发展性权益。救济权是其他权益得以保障的最后一道防线，被征地农民拥有充分的救济权就能提高其在具体操作过程中参与的积极性，更有利于其他权益的保障。

以上七种权益是征地补偿安置活动中被征地农民的应有权益和基本权益。只有在确保这些权益不受侵害的基础上才能进一步丰富其权益内容，从而更好地让被征地农民的生活尽快稳定下来和继续发展。

（三）征地补偿安置中农民权益保护的意义

1. 有利于促进农村经济发展

农村经济社会发展包括村民生活长期稳定、经济持续发展、社会保障体系完备。特别是在征地补偿安置时有序、有效地进行资源和效益的转换，用土地资源的升级利用转变村民保守的生活方式，并将其模式化，投入到经济市场中去，从而刺激生产生活的进一步发展。最终让每一个被征地农民共享利益成果，形成良性循环和常态发展。

征地补偿安置因土地征收活动的推进而产生，征地补偿安置的重点在于解决被征地农民生产生活问题，最终在实现被安置农民与安置区原居民资源共享的基础上和谐共处并逐步实现共同富裕。但是，随着土地政策的推进落实，依赖于货币调整的征地补偿安置模式也越来越艰难，以住房、入股、社保等长效补偿为代表的长远保障模式成为当前社会经济发展所需要的新方式。这便是在新农村建设中促进农村发展新常态的主要动因。被征地农民是为新农村建设做出巨大牺牲的一个特殊社会群体，因此，关注征地补偿安置中被征地农民权益的保护将会给新农村经济建设带来更为实际的效益，同时也能够使被征地农民更好地共享改革发展成果，从而促进农村经济的可持续发展。

2. 有利于推进城乡一体化进程

改革开放以来，我国在经济上取得了世界范围内公认的伟大成就，这就为我国继续进行现代化建设和发展提供了坚实的经济基础。但因长期以来历史、制度、意识等多种原因，我国较长时间一直处在城乡二元的社会格局中，其表现为我国城乡之间差距巨大、发展不协调、严重失衡，尤其是在土地征收补偿安置中尤为突出，成为阻碍城乡一体化进程的一个重要难题。从而造成“三农”问题不解决，农业现代化建设难以进行，城乡一体化进程缓慢，全面建成小康社会目标难以实现的困境。因此，要坚持城乡一体化发展和融合发展的战略思路，改变传统“城乡分治”的观念和做法，通过全面维护征地补偿安置中被征地农民的权益，帮助农民进城或就近安置，减少农村人口，以打破城乡分割，促进城乡一体化发展和融合发展。

3. 有利于维护社会和谐稳定

无论是贫富差距还是农村群体性事件都严重危害着社会的和谐稳定。建设和谐稳定的社会是我国在历史发展过程中承认并顺应社会发展规律，推动社会经济发展而总结出的重大战略决策，也是建成小康社会的奋斗目标以及践行以人民为中心的必然要求。城市化加速发展造成一些失地农民没有共享到城市化发展成果，同时还产生了生活生计困难、生产方式转变困难、就业困难等，而这些问题得不到及时解决则一定会转化为尖锐的社会矛盾，从而引发一系列社会问题[①]。

社会主义和谐社会的重要特点就是社会的稳定，而农村的和谐建设和发展又是我国推进经济社会整体发展的重要组成部分，因此处理好征地补偿安置中农民的权益保护问题就会对构建整个社会主义和谐社会起到极其重要的作用，也才能在面对新的发展中不断涌现的社会问题时提供稳定的社会大环境，以推进社会和谐稳定可持续发展。

---

① 郭阳洋：《内蒙古 K 区失地农民安置过程中的政府行为研究》，内蒙古大学 2018 年硕士论文，第 2 页。

三、我国征地补偿安置中农民权益保护的问题分析

（一）征地补偿安置规定不够完善

现阶段与征地补偿安置相关的法律规范主要有：《土地管理法》《物权法》《国有土地上房屋征收与补偿条例》等。其中规定了征地补偿安置的权益主体，基本补偿方式和程序，被征地农民权益的基本范围以及基本人权性保障。但现有规定未对安置阶段农民权益进行细化，且大多仍是以系列涉农文件的形式进行规定，这就让现有农民权益保护的保障力呈现出先天性缺失的状况。

1. 现有法规操作性不强

在《土地管理法》《物权法》中规定，为了公共利益需要，在征收集体所有土地时，应当依法足额支付土地补偿费、安置补助费、地上附着物和青苗补偿费等费用，以及安排被征地农民的社会保障费用，以保障被征地农民的生活，维护被征地农民的合法权益。这样的规定过于原则，其在征地补偿安置中的操作性并不突出，对具体实践活动无法提供有效指引。另外，征地补偿原则和理念的不同也会导致补偿数额的不同，有的地方政府认为被征地农民遭受的损失是其履行社会义务的必然表现，是其承担社会责任而做出的必要牺牲。这也就导致补偿安置款项大头被政府占有，剩余的大部分被农村集体组织占有，仅有一小部分才会发给农民。他们认为在土地征收中仅给予财产权主体即被征地农民适当的补偿就足矣，并没有必要根据市场价格和被征地农民的实际情况给予被征地农民完全补偿安置。因此就导致被征地农民作为财产权人的基本权益在征地补偿安置中被剥夺。

2. 征地补偿的标准过低

目前形成的土地征用价格，难以全面反映土地本身的价值，而且大多情况下会排除土地增值部分，出现征地补偿安置标准过低的现象。所以无论是上限还是下限，被征地农民都不可能保持原有的收入水平，我国的征地补偿标准都不可能充分满足被征地农民的发展需求以及弥补被征地农民因土地被征收而损失的机会[①]。另外，我国当前由行政程序来确定征地补偿标准的

① 史关平：《失地农民补偿安置政策的缺陷及取向》，载《经济研究导刊》2014 年第 31 期，第 34—35 页。

局限性[①]，也是让征地补偿标准无法提高的难题，而该确定方式短时期内仍会继续存在。

3. 补偿款发放问题较多

在征地安置补偿中农民补偿未能得以实现主要表现在不能按时获得补偿和不能足额获得补偿。实践中因为政府的工作效率低、开发商拖延支付出让金等原因造成被征地农民无法按时获得应有的补偿情况时有发生。具体表现在土地补偿费、安置补助费被截留、贪污、挪用，村民委员会、农村集体经济组织擅自收取、贪污、私分土地补偿费上。虽然各种类型媒体平台能在某种程度上提高行政事项的透明度以确保在诉讼中农民权益的维护，但诉讼方式维权终归不是解决征地补偿款发放问题的最有效途径。如 2007 年新立村村民诉哈尔滨市新农镇新立村村民委员会土地征收补偿费案：因早年哈工大集团修筑机场征用道路两旁用地引发的，这涉及新立村 53 名村民的土地。在发放补偿金的过程中新立村委会无故滞留村民的补偿款和租金引起村民不满，故村民将其告上法庭，最终哈尔滨市中级人民法院终审判决哈尔滨市道里区新龙镇新立村村民委员会给付牛某等 53 人被征用土地的补偿款及三年租金[②]。但村民为诉讼付出了沉重的代价。

4. 各方权利责任不明确

无论是地方政府、农村集体组织还是被征地农民，其权利义务都没有严格界定。地方政府在征地补偿安置中出现责任缺失或者越位，甚至不作为。农村集体组织在补偿安置中出现责任缺失，滥用、挪用补偿款等。部分被征地农民为自己私利最大化违建、违改的行为甚至出现恶意暴力性事件等。这些都大大增加了征地过程的复杂性，进而激化社会矛盾，严重干扰农村现代化建设的进程。

地方政府和农村集体组织在征地补偿安置活动中扮演着多重角色，他们既是征地补偿安置的决策者和执行者，也是监督者和服务者。但是政府没有根据国家政策积极完善土地补偿、安置的相关制度，以不作为或越权执法的方式肆

---

① 郭洁，崔梦溪：《论农民集体土地征收补偿的市场标准及股权化实现的路径》，载《法学杂志》2017 年第 2 期，第 56—66 页。

② 参考黑龙江新闻网：《哈尔滨 53 名村民诉村委会少给土地征用补偿款获支持》，载 http://heilongjiang.dbw.cn/system/2008/01/24/051127472.shtml，最后访问时间为 2019 年 8 月。

意扰乱土地市场。农村集体组织也没有承担起相关政策的执行和落实责任，没有代表被征地农民充分争取牺牲土地换来的切实补偿，没有做好包括监督土地资源利用以确保土地合理、有效以及公平地进行利益关系配置在内的职能，甚至出现滥用权利侵害公共资产的严重腐败问题。

（二）征地补偿安置主体参与失衡

城市化是农村经济发展的必然结果，是社会经济发展的具体表现。必须通过推进城乡一体化来解决我国的“三农”问题，在减少农村农民的同时积极促进农转非的农民适应新生活，共享新资源，共创新家园。所以，被征地农民在城市化进程中应当是获益者，然而无论是征地活动的主导者还是农村土地的所有者都没有与被征地农民达成一个均衡的博弈，被征地农民往往处于劣势。农地征收活动往往就是靠行政权力强行推进，常常会牺牲广大农民的利益。如此就激发了积攒在农民、农村和农业间各个方面的社会矛盾，而这些矛盾已然影响城镇化的进程和社会的可持续发展。

1. 被征地农民参与度较低

在征地补偿安置活动中，被征地农民较少参与其中，有的甚至被排除在外，具体表现在：

（1）信息掌握不对称。政府因其先天优势比被征地农民拥有更加便捷的信息获取渠道，能掌握更多被征地农民不知道的信息，因此拥有明显的决策优势。由于被征地农民缺少有效信息，所以在征地补偿安置过程中根本谈不上积极参与。

（2）参与结果不明确。实践中，被征地农民也参与价格确定、听证等活动，听证程序的确立就是为了保障有关被征地农民权益，但对自身诉求的表达、对违法违规行为的最终处理结果都没有给出明确的规定和法律效力。

任何参与的有效性都是与参与主体的能力状况紧密相关的，这种能力会让被征地农民在影响和参与决策的认知中产生不同的态度和行动力。当前我国农民的整体能力不仅不能完全达到所期许的水平，还因为能力的缺失在征地补偿安置中明显处于劣势。另外，我国的行政体制和历史原因使得行政主体在各项活动中总处于主导位置，这样长期的大包大揽也就让农民失去了认识问题和解决问题的主动性，就导致了长期以来在处理与自己切身利益有关的征地补偿安置中出现消极服从的现象。

2. 农村集体组织地位强势

征地活动的客体是农村集体土地，而对农村集体土地的征收又会影响农民个体所享有的承包经营权及其他权益。农村集体经济组织代表农民集中行使征收行为，处理征收事宜。农村集体经济组织对上连接着县乡政府，对下服务着被征地农民。但现实的情况却不尽如人意，农村集体经济组织常常并不能充分发挥其增强和保障农民参与效果的作用，甚至存在肆意侵犯被征地农民权益和侵占被征地农民利益的现象，导致被征地农民对集体经济组织的作用心存疑虑。另外，受政绩效应驱动，地方政府也易滋生土地利用短期行为[①]。加之农村集体经济组织往往缺乏自我监督，所以其对内对外都享有较大的决策权和执行权，其权利的行使难以保障被征地农民的合法权益。

（三）征地补偿安置程序流于形式

在征地补偿安置依法批准以后，县级以上土地管理部门要按照《征用土地公告办法》规定公告征地补偿安置事项。除涉及国家秘密外，所有征地补偿安置事项均应公告，然后再根据民意确定是否要组织听证。但实际上各地所谓的听证却是建立在没有解释和宣传基础上的通告。虽然这样从程序上看并无不当之处，但却没有发挥出召开听证的作用和意义。同时剥夺了被征地农民在补偿安置上更多的知情权、发言权和选择权。如果被征地农村集体经济组织或农民提出了要听证的意见，土地管理部门就必须按照规定组织听证，但实际操作中在基层促成的有效听证较少。

所以，不难看出，征地程序虽然是有步骤、有分工，但实际上在征地补偿安置活动中，该有的听证程序、公告程序、评议程序还都仅是存在于规定之中，行政主体或被委托主体常常倚权滥用，专断专决，这些行为不同程度地损害了被征地农民的利益。我国现有征地补偿安置程序主要存在以下几点问题：

1. 程序性规定过于简单

我国目前关于征地补偿安置的法定程序主要有：进行征地补偿登记，发布

① 陈乐宾：《农村土地综合整治中的农民权益保护问题研究》，载《农村经济与科技》2018 年第 19 期，第 225—227 页。

征地补偿安置方案公告，征地补偿安置争议的协调裁决。在整个征地活动中，与征地补偿安置相关的程序问题在法律及法律文件中规定都比较简单，规定涉及的内容单一甚或是未作出操作性较强的具体规定，大多都是笼统的要求公告、听证等，具体相关事项、方案、程度都没有具体表述，这就导致程序的不透明。因为缺乏公开公正性，政府的自由裁量空间就越来越大。

2. 合法性审查程序缺失

在征地活动中，国家一直把土地用途的公示作为前置要件。而程序性规定作为保障征地补偿安置行为的正当性和保护被征地农民权益合法性的重要措施，对征地补偿安置方面的合法性审查是不可或缺的。因为当前的征地补偿安置方案多是互相借鉴的，不同地区无论是现有资源抑或是实际情况不同方案都大同小异。没有明确把与征地补偿安置有关的合法性审查程序做一规定，使得在征地补偿安置活动开始前缺少事前监督。这样就会导致征地补偿安置适用的合法性和合理性被淡化，最终导致被征地农民的实际权益受损。

3. 公告听证程序形式化

从我国现行程序来看，征地补偿安置程序可以说是土地征收的内部程序。公告是在批准征地申请后和制定安置补偿方案后发布的。所以被征地农民的参与权和听证权是在被审批通过之后的征地过程中才享有，其实质意义就弱化了。因为有审查批准权的政府相关部门单方决定了是否通过与土地征收相关文件、方案的审批，农民基本没有提出意见的权利。如何补偿安置、补偿多少均是政府一方拍板定音。尽管被征地农民的听证权在我国征地补偿安置相关法律中明确做出规定，但到具体的实践应用中却极少。由于征地补偿安置中被征地农民的参与度不够，其过程必然缺乏有效的监督。

（四）征地补偿安置模式普遍单一

以单一模式为主的农地征收补偿安置已不能适应当今经济社会的发展要求，存在着土地补偿标准偏低且不均衡、农民安置不到位、征地程序不规范等问题，导致农民土地权益受到侵害。现有安置模式中，主要采用货币补偿模式，其他采用较少的安置模式不能满足被征地农民个人需求与实际情况，任何单一的安置模式都可能会在征地补偿安置活动中降低被征地农民权益实现的最大化。

1. 我国现行征地补偿安置模式

（1）货币安置模式

货币安置模式可以分成两类：一次性全额支付和分期支付。这两种支付方式都对被征地农民提供了一定的生活保障，但各具利弊。一次性全额支付常常会受很多相关因素的影响，比如农民自身较差的资金管理能力，农村有效投资渠道的不畅通，所以一次性发给的补偿款一旦用完，被征地农民的生活又会陷入困境，失去保障。分期支付就是把补偿款按一定期限支付给被征地农民，虽然这样利于给被征地农民长期稳定生活提供保障，但会受到市场、政策等多方因素的影响，会让被征地农民在心理上不能安定下来，同时市场的自发性变动也会给政府增加更大的财政负担。

（2）留地安置模式

留地安置模式是指在征地补偿安置时，预留或是划分出一定比例的建设用地，并将该建设用地提供给被征地农民使用进行补偿的方式。目前这种安置模式在全国范围内的使用较广泛，它是让被征地农民在留地安置或是货币安置中自主选择，自己决定哪一种安置方式，具体的适用标准是按照土地本身价值和经济发展水平来确定的。留用地一般统一由农村集体组织按规划用途进行经营使用，如由农村集体组织引入资本建造厂房或商贸中心，自行组织经营或者进行出租。但留地安置在实践中也有它的不足：首先是因为现实生活中对留用地选址和规划的要求不高，所以导致选用的发展用地分散，不利于集中区域共同发展。其次是用地规模和用地指标资源缺乏，特别是在发达片区普遍存在难以选址的问题。最后是我国目前的法律法规并没有对关于留用地管理的统一规范，被征地村庄自主招商会导致资金资源的分散，进而产生留用地产业低效、低端等新的社会管理问题。

（3）土地入股安置模式

土地入股安置模式是将有稳定收益的农地列为项目用地，根据被征地农民的意愿，由被征地农村集体组织牵头与用地企业协商以土地价值兑换股权的入股形式进行补偿安置。农村集体组织以合同的形式确定被征地农民与企业的实际关系，让被征地农民通过入股获取收益方式进行生产生活。虽然土地入股安置使被征地农民享受到了土地增值的收益，但这种安置模式大多适用于经济较发达的地区，同时也会新生相应的市场风险。比如企业如果经营不善或是因经营不善导致破产时，农民权益将无从保证。而且农民以股份入股企业时，没有明确规定关于股份是否可转移或退出，以及怎样转移或退出等问题。

（4）住房安置模式

住房安置模式是由拆迁人或相关组织以统一建造或购买现成房屋来安置被征地农民。主要是通过把企业开发建设和安置房建设相结合，按照征地时被征地农民的实际情况进行分配。主要目的是将建设项目所得收益由承担项目的企业和农村集体组织按股份分红，被征地农民根据其在农村集体组织中享有的土地使用权份额进行分红。这种安置模式主要是保障农民的居住问题以及增值收益问题。虽然这种方式有利于农转非的推进，但住房安置是由地方政府统一安置，需要足够的住房资源，不具有普适性①。在部分地方出现政府为了指标强行农改居，这就导致不少农用地原有的生产性功能消失，被征地农民一直以来的生活习惯和生活方式被迫改变，从而侵犯了被征地农民的合法权益。

（5）就业安置模式

就业安置模式是在土地征收活动后通过政府为被征地农民提供相应的工作岗位以保证被征地农民以后的生活。就业安置可以在全国范围内适用，但经济不发达地区因企业少，人员需求量不大，实际操作效果并不如意，而且由于被征地农民素质参差不齐，对工作岗位所需要的技能掌握的程度不一，所以很多被征地农民存在较高的失业风险。

（6）社会保障安置模式

社会保障安置模式是指政府在征收土地后，通过为被征地农民购买社保使被征地农民享受基本养老保险及医疗保险的补偿安置方式。目前全国范围内比较推行这种模式，它主要包括养老保险、医疗保险、最低生活保障和失业保险等。虽然社会保障安置能够一定程度上解决被征地农民长期生活保障问题，特别是对年龄较大的被征地农民的养老、就医都能有效保障。但是在执行的过程中，它会受地方政府财政实力的制约，即使有实力也会出现有些地方政府仅替被征地农民购买最基本养老保险的情况，所以不能充分将被征地农民应享有的财产性权益转化成全面、长期、有效的社会保障。

2. 现行补偿安置模式运用单一

现有安置模式虽然种类很多，但是各地对其运用较为单一。政府和被征地

---

① 王晓刚：《失地农民安置模式的制度变迁及比较分析》，载《农村经济》2014年第31期，第88—92页。

农民长期缺乏有效沟通及互动[1]，货币补偿安置模式在全国范围内使用最普遍，因此因单一货币补偿安置模式带来的社会问题也较多。它能满足被征地农民短期的经济需求，但不能长期保障被征地农民的生产生活，在实际适用中风险很高。它虽然易操作，但对征地补偿安置后期社会稳定会带来较大消极影响。一方面表现在行政主体以付清补偿金为由自我免除对被征地农民的持续保障义务，另一方面表现在被征地农民对市场土地价值不断增长的不满，这些都会影响征地补偿安置的正常进行。

（五）征地补偿安置监督力度不够

在实际征地的补偿安置中，无论是政府、农村集体组织还是被征地农民，往往是在出了问题后才意识到问题的重要性。这样恶性循环的事后监督行为只能做到弥补或是减小危害面，对于问题的根本解决没有实际效果，所以从现有多方主体的监督能力和程度来看，其监督力度是远远不够的。

1. 内部监督大多流于形式

内部监督主要包括两个方面，一个是被征地农民自己的监督，另一个是农村集体组织的监督。

征地补偿安置活动中的被征地主体是农民，但其在决策、补偿等重大问题上的意见却不被重视、较少采纳。农民权益能否得到保护最终还是要看农民自己在监督过程中的态度，如果切身利益只有在受到侵害时才去关注，那最终只会让其落在弱势、被动的范畴内，而其他予以配合的机关、媒体就更易出现怠于履行自己义务的情况。被征地农民在监督上的消极作为会给自己权益带来危机，这危机主要表现为维权主动性缺失和维权合理性缺失。例如，2010 年 11 月，由于国家某段高速公路建设，杜村和柳村周边部分土地被纳入应征地范围，因此杜村和柳村的部分农民就不得不参与到土地被征收这个活动中来。其中在“陈某芬案”和“赵某安案”两个案例中，可以看到面对征地安置活动，不同的人、不同的处理办法就会有不同的效果。陈某芬的维权意识是被动地逼出来的，而且她一味地以身、以命相抗，最终的结果只有妥协或是白白牺牲性命。而赵某安得到了他想要的补偿，大多是赢在他的主动性上。因为他主动去了解征地补偿的规定、方案，所以在与项目经理角逐的时候有底气且有理有据，依

---

① 徐济益，马晨:《被征地农民安置制度的困境与优化》，载《华南农业大学学报》2018 年第 2 期，第 22—30 页。

规定争取到了他的最大权益，如果没有他在村里的权利和威望，他又有多少筹码来赢得这场谈判[①]。

农村集体组织在农村各项事务的处理过程中大多时候是大权独揽，不愿被监督。从目前我国征地补偿安置过程中出现的问题来看，村民委员会、农村集体经济组织造成被征地农民不能足额获得补偿的情况仍大量存在。根据河南省博爱县检察院对 2010 年至 2015 年底所查处的农村基层干部职务犯罪案件进行的专项调查，其中贪污挪用征地补偿款案件达 16 件 30 人，占整个基层职务犯罪案件的 91%[②]。这些案件的发生，大多与征地补偿款有关，严重影响广大被征地农民的切身利益。

2. 外部监督发挥作用不够

地方政府是以身兼管理者和服务者等多种角色参与到征地补偿安置活动中来的，其本应在补偿安置过程中最大限度地为被征地农民代言，但实际上多数情况却是大量地消极监督，要么插手过多，要么不管不顾。这样的政府职能职责缺位不仅体现在政府的自利性上，还体现在制度设计不利、监督管理不力以及公共资源分配不利方面[③]。

外部监督是来自社会的，主要是媒体监督，特别是新媒体。媒体监督虽然能增强信息透明度，但仍存在虚假新闻和不良信息传播等失范现象，而这种现象在文化水平偏低的农村却会让其不良影响大于正向影响。不仅如此，如果有些媒体人职责缺失，那么他更会有利益时才去监督，反之则不监督。不仅没能充分利用新媒体的便捷性、广泛性和及时有效性，而且还滥用手中的权力，这就增加了处于被动状态下的被征地农民的维权难度。这样的外部监督氛围根本不利于农民权益的有效保护，甚至会衍生出更多的新型犯罪。

（六）征地补偿安置纠纷机制缺失

征地补偿安置纠纷是当前征地活动中矛盾最集中最激烈的地方，其主要

---

① 王为径，叶敬忠：《殊途是否同归："沉默型弱者"与"抗争型弱者"的差异与共性——以河北杨乡征地过程中农民维权的两个个案为例》，载《中国农业大学学报》（社会科学版）2013 年第 1 期，第 45—54 页。

② 梁华：《村干部贪污挪用征地补偿款问题不容忽视》，载 http://mt.sohu.com/20151202/n429199090.shtml，最后访问日期 2018 年 8 月。

③ 黄云：《我国西部资源富集区被征地农村社会风险问题研究——以陕西省白界镇为例》，内蒙古大学 2017 年硕士论文，第 27—30 页。

体现在与征地补偿、安置有关的纠纷和与征地补偿款分配有关的纠纷[①]。补偿安置中产生的矛盾主要是通过征地补偿安置争议协调裁决制度、被征地农民信访、行政调解、行政仲裁等方式进行解决的，较少通过司法诉讼渠道解决。所以纠纷解决机制缺失和救济渠道不畅是征地补偿安置纠纷日益严重的根源之一。

1. 依靠上访解决较多

在土地征收过程中会出现各种各样的矛盾冲突，但是如果有一个公正的裁决机制或者有多样的救济渠道就会有化繁为简的作用。现阶段被征地农民维权的最主要方式是上访，而且大多被征地农民普遍会有“信访不信法”现象。

随着城市化不断推进，对土地的需求日益增加，这就势必会出现农村土地被大量征收和失地农民数量越来越多。同时因为法治理念不断深化，人们的维权意识也越来越强。特别是在征地补偿安置过程中它本身涉及的侵权事件比较多，所以被关注度也就日益见长。权利意识的不断增长，就会出现很多群众不当维权的现象，比如越级上访、集体上访、正面对抗甚至是群体性暴力事件发生率都始终持高。这些现象不仅可以看出被征地农民补偿安置不合理、社会保障缺失，更严重的是，它影响农村经济的发展以及农村社会的稳定。此时凸显出的救济渠道不畅问题，让农村的政治问题、经济问题以及法律问题直指征地补偿安置活动。单一的上访和集体对抗已成为非理性维权的典型代表。如此不断积聚，各类问题将会持续增加，就会阻塞已有救济途径，使被征地农民维权渠道变得更窄[②]。而这并不利于土地征收中农民合法权利的保护。

事实证明被征地农民采用的上访、对抗等维权方式得来的结果并不乐观，最后结果一般都以未能得到完全解决的局面而落幕。因此没有有效的、多元的救济途径和救济机制，只会让被征地农民有苦难言，有诉难求。

2. 行政裁决效果较差

关于征地补偿纠纷的行政裁决方式是当前土地征收纠纷的主要救济方式，同时采取行政调解前置。例如实践中关于有偿补偿标准的争议一般由政府进行裁决，法院一般不予受理。所以政府就常常会“既当运动员，又当裁判员”[③]。

---

① 卢秋月：《我国土地征收纠纷解决机制研究》，华中师范大学 2018 年硕士论文，第 3 页。

② 彭小霞：《被征地农民非理性维权行为及其法律规制》，载《求实》2014 年第 12 期，第 67—75 页。

③ 张少娟：《土地征收中农民权利保护研究》，河北经贸大学 2015 年硕士论文，第 20 页。

在具体的行政裁决过程中，基本规定主要是流程的罗列，对义务方应承担的责任和被征地农民的权益大多没有具体规定。即使通过行政裁决来进行维权，其结果也大多会因行政部门上下级牵绊因素过多而无法充分维权。这无形中就让行政裁决结果达不到预期效果，使得被征地农民权益受损甚至受到侵害。

行政裁决是征地补偿安置救济方式中最常用的，也是与其他方式衔接最密切的救济方式，但其效果却常不尽如人意，会出现与其他救济方式衔接不当的情况。征地补偿安置纠纷主要是民事纠纷，一般应遵循先调解，再裁决，最后诉讼的方式，如果行政裁决与其他救济方式衔接不当，那么被征地农民的应有权益必然得不到充分救济，被征地农民的基本权益必然难以保障。

3. 采用司法救济较少

《土地管理法实施条例》对当事人不服行政裁决是否可以提起行政复议或行政诉讼是没有具体作出规定的。而且最高人民法院出台司法解释：各方主体不能达成补偿安置协议且就补偿安置争议向人民法院提起民事诉讼的，人民法院不予受理。所以，相关主体只能根据《城市房屋拆迁管理条例》的相关规定向有关部门申请行政裁决。因此，对于征地补偿安置类纠纷或是有关土地征收方面的纠纷，被征地农民很难在司法上得到应有保障，这也就形成了当下被征地农民“信访”不“信法”的局面。

按照我国行政法相关规定，公民、法人或其他组织认为行政机关具体行政行为侵犯他们已依法取得自然资源的所有权或使用权时，应先申请行政复议；对决定不服的，可依法向人民法院提起行政诉讼。因此从法条应有之义可得出，如果对自然资源类侵权争议适用行政复议前置程序，那么土地征收纠纷也属于自然资源侵权纠纷的一部分，所以当然也要经过行政复议前置程序才能进行起诉。其中法律还规定，依照政府对行政区划的勘定、调整或征用土地的决定来确认的自然资源所有权或者使用权后做出的行政复议决定均为最终裁决。从这项规定可以看出征收补偿安置的具体操作行为若经省级政府做出决定，那么无论征收行为是否符合公共目的，是否违反了法定程序，被征地农民均无权再申请救济。所以，这项规定出台的同时就完全排除了司法机关针对土地征收相关纠纷介入的可能性。

司法执行更因为《行政复议法》和《行政诉讼法》除非特殊情况不停止执行的规定，无法阻止征地进程的推进，也就会出现即使最终有了法院判决也无法切实有效执行的情况。因此，从司法受理、司法调解到最后的司法执行，每一个环节的矛盾都不同程度地阻碍司法救济方式的充分使用[①]。

四、国外征地补偿安置中农民权益保护的经验启示

（一）国外征地补偿安置中农民权益保护的一般考察

1. 美国

美国的征地补偿安置虽然发展的时间并不长，但经过不断地改进，目前已经比较完善。美国是土地私有制的典型国家之一。美国推行的土地政策使得土地已经完全地商品化，根据美国宪法的相关规定：只有出于公共目的的行为，同时必须给予土地所有者合理补偿，政府或有关机构才能通过征地享有土地使用权。被征收人假如能够证明征地行为并不是为了公共利益或是出于公共目的，那么就可以向法院申请裁决该征地行为无效。在美国对土地征收事实上就是对土地的一种购买，具有很强的市场性特征。但这并不影响美国有非常严格的土地征收程序，其目的就是防止土地资源浪费以及违规行为的发生。因此，在征地活动中，通过严格的程序性约束就可以尽可能地避免侵害到土地所有者的利益。对那些因征地而受损失的相邻土地所有者或经营者也会给予一定的税收优惠政策。但对于那些私自出让土地的所有者，政府将会用高额的税收予以规制，这也就让土地所有者更愿意自己的土地被征收而不是在市场上私售。

2. 日本

日本现行的土地征收补偿安置借鉴了德国的经验，规定以金钱补偿安置为原则，实物补偿安置为例外。实物补偿安置的方式主要有：提供替代土地（换地）、开造宅基地、代为迁移等多种补偿安置方式。而我国大多地区的土地征收补偿安置模式主要还是以货币方式为主的单一模式，因此拓展征地补偿安置方式，使之多元化具有必要性。同时日本在补偿安置程序的确定上，它是由用地单位事先拟订补偿标准，然后再与被征地农民进行协议，若不能达成协议那么就会交给征收委员会裁决。

3. 韩国

韩国在征用耕地补偿安置的活动中，能够针对农民需要，尽可能地将农民的短期、长期以及周边的损失纳入到征地安置的费用中。不仅能够对农民的土

---

① 卢秋月：《我国土地征收纠纷解决机制研究》，华中师范大学 2018 年硕士论文，第 17—19 页。

地进行补偿，对地上的各种建筑物、植物、农业、畜牧业、家禽业等也予以不同程度的补偿。此外，韩国政府在对农地上的合法建筑、经营耕地的地上附着物等进行补偿的同时还对地上的违章建筑、经营耕种酌情制定了相应的补偿。这样就减少了征地补偿安置过程中由于农民不满引发的各种社会矛盾，让农民看到了国家推行征地补偿安置的公平性和合理性。同时也显露了韩国征地相关法律制度的严谨性，在细节上对征地补偿安置中农民权益的最大保障。韩国也设有征地委员会，对于难以解决的纠纷可通过仲裁协商解决。因为这种方式可以反映包括农民在内的各方意愿，是实现公平性原则得以体现的重要前提。

（二）国外征地补偿安置中农民权益保护的经验启示

美国、日本、韩国虽然在社会制度、历史传统和法制发展程度上都表现不同，但是各国这些年在土地征收补偿方面的一些法律规范和原则却可以对我国土地征收补偿安置中农民权益的保护研究提供重要的启示和借鉴。

1. 征地补偿安置法规较为完善

美国、日本、韩国在法律法规上都能明确土地相关权益的重要地位，明确其在国家宪法中的地位。同时不断丰富土地管理法和其他相关法律，并根据发展情况做出详细规定。在法律规范设定的过程中，特别重视明确征地补偿安置中土地利益的初始配置，因为这些应属土地所有者拥有。在法律中明确界定拥有土地利益，即农民所享有土地的占有、使用、处置和收益的权利。国外在有关占有、使用和配置的土地利益上能建立一个详细的、高效利用的权利系统。通过使用和合理配置，在征收处置的过程中重视立法程序，在充分尊重私人财产权并建立平等原则的同时制定一个囊括范围更广且合情合理的征收补偿安置规定。各国在平衡公共利益及私人利益间的关系时，能依靠建立相对统一的市场从而来配置土地资源，把被征土地财产的市场价值作为基础来确定补偿安置标准。除此之外，能坚持立法首要原则，遵循行政责任、比例原则以及权利限度原则。所以一个统一且具体的法律制度可以让政府在启动土地征收活动前详细预估到各种可能情况，进而在征收补偿安置过程中做到对农民应有权益进行保护。

2. 征地补偿安置程序较为严格

美国、日本、韩国为了使土地征收的程序更加公平，通过立法在土地征收的过程中设立应急程序、公告程序、独立调查程序，以及增加了公共利益确认程序。进一步完善了听证程序、谈判采购程序、市场评估程序。同时通过建立合理的制度性规范以保证补偿标准和对权利救济的补充规定。在征地补偿安置中对农民权益的保护只有确定程序性规定的合理性和精确度才能让被征地农民的利益在每一个环节、每一个方面都能得到有效保护。

3. 征地补偿安置监督体系健全

美国、日本、韩国的立法内容严谨且丰富。不仅注重行政程序性监督，更能从纠纷解决机制上加强司法监督的必要性。同时，保证农民参与，让农民自身进行的监督贯穿整个征地活动之中。主要采取的是程序性监督，除了法律法规监督和自我监督外，还设有中介监督机构和社会监督机构，这样就能从各个环节保证征地补偿安置活动的公平进行。因为征地补偿安置中会涉及的被征地农民的利益最为频繁，所以农民自身监督的全程性必不可少。特别是美国，能够充分重视农民的意愿，这就增强了农民自己监督的积极性，也就保证了其权益在土地征收全程中有较好保障。

五、我国征地补偿安置中农民权益保护的完善建议

（一）我国征地补偿安置中农民权益保护的基本原则

提出征地补偿安置中农民权益保护的基本原则是避免被征地农民基本权利受到侵犯的指引性规定。因为穷尽罗列每一项权利义务以及它们的保护方式是不现实的，况且征地补偿安置现有法律制度还不完善，具有滞后性，因此不可能做到面面俱到，所以遵循以下基本原则对农民权益进一步进行保护意义重大。

1. 公平正义原则

公平正义原则是指让社会中每一个人所享有的权利和所承担的义务都能被给予同样的对待而坚持的合理化现象。在征地活动多样化的环境中，为防止被征地农民权益被侵害，征地活动每个阶段都应遵循公平正义原则并以之为行为准则。公平正义是社会发展不断追求的理想和目标，一个公平正义社会的构筑，需要在全社会范围内长期共进，要提高全民在文化、道德、法制等方面的素养，让人们有意识渴求公平正义、有能力参与公平正义以及在行为上依法追求公平正义。公平和正义是人民对国家管理权衡中的标准。因此，只有不断强调公平正义原则，用公平和正义作为检验行权效果的标准才能重拾民心，才能调动全

民参与到法制建设中来的积极性。

农地征收是最基层行使权力的活动，它在新农村建设和城乡一体化的进程中，覆盖地域及人数都是极广的。但当前在安置被征地农民过程中，公平正义是老百姓缺失感最强烈的。因此在初始设置中要重视征地补偿安置主体设置、程序设置和执行的每个环节都坚持公平正义原则，在安置同一地区、不同被征地人的过程中权衡争议出发点和落脚点，将安置工作做到不偏不倚，从物质和心理上满足被征地农民的需求。

2. 优化配置原则

征地补偿安置中的优化配置原则是指将区域内现有资源进行整合，以最快速度和最大限度来保护被征地农民合法权益，使之得到较合理且持续发展性较强的保障。这样的安置理念对于人口、环境和经济的协调、持续发展都具有极其重要的意义。2017 年《民法总则》中新增的绿色原则也同样表达了这样的意义[①]，因为合理安置维护好农民权益必将有利于资源的节约，推动和促进社会的绿色发展。

现在用于农地征收安置补偿的资源主要有补偿金、住房、养老、保险、医疗以及就业等社会保障。所以，清晰地产权划分才能够最大限度地减弱被征地农民的消极动机，才能够高效率地缓和征地安置补偿过程中的社会矛盾，从而降低农村发展成本。同时，只有在不断地比较和选择中才能更好地进行资源合理分配以取得最大社会福利和最低社会风险，从而整合出最有利于被征地农民利益的安置补偿方案。农村土地资源需要这样的优化配置和绿色原则，农民合法权益保护的公平正义更需要体现这样的合理优化配置。

3. 以人为本原则

以人为本在征地安置补偿中主要强调被征地农民个体的主权性、尊严性和平等受保护性[②]。所以当出现侵害时予以救济，实际上是个体主权性的内在要求。如果体现被征地农民主权性的个人权利遭到无法实现的威胁或是受到事实上的损害，法律或社会却无力提供及时有效的救济，那这种所谓的权益就是名存实亡的。如果仅仅是一种形式上的存在，其所体现的主权性充其量只是一种空洞口号而已。

---

① 2017 年 10 月 1 日生效的《民法总则》第 9 条规定："民事主体从事民事活动，应当有利于节约资源、保护生态环境。"

② 章彦英著:《土地征收救济机制研究——以美国为参照系》，法律出版社 2011 年版，第 59—64 页。

权利的实现是人类个体尊严和价值得到承认和实现的最直观体现。维护人的尊严，就保护了作为一个人起码的权利，与此同时保护一个人的权利并促成其权利的实现就维护了他的尊严。权利是表现尊严性的法律形式，一个认识和崇尚人尊严、价值的社会，必然要求完善的权利体系和保护机制。在征地补偿安置中，被征地农民属于典型的弱势群体，其合法的土地权益因不法征收行为受到威胁，甚至连人性尊严都受到了挑战，所以为其提供及时有效的救济就是坚持个体尊严的必然要求。

《物权法》中规定了平等保护原则，即农村集体土地所有权与其他财产权利一样享有法律的同等保护，它在制度上赋予了农村集体和农民个人有针对政府土地征收行为本身和征地补偿安置合理性提出异议的权利。所以没有理由对依法确立的集体土地所有权实行过度限制，没有理由让农民私权利在实践中遭受区别对待。不能让被征地农民在强势政府的面前无奈地做退让甚至是一让再让，以致其合法权益最终不能够顺利实现。在征地补偿安置过程中，同样应当以市场价格、社会保障为基础，给予集体土地公平公正的补偿，给予被征地农民合情合理的安置。

（二）我国征地补偿安置中农民权益保护的具体建议

1. 完善补偿安置中制度性规定

一直以来，我国土地立法常常是先有实践再制定法律，最终就形成了“成熟一个制定一个”的习惯定式。特别是在有关征地补偿安置具体操作问题上，没有明确的法律规定，这也就让各地在补偿安置活动中出现不同的做法，这些不同的做法也引发了大量的纠纷和争议。因此，尽快完善征地补偿安置制度性规定就显得尤为迫切。

首先，完善补偿安置的法律法规。为了保证征地补偿安置过程中农民权益的保护，应在《土地管理法》中拟定专门章节详细规定征地补偿安置阶段的相关事项，在其中明确规定被征地农民的基本权益，细化补偿和安置规则，包括同等地位的征地补偿安置，并对补偿安置的实施主体、补偿安置原则、范围、标准、补偿安置方式、安置程序、监管、救济途径、法律责任等全方位进行明确具体规定[①]。如果征地补偿安置能够在法律层面有严格有力的保障，那么其威

① 关雷：《土体征收中被征收人知情权及其保障》，北京化工大学2014年硕士论文，第26页。

慑作用会推动征地补偿安置有序进行。针对补偿安置的原则、范围、标准、方式、程序、监管等全面进行详细规定不仅要确定具有概括性的基本原则，还要根据经济发展情况调整补偿安置标准并详细列举出各项标准适用的情况，丰富安置方式，严格程序，确保全程都能进行有效监管。

其次，坚持补偿标准的市场化原则。征地补偿安置是为了维护公共利益，因此要遵循市场价值的导向性，对被征地农民进行公平合理的补偿。这就不仅是包括征收土地本身的补偿，还有一些残余地的补偿、迁移费用的补偿等，只有这样才能最大限度维护好征地补偿安置中被征地农民切身利益。作出的补偿安置应是被征地农民失去的，而不是征收主体所得到的。如日本会按正常市场价格对被征收土地财产性价值进行实际赔偿；美国在计算补偿标准时也会根据土地征收前的市场价格进行评估。因此应积极将补偿安置标准纳入到现有法律法规的相关章节，并依照市场规律持续做出积极完善。

再次，确定被征地农民权益的具体内容。农民权益的保障前提是需要明确其实体和程序权利，明确农民在知情、参与、决策和监督等方面权益。积极保障农民物质性权益，持续完善物质性权益的应有内容。严格农民的程序性权益，积极做好监督监管工作，不断丰富权利救济方式。明确农民以社会保障为重心的发展性权益，通过明确基本保障方式和内容不断推动社保的覆盖广度和深度。同时为保护政治、经济、法律、发展方面的利益还要在程序上对权力主体进行有针对性的约束。只有将确保被征地农民的权益纳入到法律规范中，才能充分保护被征地农民的各类合法权益，才能使被征地农民享受到城镇化的改革成果，进而更好地解决征地补偿安置中存在的现实矛盾。

最后，明确地方政府的角色。政府始终是我国征地补偿安置制度的制定者与最终实施者。这是由政府的法律地位和被征地农民的实际地位所决定的。政府是征地补偿安置活动的积极主体，它应承担征地补偿安置活动的决策者、执行者、监督者和服务者这四种社会角色。地方政府应依据国家政策积极完善与征地补偿安置有关的制度安排，制定合理的土地补偿价格，优化土地资源配置，从而制定征地补偿安置的调控政策来更好地规范土地市场。在征地过程中，政府应积极承担起相关政策的执行和落实。在各个环节上都应建立全程监控反馈机制以及违规处罚机制，对土地的开发、使用、资产评估、补偿金发放、社会保障等都进行有效监管，提供有效的征地补偿与保障资金。在整个征地补偿安置过程中，面向各个主体提供全方位的公共服务，以建设服务型政府为最终落脚点。

2. 细化补偿安置中程序性事项

重视程序正义，保护农民的程序性权利是客观上对被征地农民权益进行保护的有效手段。因为在很大的程度上，公正的程序可制约征地安置补偿过程中权力被滥用，从而保护被征地农民的合法权益。美国、日本、韩国三国在土地征收上均遵循严格的法定程序，让被征地农民的各项权利如知情权、参与权、听证权、异议权等可以得到实现。通过程序性事项的细化、公正、透明才能促进实体的公正，从而防止征收权被滥用，对政府行为进行监督，最终为实现被征地农民实体权利提供有效制度保障。

我国长期以来就有重实体轻程序的倾向，许多地方政府官员在主持征地补偿安置活动时大都没有程序观念，甚至认为程序环节可有可无，从而出现征地补偿安置过程不透明，进而损害被征地农民的知情权和异议权等程序性权利。征地补偿安置活动自身具有复杂性，在提倡程序正义的过程中，要进一步细化程序性事项，不仅使被征地农民更明白行政活动的进程，也使行政主体在执行中做到步步自省、步步完善。程序不公正必然会导致实体不公正，应当建立平台为公众参与提供方便，扩大公众参与的范围，通过网络和各种渠道及时发布土地征收的信息，听取公众的意见，使公众参与真正落到实处，真正实现公共利益得以保护的目的。

目前的征地补偿安置程序，要在重视确权登记基础上进行全面宣传，针对征地补偿安置方式的选择上要有明确的解释说明，确保每一个被征地农民都能做出有利于自己的选择与适用，最大限度地保障其合法权益。具体程序可以分为听证程序、协商程序、确定方案、监督实行这四个部分。

（1）听证程序。首先听证主体要完备，包括用地单位、地方政府、农村集体组织以及被征地农民（可推举被征地农民代表参与）。其次要保证被征地主体有足够的时间表达意见，为与其他主体就相关问题协商预留专门的时间。最后要就争议问题的达成有具体结果，并经各方参与主体确定签字。在听证结果最终的促成比例上农民基层组织和被征地农民或其代表不得少于百分之五十。

（2）协商程序。就听证过程中所提及的重要争议问题要单独列出来组织讨论协商，这个程序中应有专家、学者参与。协商结果最终以投票来确定，讨论过程应有详细的文字记录。

（3）确定方案。这个程序的确定权应由被征地农民行使，按照被征地农民三分之二多数同意来确定征地补偿安置方案是否投入实行。

（4）监督实行。该程序应贯穿整个征地补偿安置活动中，由各方主体选出的代表组成临时监督小组进行监督。监督的对象不仅体现在程序的合法上，也包括对农民安置公平均衡的形式上，还要大量收集施行过程中被征地农民权益的诉求并记录。对违法违规安置行为或是阻碍安置活动正常进行的行为，要积极运用救济机制及时救济，对严重侵权主体予以严厉惩治。

3. 构建多元规范补偿安置模式

目前的补偿安置模式除了采取货币补偿外，还有一些地方采取了与其他实物补偿相结合的方式，这样在很大程度上也就尽可能兼顾到了被征地农民的权益。所以，成熟的征地补偿安置模式是以公平、合理补偿为原则，在合理征地规划的基础上，根据各地实际情况由被征地农民进行自主选择将会更加灵活，全面兼顾被征地农民的意愿及根本权益，从而解决好各方与利益相关的纠纷，顺利推进城市化进程。

第一，采用多元组合式安置模式，规范资金使用。现有主要征地补偿安置模式有货币补偿安置模式、留地安置模式、土地入股安置模式、住房安置模式、社会保障安置模式等。但随着社会不断发展，复杂的社会利益纠纷也在不断增加，为了缓解这些新生矛盾，必须坚持采取多元化征地补偿安置模式并持续在现有基础上不断创新、不断进行优化组合以完善对征地补偿安置过程中农民权益的保护。

（1）货币补偿安置模式＋社会保障安置模式

货币补偿安置模式的优势在于能直接安抚被征地农民，为其提供一定生活保障，但缺乏长效性。而社会保障安置模式可以弥补这点不足，将补偿款分为两部分，一部分发给被征地农民，另一部分为被征地农民投保，从而保障被征地农民基本生活条件。这种组合方式易操作，能够普遍适用。

（2）货币补偿安置模式＋留地安置模式＋社会保障安置模式

在基本的货币补偿和社会保障中加入留地安置模式，可以替代土地对农民的效用，保障被征地农民的利益，为政府节省资本，有效预防被征地农民长期贫困问题。留地安置还能让被征地农民维持原有生活习惯，因此将货币补偿和社会保障模式与之配合适用更有利于稳定被征地农民，推动经济稳定发展。

（3）货币补偿安置模式 + 土地入股安置模式 + 社会保障安置模式

土地入股安置模式适用于被征用土地大多是经营性用地的情况，它主要集中在近郊区地区适用。有利于集体财产集中发挥效应来保证被征地农民的长期效益。调整地区产业结构，避免农村集体组织代理入股的弊端，为被征地农民提供新的经济发展方式，提供新的就业机会，将土地价值转换成为投资价值。与货币补偿安置模式和社会保障安置模式同时适用会为被征地农民提供三条线并行的经济保障。

（4）货币补偿安置模式 + 住房安置模式 + 社会保障安置模式

住房安置能够为被征地农民提供基本的处所，稳定的生活环境。货币补偿搭配住房安置能够促进统管自建、统管代建和统建分购等，它能让土地资源匮乏地区最大限度增加人口容纳量，从而保证被征地农民融入城市生活。社会保障能完善被征地农民的生活方式，能从长远角度将被征地农民生活水平的提高与发展考虑在内。

利用组合模式间互补作用可以满足不同地区需求，用货币保障和社会保障作为基础来设计安置方案是实践检验后得到的效果较好的安置方式。虽然社会保障安置模式的推行需要一定的财政实力，但将社会保障安置模式作为基本保障模式来稳定发展是大势所趋。而货币保障当前仍具有基本保障的地位，所以将发展性较强的社会保障与之配合，必会更有利于稳定地区政治、经济、社会发展。

第二，采用房票新形式进行安置。房票安置是指政府组织被征地农民自主购买商品房，“房票”内的资金包括补偿金、奖励等，可用于购买全市范围内的商品房。房票安置也可以看作是住房安置深化改革的创新成果。房票能够将农民所有的资产盘活，实现购房交易虚拟化，能够有效地挖掘农民的财产性收入。将房票安置与传统安置模式进行组合可以更有效地保护征地补偿安置中不断发展的农民权益。

（1）房票安置 + 货币安置

在货币补偿的基础上，通过房票安置将农民的财产性权益投入市场进行流转以适应市场的发展需求。货币安置下的房票安置能让被征地农民掌握两种性质的资产，从而为他们安身立命提供有效保障。

（2）房票安置 + 社会保障安置

房票安置可以配套相应的社会保障权益，让被征地农民有房住的同时也有发展。在具体操作过程中，应遵循征地补偿安置原则以确保被征地农民权益的充分保障。

（3）房票安置+其他安置模式

留地安置、土地入股安置等都能与房票安置因地适用。与传统模式相比，房票安置均能有所适用，但其在发展过程中如何更好地进行操作将会是其他安置模式发展的一个新动力。

面对被征地农民的长远生活保障及生存权利要全面考虑，使长期处于“三无”尴尬境地的被征地农民在社会转型中有立足之所。要积极借鉴国内外先进经验，坚持多元化补偿安置模式的发展和创新，并积极促成现有安置模式的有机组合，才能有效解决我国被征地农民的长远生存和发展问题。

4. 提高补偿安置中全面监督力

征地补偿安置涉及农民权益较多，特别是财产性权益，因此权益保护的一项重要任务就是有效且全面的监督，即加强其内部监督和外部监督的力度和广度。

（1）加强被征地农民及农村集体组织的全程监督

监督是任何一项社会政策执行都不可或缺的环节，农民监督更是征地补偿安置活动中必不可少的一项内容。因为被征地农民是征地活动所涉及的土地及其产生的财产的使用者和享有者，所以征地补偿安置工作运行对被征地农民权益实现是否具有合理性和合法性都是农民行使监督权的应有之义。随着城市化进程不断加快，地价不断上涨，以地获利的现象也越来越多。政府征地活动本身不是一种纯粹市场交易行为，中央及其地方性法律法规规定中对政府如何行权有不同程度的约束，但仅仅依靠相关政府部门行政监督无法彻底阻止以地获取暴利的现象发生。因此让农民参与监督，既可以加大监督的力量，增强监督的效果，还能稳定市场，促进市场健康有序发展。因为实际中只有当农民自身利益受损时，他们才会尽最大努力去行使自己的权利，履行自己的义务①。

被征地农民自身进行监督时应强化以下事项。第一，落实征地补偿款发放公示制度，被征地农民应督促地方政府和集体经济组织及时更新公示内容。第二，被征地农民通过参与决策，监督征地补偿安置工作，积极表达自己的利益

---

① 刘金凤：《农村集体土地征收中地方政府行为研究——以广西武鸣县为例》，广西师范学院2013年硕士论文，第16页。

需求。第三，针对基层违纪违法行为，被征地农民可要求加大问责力度，甚至终身问责。第四，征地补偿安置监督由重点环节监督转为全程性监督。

通过村民委员会、村民代表大会实行基层组织自治监督。村民委员会积极发挥其执行职能，对本村的公益事业以及公共事务积极代表被征地农民行使自治权，协助基层人民政府对农村社会进行管理，坚持村民委员会在监督中的独立性，实现征地补偿安置有序稳定地进行。村民委员会在土地征收补偿安置工作中，应积极收集被征地农民意见，并将被征地农民意见及时向地方政府反馈；参考被征地农民意见与征地企业进行谈判；针对征地补偿款管理应坚持公示每一个环节，有必要可以委托基层金融机构进行保管；选举管理能力较强的村民代表，就监督事项的具体规定进行民主决策。

村民委员会作为农村集体组织，在力量上一定优于单个个体，并且拥有法律赋予它的代表权。所以在出现损害村民利益行为时，村民委员会可以向行政机关或是人民法院申请维权。用它自有的力量和地位监督和制止征地安置补偿过程中出现的各种损害农民权益行为[①]。

（2）加大政府和媒体的监督力度

第一，强化行政监督。在征地补偿安置工作中，地方政府有责任营造一个有利于土地资源优化配置的市场环境，做好土地安置前和安置中整体上的管理与组织协调工作。在后期的保障工作中应重视长效机制的建设，地方政府通过对保障标准和补偿安置办法的制定，妥善安置好被征地农民的生产和生活。在征地补偿安置中应严格界定补偿安置的程序，在充分调研基础上结合实际情况，明确被征地主体资产范围进而确定补偿安置标准，防止在征地补偿安置中因权利滥用导致农用地非农化现象的发生。征地补偿安置是一项复杂且敏感的工程，地方政府应承担全方位的主要责任，切实做好征地工作每一环节的工作。特别是要严格执行征地补偿安置后的跟踪检查反馈工作，依法严肃查办群众信访反映和检查发现的有关土地违法违规行为，加大征地补偿安置的执法力度，对农民土地被征收后生活水平低于原来生活水平的情况，可以根据实际需要追加补偿并引导农民再就业。

地方政府既是征地工作的监督主体，又是监督的客体。在土地征收的主要参与者：政府、农民和用地单位中政府和农民是最主要的监督主体。地方政府

---

① 李双全：《土地征收中村民委员会的权利义务研究》，山西大学 2013 年硕士论文，第 19—21 页。

作为征地补偿安置工作的主要监管人，对滥用征地权的行为应该强化其内部监督和外部的监督。通过立法、行政和司法的方式来规范政府土地征收权的合法性，通过新闻媒体或者舆论压力或者调动农民监督积极性等方式督促政府履行监督义务。

第二，加大媒体监督。随着科技化、信息化的发展，特别是互联网技术和移动手机终端的结合，传媒对社会生活的渗透无孔不入，所以其监督力度也与日俱增。传媒自身所具有的特点及它所产生的社会影响力，有助于在征地补偿安置活动中被征地农民去突破维权路上的障碍。特别是互联网和大数据都具有开放性，让很多人都有机会浏览信息、发布信息。这不仅让不同事实和意见形成交流互动，更增加了弱势群体发言的机会。新闻媒体及网络媒体应主动让征地补偿安置活动的进行更加透明，利用时效性、及时性，对行政、司法等各个方面进行监督，让执法活动在阳光下进行，让农民权益的保护情况随时为大众所掌握。

积极建立关于征地补偿安置全国联动网络平台，这个平台可让农民意见得以表达，更能针对各种不法事件施加压力。通过及时发现并公开侵权行为，及时纠正违法违纪行为，从而促进征地补偿安置执行活动得以落实，被征地农民权益得以保护。

5. 健全补偿安置社会保障制度

土地是我国农民工作和生活的重要场所，也是农民赖以生存的基础。享有土地的使用权是农民与其他社会人群区别的一个重要标志，所以说土地是农民生活得以保障的最后一道防线。土地对农民的社会保障功能有以下几个方面：土地是农民的基本生活保障；在土地上进行生产作业是农民的重要工作；农民后代享有土地上继承权；土地增值收益是农民资产储备的基础。因此，尽快建立与被征地农民有关的社会保障体系是保护被征地农民权益的首要任务。具体来说有如下几个方面：

（1）建立被征地农民社会保障基金。为了保障被征地农民的长远生存和发展，创设社会保障基金是最可行的做法。因为设立保障基金有助于降低被征地农民在失去土地后所面临的风险，促进他们今后生活的稳定发展。由国家财政负担全部资金来为被征地农民提供社会保障那是不现实的，所以针对被征地农民社会保障基金资金来源必须是多方面、多渠道的。应把征地补偿安置的费用以及土地后期转用所得的增值收益作为被征地农民社会保障基金资金的主要来源，然后以其他筹集资金的方式作为补充。目前建立被征地农民社会保障基金的资金来源主要有：一次性足额支付的补偿安置费、农地转作他用后的增值收益、经济发展导致土地的自然增值收益、通过谈判机制由用地单位与农民集体或农民自行谈判确定的补偿安置费、中央政府和地方政府的财政拨款、被征地农民社会保障基金的运营收入以及慈善机构的捐赠以及农民自筹的资金等。

当然对被征地农民的社会保障基金的监管也是推进社保基金顺利运转的必要保证，加大对基金的监管力度，由各级政府自己组建的基金管理委员会和缴费人、受益人以及社会公益组织等非官方监督机构共同组成，编织出一张囊括相互监督、相互制约和全面监督的网。要从资金监管角度去建立健全社会保障领域的法律法规体系，要有依法赋予监督职责的监督主体，要保证其运行的独立性、权威性、公正性和科学性。

（2）将被征地农民纳入城镇社会保障体系。当农民失去土地，他们虽获得了一些补偿，但从长期来看，他们事实上是失去了长久生存与发展的载体，虽然全国范围内对失地农民试行了多种补偿安置的举措，但其中只有社会保障方式的适用面最广，适应和接受程度最好。因为它可以适应不同地区、不同人群，可以保障最大范围的被征地农民利益。

实现对被征地农民权利的社会保障，首先要保障被征地农民最基本的生活，最关键的就是实现和满足被征地农民的最低生存需要，这就是社会保障体系的重要组成部分。所以保护被征地农民最基本的生活就要为被征地农民建立最低生活保障制度，其主要内容具体包括：

第一，合理界定保护对象。享有国家最低生活保护的农民主要针对那些生活水平低于国家规定最低生活标准的农民，只要被征地农民符合该条件，无论他是否曾经获得过高额的土地征用补偿费，均可以受到保护。

第二，科学制定最低保障标准。多方面、多领域考虑保障被征地农民最基本的生活水平。包括被征地农民的人均收入、当地的生活水平以及当地财政实力等因素，建立起一个科学合理的最低生活保护标准。

第三，多渠道筹集保障资金。多渠道筹集资金来保证社会保障基金制度建立，主要由政府带动，集体和个体共同努力，为保障资金积累和监管提供良好的运行环境。

（3）通过职业培训促进被征地农民再就业。关注并完善被征地农民的就业保护是维护其合法权益的最主要以及实用性最强的手段。被征地农民缺乏文化素质和就业技能，他们的竞争力极弱，这就必然会对工作的稳定性造成很大威胁。因此，要求政府加强对被征地农民生存权利的重视和保护，多增加就业岗位，让被征地农民有更多的渠道去就业，这对于为人民群众谋幸福和维护社会稳定以及构建和谐社会都具有重大意义。

多方位为被征地农民开展就业培训，按照年龄、接受度等进行分类培训。通过专门的就业信息平台增加他们的就业机会，提高他们的就业能力。加大被征地农民就业财政扶持力度，用优惠政策鼓励被征地农民自主创业。通过政府的正确引导，让被征地农民主动寻找自主创业的方向，尽量去从事技术低、资金少的第三产业创业。针对创业也可设立小额贷款，简化贷款发放的流程，让被征地农民有能力和时间，尽早投身进自主创业的活动中去①。

6. 加大补偿安置纠纷救济机制

征地补偿安置纠纷救济是对被征地农民权益保护最具强制力的一种保障。完善救济机制主要从以下几个方面着手。

（1）加大调解力度。要加强包括农村集体组织调解、行政调解、司法调解和民间调解在内的主要调解方式的力度。农村集体组织对整个征地补偿安置情况最为了解，因此农村集体组织在发挥调解作用时较其他调解方式更具影响力。行政调解是让行政机关在履行职能的过程中对相关争议问题进行调处，因为行政部门在征地补偿安置活动中起主导和监督作用，具有一定的权威性，就争议问题的答复能够有针对性，同时能客观地给出调解意见。司法调解是在诉讼当中说服和教育当事人互相谅解，互相礼让从而解决问题的一种方式。法官可以法律和国家政策为根据，以当事人自愿为原则进行调解。最后一种是民间调解，随着社会法制化发展，相应的法律组织、法律事务机构、行业协会越来越多，征地补偿安置虽然没有他们的直接参与，但是他们有专业的知识技能，特别是律师事务所，能够运用专业的法律知识，对各方利益主体进行游说，是征地补偿安置中被征地农民权益维护的新代言人。这方面调解需要更多的人才去参与和实践，这样才能切实保护好被征地农民的合法权益。

（2）规范行政裁决。首先，应注重行政调解在行政裁决制度中的作用，明确行政调解为前置程序，规定具体时限和程序，避免政府机构在调解中的随意

---

① 张少娟：《土地征收中农民权利保护研究》，河北经贸大学 2015 年硕士论文。

性，促成当事人在互谅基础上达成一致，节约成本。其次，在以人为本原则的前提下，明确被征地农民的裁决申请人资格。再次，保证被征地农民获得公正合理的救济，明确裁决效力。最后，还应扩大征地补偿安置中裁决标的的范围，不仅仅限于补偿标准争议[①]。

土地相关问题在我国一直是由行政主管部门先行裁决的，在现实条件下，行政裁决具有其难以替代的优势。因此征地补偿安置争议行政先行裁决的制度设置具有合理性。征地补偿裁决是一种独立的征地纠纷解决机制。应依照《土地管理法》中补偿标准的相关规定，针对被征地农民认为不公的政府行政行为或农村集体组织侵权行为进行裁决。规范行政裁决能够降低纠纷处理过程中的资源浪费，更能让行政主体在裁决过程中积累经验教训，切实做好被征地农民权益的保护者。在保护被征地农民权益的过程中要激发行政裁决先行的积极性作用，让行政裁决成为规范行政行为的有效性形成常态。

（3）完善司法救济。为解决因征地争议裁决机制不健全而导致政府公信力日趋下降的问题，在适用征地争议行政裁决机制的同时，必须积极引入司法救济，降低司法救济门槛，加大被征地农民合法权益的司法保护。司法救济要明确征地中补偿标准的具体可诉范畴，逐步扩大征地补偿安置纠纷的可诉范围，因为过于狭小的覆盖范围根本不利于保护被征地农民的合法权利。与此同时，还要通过司法途径来规范行使裁决，规范行政主体在行使权力过程中的行为，使之合法有效，只有这样才能让被征地农民在行政救济这一块明显处于弱势地位的状况有所改善。

（4）加强维权意识。加强社会普法，提高农民依法维权意识。注重推广法治思维和法治方式的办事方式，尽可能防止“以闹求解决”的现象发生。不断加强征地法律、法规及相关政策文件的宣传力度，让被征地农民充分了解自己所享有的权利，让他们明白这些权利不是制度设计中形式化的权利，而是国家赋予他们的实实在在不可被侵犯的权利。随着信息的透明化，法律专业知识的普及，越来越多农民的法律维权意识得以觉醒，但却大多止步于意识到被侵权而不敢抑或是不会“发声”的境况。如果权益被侵害只能忍气吞声，那么维权意识只能是处于半醒状态。因此，加大法律宣传力度，拓宽法律服务平台，

---

① 章彦英：《土地征收救济机制研究——以美国为参照系》，法律出版社 2011 年版，第 217—218 页。

用多元化方式来进行法律知识的培训都将会让被征地农民维权行为得到实质性成果[①]。

六、结论与展望

在未来一段时期，征地制度改革，特别是征地制度改革中农民权益的保护将是农村土地制度改革的重中之重。强调征地补偿安置阶段农民权益保护的重要性，对土地征收中各种矛盾纠纷的解决都具有现实意义。本文通过对征地补偿安置中农民权益保护的分析总结，针对目前侵犯农民权益的主要问题得出了以下结论：

第一，由于征地补偿安置在征地制度改革中的重要性，而农民权益又是贯穿始终的重要问题，故征地补偿安置中农民权益保护具有迫切性。第二，目前在征地补偿安置中存在的各种问题依然严峻，要求继续深挖并对之分析解决。第三，要在研究过程中积极借鉴国内外成功经验，通过对比研究设计出适合我国具体情况的模式办法。第四，要重视完善补偿安置中的制度性规定，细化补偿安置中的程序性事项，构建多元化规范的补偿安置模式，提高补偿安置模式中的全面监督力，健全补偿安置的社会保障制度，加大补偿安置纠纷的救济机制。

农民权益的保护是农村民生问题的根本，只有从每个环节重视并做好农民权益保护才有利于农村社会的稳定发展，才有利于推进城乡一体化、城乡融合发展的推进。由于研究能力和现有资源有限，在研究过程中不免存在不足之处，希望在后期持续的探索和研究中能够有所完善。

---

① 王琛：《农民维权意识问题研究——基于某新村小区的调查分析》，载《经济研究导刊》2018年第27期，第198—199页。

参考文献

专著类

[1] 潘善斌:《农地征收法律制度研究》,民族出版社 2008 年版。

[2] 李国建:《中国被征地农民补偿安置研究》,中国海洋大学出版社 2008 年版。

[3] 崔亮:《农村征地安置补偿纠纷实例说法》,中国法制出版社 2009 年版。

[4] 杜万坤:《2009 西安高新区发展难点研究》,西北大学出版社 2010 年版。

[5] 黄健雄:《农村征地补偿安置法律政策解答》,法律出版社 2010 年版。

[6] 张安录:《征地补偿费分配制度研究》,科学出版社 2010 年版。

[7] 卢旺:《送法下乡之征地补偿安置》,中国政法大学出版社 2010 年版。

[8] 季金华,徐骏:《土地征收法律问题研究》,山东人民出版社 2011 年版。

[9] 章彦英:《土地征收救济机制研究》,法律出版社 2011 年版。

[10] 樊平:《农地政策与农民权益》,社会科学文献出版社 2012 年版。

[11] 王心良:《基于农民满意度的征地补偿研究》,中国社会科学出版社 2012 年版。

[12] 何格,陈文宽:《同地同权下的征地补偿机制重构研究》,中国农业出版社 2013 年版。

[13] 畅斌:《中国农村土地征收补偿暨城中村实务改造与维权保障》,法律出版社 2013 年版。

[14] 王慧娟,施国庆:《城市郊区征地拆迁移民置换与补偿安置》,社会科学文献出版社 2013 年版。

[15] 法律出版社法规中心:《最新征地补偿安置注释版法规专辑》,法律出版社 2014 年版。

[16] 史卫民:《农村发展与农村土地权益法律保障研究》,中国社会科学出版社 2015 年版。

[17] 陈莹:《农民权益保护下的征地补偿及安置政策研究》,科学出版社 2016 年版。

[18] 黄东东:《征地补偿、制度变迁与交易成本:以三峡移民为研究对象》,法律出版社 2016 年版。

[19] 王春平:《基于物权法原理的征地补偿制度完善研究》,东北大学出版社 2016 年版。

期刊类

[1] 高延娜,朱道林:《农村土地征收补偿的阶段特征分析——以天津市为例》,载《资源科学》2008 年第 7 期。

[2] 章剑生:《行政征收程序论——以集体土地征收为例》,载《东方法学》2009 年第 2 期。

[3] 蔡霞，朱嵘:《征地补偿标准争议行政裁决的司法审查》，载《人民司法》2010 年第 16 期。

[4] 钟头朱:《日本征地补偿制度及其启示》，载《特区经济》2010 年第 3 期。

[5] 李忠辉:《韩国征地补偿制度的启示》，载《经济纵横》2011 年第 10 期。

[6] 谢岳，汪薇:《从调解到大调解：制度调适及其效果》，载《中共天津市委党校学报》2012 年第 4 期。

[7] 钟科丞:《农民土地权益保障的法律分析——现行立法的不足与完善》，载《陇东学院学报》2012 年第 6 期。

[8] 王铁雄:《征地补偿与农民财产权益保护问题研究》，载《法学杂志》2012 年第 3 期。

[9] 张元庆，邱爱莲:《英国、德国和美国征地补偿制度对比研究》，载《世界农业》2013 年第 6 期。

[10] 席锋宇:《建立完善的法律制度保障农民的财产权》，载《中国合作经济》2013 年第 3 期。

[11] 齐睿，李珍贵，李梦洁:《被征地农民安置制度探析》，载《中国土地科学》2014 年第 3 期。

[12] 李穗浓，白中科:《现行征地补偿模式比较分析》，载《中国土地》2014 年第 2 期。

[13] 陈俊位:《国外征地补偿实践对我国保护失地农民权益的启示》，载《重庆与世界》2014 年第 6 期。

[14] 陈建春:《如何维护被征地农民权益》，载《环境经济》2014 年第 2 期。

[15] 唐烈英，唐立文:《中美两国土地征收补偿比较与借鉴》，载《中州学刊》2014 年第 9 期。

[16] 牛玉兵:《农民土地征收参与权的实现困境与对策》，载《四川行政学院学报》2014 年第 3 期。

[17] 衡爱民:《中美土地征收制度的比较及启示》，载《探索》2015 年第 6 期。

[18] 黄宇骁:《日本土地征收法制实践及对我国的启示——以公共利益与损失补偿为中心》，载《环球法律评论》2015 年第 4 期。

[19] 胡艳丽:《中外失地农民安置政策的分析与比较》，载《世界农业》2015 年第 4 期。

[20] 赵媛:《贫困地区被征地农民社会保障政策思考与建议——以贵州省大方县为例》，载《国土资源情报》2015 年第 11 期。

[21] 王翔:《新型城镇化视域下被征地农民补偿的优化对策》，载《湖南学院学报》2015 年第 6 期。

[22] 柳萍:《失地农民权益受损的归因分析》，载《兰州学刊》2015 年第 2 期。

[23] 胡松江:《如何加强农民负担监督管理——以厦门市为例》，载《吉林农业》2015 年第 12 期。

[24] 徐鸣:《确权颁证把权益交到农民手中》，载《行政管理改革》2015 年第 12 期。

[25] 程磊:《农地征用过程中的农民权益保护问题研究》,载《经营管理者》2015年第4期。

[26] 侯江华:《城镇化进程中被征地农民的权益损害与征地纠纷》,载《西北农林科技大学学报》(社会科学版)2015年第3期。

[27] 尹利民,熊潮远:《向前式执行与向后式执行:被征地农民权益的双重保障——以X村征地拆迁新村安置为例》,载《学习论坛》2015年第7期。

[28] 崔宝敏,李洪霞:《山东省征地补偿与安置保障机制研究》,载《山东财经大学学报》2016年第1期。

[29] 程玉龙,柳瑞禹:《土地征收中农民与地方政府的利益博弈分析》,载《资源开发与市场》2016年第2期。

[30] 梁艺:《"滥诉"之辩:信息公开的制度异化及其矫正》,载《华东政法大学学报》2016年第1期。

[31] 阚先学:《"迁村并居"宅基地置换房补偿制度缺失探讨》,载《中北大学学报》(社会科学版)2016年第1期。

[32] 张建涛:《陕西省被征地农民利益保护机制研究》,载《陕西行政学院学报》2017年第2期。

[33] 木沙·买提库完:《征地补偿安置问题的法治路径探讨》,载《乌鲁木齐职业大学学报》2017年第4期。

[34] 高飞:《集体土地征收程序的法理反思与制度重构》,载《云南社会科学》2018年第1期。

[35] 谷中原,尹婷:《中国失地农民生活保障问题及其应对——基于征地补偿和安置视角的分析》,载《湖南农业大学学报》(社会科学版)2018年第2期。

[36] 徐济益:《马晨.被征地农民安置制度的困境与优化》,载《华南农业大学学报》2018年第2期。

[37] 富新梅:《征地补偿安置争议裁决制度的分析思考》,载《新疆社科论坛》2018年第4期。

[38] 黄涧秋:《征地补偿安置争议解决机制的体系化阐释》,载《法治研究》2019年第2期。

学位论文类

[1] 张明:《农民权益保护视野下的土地征收制度研究》,吉林大学2011年博士学位论文。

[2] 邹爱华:《土地征收中被征收人权利保护研究》,中国政法大学2011年博士学位论文。

[3] 张贺娜:《我国失地农民权益保障问题研究》,中央民族大学2011年硕士学位论文。

[4] 徐莉莉:《我国农村征地补偿制度研究》,南昌大学2012年硕士学位论文。

[5] 董纪颖:《集体土地征收补偿费分配法律制度研究》,西南大学2012年硕士学位论文。

[6] 任艳坤：《被征地农民权益法律保护——以河南省温县为例》，中南民族大学 2012 年硕士学位论文。

[7] 周新记：《土地征收中农民权益保护研究》，郑州大学 2013 年硕士学位论文。

[8] 范贞：《传媒监督司法审判的边界》，暨南大学 2013 年硕士学位论文。

[9] 褚晓兰：《土地信访的原因及对策研究——以浙江省 A 市为例》，南京农业大学 2013 年硕士学位论文。

[10] 张力心：《"地票"交易中农民权益保障问题研究——以重庆市为例》，西南大学 2013 年硕士学位论文。

[11] 赵忠峤：《土地征收中农民补偿权的实现研究》，广西大学 2014 年硕士学位论文。

[12] 刘姮希：《论集体土地征收中农民知情权的法律保护》，重庆大学 2014 年硕士学位论文。

[13] 董文秀：《我国农村土地征收补偿法律问题研究》，烟台大学 2014 年硕士学位论文。

[14] 徐航：《被征地农民权益保护问题研究——以土地征收补偿制度为视角》，延边大学 2014 年硕士学位论文。

[15] 成婷婷：《农村集体土地征收补偿制度研究》，安徽大学 2014 年硕士学位论文。

[16] 李向：《民生视角下征地补偿安置制度研究》，宁波大学 2014 年硕士学位论文。

[17] 何书中：《论集体土地征收补偿范围》，苏州大学 2014 年硕士学位论文。

[18] 王月：《留用地安置补偿法律问题研究——基于地方立法的文本分析》，辽宁大学 2014 年硕士学位论文。

[19] 崔芸芸：《"村改居"中土地征收的法制困境与出路》，宁波大学 2014 年硕士学位论文。

[20] 张少娟：《土地征收中农民权利保护研究》，河北经贸大学 2015 年硕士学位论文。

[21] 高光耀：《城镇化过程中失地农民的社会保障问题研究——基于通化县的研究》，吉林农业大学 2015 年硕士学位论文。

[22] 罗伦林：《村委会在农村土地权益转移中之角色分析》，西南政法大学 2015 年硕士学位论文。

[23] 杨璐瑶：《土地征收中农民参与制度研究》，西南政法大学 2015 年硕士学位论文。

[24] 钟娟娟：《我国农村土地征收程序机制研究》，西南政法大学 2015 年硕士学位论文。

[25] 黄云：《我国西部资源富集区被征地农村社会风险问题研究——以陕西省白界镇为例》，内蒙古大学 2017 年硕士学位论文。

[26] 郭阳洋：《内蒙古 K 区失地农民安置过程中的政府行为研究》，内蒙古大学 2018 年硕士学位论文。

[27] 卢秋月：《我国土地征收纠纷解决机制研究》，华中师范大学 2018 年硕士学位论文。

第三章 | 被征地农民养老保险法律问题研究

一、问题的提出

中国是一个农村人口占大多数的发展中国家，对“三农问题”的学习研究必然会成为中国理论界和政府实际工作部门的重要课题。在“三农问题”中，对农民问题的研究是最核心的方面。随着我国经济社会快速发展，城市化的进程呈现史无前例的快速扩张态势，随之而来的便是各项城市建设和各类工业项目依次展开。正是城市的迅速扩张和经济规模的不断放大造成了大量的农村土地被征用，大批农民失去了赖以安身立命的土地，于是就产生了一个特殊的社会边缘群体——被征地农民。

土地对于我国农民来说具有重大意义，因为土地不仅是他们最基本的生产资料和经营手段，而且还承担着解决就业和社会保障的功能，是农民生存和发展的最后保障。在城市化如火如荼进行的同时，我们应该看到农民对城市的发展和社会的进步做出了巨大贡献。据统计，我国目前被征地农民数量大约为7000万人[①]，但目前仅有1300多万人纳入养老保障或最低生活保障[②]。因此，城市化要切实保障被征地农民的权益，对他们进行妥善合理的安置，使他们今后的生活无后顾之忧，这是保证城市化进程有序进行的重中之重。但是，很多失去土地的农民没有生活保障，生活水平严重下降，农民上访人数和次数大大增加，上访规模也日渐扩大，严重影响经济社会的稳定发展。究其原因，一方面是现行征地制度对公共利益的规定较为模糊，以致政府打着公共利益的旗号广泛征地；另一方面是土地征用补偿制度不合理，被征地农民拿到的土地

---

① 周雪光：《权威体制与有效治理：当代中国国家治理的制度逻辑》，载《开放时代》2011年第10期，第67—85页。

② 韩博天：通过试验制定政策《中国独具特色的经验》，载《当代中国史研究》2010年第3期，第103—112页。

补偿款和安置补偿费非常有限，不足以维持现有生活水平。这使得被征地农民的社会保障问题越来越突出。

城市化给被征地农民带来的问题和矛盾日趋激烈，妥善解决被征地农民的社会保障问题已经引起了政府部门和全社会的普遍关注，其中被征地农民的养老保险问题是最重要的一方面。要想解决好被征地农民的问题，必须进一步完善被征地农民养老保险制度，只有这样才能从根本上维护农民的切身利益，实现社会的和谐安定，促进经济社会的健康快速发展。

研究被征地农民的养老保险问题有利于比较全面地把握我国被征地农民养老保险制度发展的历史与现状，深入了解阻碍我国被征地农民养老保险建立和完善的原因，拓宽对农民养老保险领域问题的研究范围，为逐步建立和完善被征地农民养老保险制度提供理论支持。妥善安置好为实现社会的发展做出了巨大贡献和牺牲的被征地农民，解决好他们的养老问题至关重要，这不仅有利于维护农民自身的权益，同时也为养老保险和社会保障制度的城乡一体化发展奠定了坚实的基础。现阶段是我国工业化和城市化迅速发展的时期，妥善解决好被征地农民的养老保险问题，也有利于“三农”问题的有效解决，为立法提供指导，促进城市化进程的健康发展，从而缩小城乡居民的差异，缓解社会矛盾，构建社会主义和谐社会。

二、我国被征地农民养老保险法律制度的概述

（一）被征地农民养老保险相关概念的界定

1. 被征地农民的界定

被征地农民指的是政府征收农村土地用于非农业建设用地过程中失去全部土地或者剩余耕地不足一定数量的农民，虽然已经失去或部分失去对土地的承包经营权但仍然具有农业户籍的人。有学者将被征地农民界定为征地时享有农村集体土地承包经营权的在册农业人口，在城市规划区内因征地失去 1/2 以上农用地的人员；在城市规划区外被征地农民户均耕地面积低于所在县（市、区）农业人口人均耕地面积 1/3 的人员[①]。换言之，被征地农民就是指由于各种原因土地被政府征去了的农民。但从另一个角度来看，被征地农民一方面没有了土

① 王瑞雪：《土地换保障制度的逻辑困境与出路》，载《中国土地科学》2013 年第 6 期，第 42—47 页。

地，失去了生存和发展的保障。另一方面，失去土地的农民不可能立即融入城市的生活环境之中，他们实际上是在农村和城市之间游离的边缘人。

我们常说的“失地农民”与“被征地农民”在内涵上有一定差别。“失地农民”中的“失地”不仅仅只包括农民由于政府征地而被迫失去土地的情况，还包括农民由于家庭外迁等种种原因而自愿放弃土地的情况。本文所研究的“被征地农民”指的是，为了满足工业化和城市化快速发展的需要，全部土地或者大部分土地被政府征用，拥有农村集体土地承包权和农业户口的当地农村集体经济组织的成员。所以从二者的本质来看，“失地农民”比“被征地农民”的内涵更广泛。

2. 养老保险的概念

养老保险是国家依据相关法律法规的规定，为解决劳动者在达到国家规定的解除劳动义务的劳动年龄界限或因年老丧失劳动能力而退出劳动岗位后而建立的一种保障其基本生活的社会保险制度。以社会保险为手段来保障老年人的基本生活需求，为其提供稳定可靠的生活来源是养老保险制度追求的终极目标。

中国的养老保险由三部分构成，即基本养老保险、企业补充养老保险和个人储蓄性养老保险。

基本养老保险是按国家统一的立法强制建立和实施的社会保险制度，全体劳动者都必须参加，在职职工达到国家规定的退休年龄或因其他原因而退出劳动岗位并办理退休手续后，由社会保险经办机构向退休职工支付基本养老保险金。基本养老金主要目的在于为劳动者丧失劳动能力后提供基本的生活保障。

企业补充养老保险居于我国养老保险体系中的第二层次，是指由企业根据自身经济实力，在国家法律和政策的指导下，为本企业职工所建立的一种辅助性的养老保险。它由国家宏观指导、企业内部决策执行，是一种企业或单位行为。

个人储蓄性养老保险完全是由职工自愿参加、自愿选择经办机构的一种补充保险形式，完全是一种个人行为。职工达到法定退休年龄并退休后，将储蓄性养老保险金一次总付或分次支付给本人。如果职工跨地区流动，个人账户的养老保险金也一起随之转移。若是职工尚未达到退休年龄而死亡，其指定受益人或法定继承人有权继承其个人账户的储蓄性养老保险金。

养老保险属于社会保障体系的范畴，是社会保险制度的重要组成部分。无论在任何国家，养老保险都是依法规范并以社会保险形式所体现的一种政府行为。

3. 被征地农民养老保险的概念

随着城市化的不断推进，被征地农民的规模越来越大，其养老保险也将处于逐渐无保障的尴尬境地。如果将被征地农民的养老保险直接纳入城镇居民或者农村现有养老保险体系（即“新农保”）中，必然会出现水土不服的现象，所以被征地农民养老保险制度应运而生。根据中央部署，2013 年旧农保制度停止执行，原个人缴费账户余额并入新型农村居民养老保险（以下简称新农保）个人账户，相关待遇合并计发。新农保制度自从 2008 年实行以来，在全国农村范围内广泛推行，采取个人缴费、集体补助、政府补贴相结合的筹资方式，养老金由基础养老金和个人账户养老金组成，这项以“保基本、广覆盖、有弹性、可持续”为基本原则，以基础养老金与个人账户相结合为模式的制度在实践中取得了快速发展，广大农民积极参保，目前已经成为覆盖我国农村社会的主要养老保险制度。但是当前现状是我国农村老年居民依然主要依靠子女供养和土地保障，随着公共服务均等化的进一步完善，许多农村转移劳动力以用人单位职工或灵活就业人员身份参加企业职工基本养老保险制度，解决了自身养老问题。但许多没能融入城镇或不得已回退农村的农民，依然依赖子女供养和土地保障解决养老问题。

被征地农民养老保险制度指的是以被征地农民为保险对象，以为其提供养老保障为目标，在其达到法定年龄时可领取养老保险金的制度。目前，我国大部分地区已经在逐步构建适合本地区实际情况的被征地农民养老保险模式，被征地农民养老保险制度作为有效的补充，在未来必将与我国其他的养老保险制度组合在一起，成为可以覆盖我国各个群体的养老保险体系，这样不仅解决了被征地农民的养老问题，也有利于社会的和谐稳定。

（二）我国被征地农民生存和发展的现状

1. 被征地农民生活现状

基于城市化和工业化的迅速发展，农村集体土地被大量征用，被征地农民作为农民中的一个特殊群体，数量迅速扩大，且近 10 年来中国城镇化速度迅速加快。截至 2018 年底，全国城镇化率已达到 59.58%[①]。按照世界上每 1 万城

---

① 统计局：《2018 年人口总量平稳增长　城镇化率持续提高》，载 http://politics.gmw.cn/2019-01/21/content_32387725.htm，最后访问日期 2019 年 9 月。

镇人口平均需要不少于1平方公里土地的基本要求，以及我国城镇化水平每提高1%将增加1270万城市人口的速度推算，我国城市化水平每提高1%则需要占用耕地约190万亩，将产生失地农民266万人左右[①]。

被征地农民失地后，其收入水平总体下降，但是其生活消费支出却普遍上升。一方面，农户日常支出项目增加。土地征用前农民家庭的食品消费如粮食、蔬菜和食用油等主要依靠自己生产，现在基本上要从市场上购入，再加上部分农户迁到城镇或搬进楼房，取暖费、电费、水费、物业费等项目的支出导致生活消费支出大幅增加。另一方面，非城镇户籍的他们不能享受城市居民衣食住行各方面的优惠政策，却要和城市居民处在相同的城市消费环境，这些都使被征地农民的日常生活成本大大增加，生活水平严重下降并进入恶性循环。

据劳动和社会保障部的调查，绝大多数地区的农民反映，与被征去土地前相比，耕地被征用后农民的人均生活费开支普遍增长了三成左右。被征地农民作为一个庞大的群体，一方面是“收入无门”，另一方面是“支出无底”，其目前生活状况堪忧。这些问题如果不能很好地解决将对社会发展产生一定的阻碍，因此被征地农民问题尤其是养老问题必须引起人们足够的重视。

2. 被征地农民就业现状

对于农民来说，最重要的生产资料和收入来源均来自土地，作为农民从事农业生产和自身赖以生存的基础，土地一旦失去，他们的日常生计和安身立命的保障必将受到影响。再加上城市化速度的加快，征地规模的扩张，被征地农民数量逐渐增多，但市场对劳动力的需求并没有同等地增加，剩余劳动力过多，且大部分被征地农民没有经过职业技术培训，缺乏专业技能，他们所能从事的职业非常有限，在竞争中处于劣势地位，这使被征地农民的就业雪上加霜。即使一部分被征地农民放弃了农业生产，转移到制造业、服务业等其他行业暂时实现了就业，但是其收入普遍偏低且不稳定。从总体上来看，由于现有的土地补偿标准较低，被征地农民的生活水平得不到有效的保障。

依照当前的情况，被征地农民的就业率较低且隐性失业率较高，政府本应该在此过程中起主导作用，为被征地农民提供职业技能培训和就业机会。但许

---

① 姚从容：《城市化进程中的失地农民——制度安排与利益冲突》，载《人口与经济》2006年第3期，第61—66页。

多地方政府的工作不到位，被征地农民大多没有稳定的就业岗位，经常处于临时就业的状态，这使得他们的生活没有稳定的收入来源，处于一种无保障状态。由于频繁地更换工作岗位，被征地农民即使找到了工作，单位也不愿意为其投保，他们也就无法获得本应享有的各种社会保险待遇。另外，被征地农民的总体文化素质偏低，政府所能提供的就业岗位也较少，这使他们在实现再就业的过程中竞争力较弱且受到多方面限制，因而难以获得具有稳定收入的工作。

3. 被征地农民家庭负担现状

被征地农民失去土地后，要用有限的征地补偿款应对新增的各种家庭开支。一是养老的负担。长久以来，我国的农业文明和传统习惯决定了农村地区传统的养老保险模式是以土地和家庭养老为根本，可随着农民土地被征用，这种养老方式会面临极大的挑战。首先，农民失去土地后，土地不复存在，土地的养老保障功能自然也就不存在了。许多被征地农民只能依靠征地补偿款来维持生计和养老，但补偿款毕竟是有限的，如果不能使其合理地增值，一旦用完，他们的养老问题就会面临困境。其次，家庭养老的功能也极大地弱化了。第一，农村地区多子多福的传统观念被国家实行的计划生育政策改变了，农村家庭中独生子女的比重日趋增多，家庭规模小型化趋势明显，养老的重担使子女不堪重负；第二，农村社会的老龄化进程正在加快，随着生活水平的不断提高和医疗条件的大幅进步导致老龄化快速发展，这在很大程度上加重了农村子女的赡养负担；第三，农村地区新一代的年轻劳动力进城后，生活环境与方式的变化冲击着他们内心中传统的爱老敬老观念，因赡养纠纷闹上法庭的案件屡见不鲜。最后，在被征地农民群体中，有相当一部分农民的子女本身也是被征地农民，他们自身的出路问题尚未有着落，在这个基础上很难尽到赡养老人的责任。

二是未成年子女的教育负担。在家庭收入中，子女教育经费的支出始终占最大比例。广大农民家庭已经意识到，必须让子女接受更高层次的教育，只有用知识武装好自己，增强自己的竞争力，才能使他们有更美好的未来。目前，虽然国家加大了对九年制义务教育事业的资金投入，农村地区的义务教育也基本实现零收费，但要接受高中以上的教育仍耗费惊人。以陕西地区为例，普通高中一学年学杂费要三千元以上，择校费更是在万元以上，普通本科一学年的学费和生活费至少也要一万元，专科院校和职业技术学校收取的费用更高。高额的教育费用本就使普通的农村家庭难以负担。土地被征后，被征地农民的家庭收入水平比征地前下降不少，仅仅依靠有限的征地补偿款难以维持子女长期的教育投入，部分被征地农民家庭子女不得不放弃接受更高层次教育的机会，转而外出务工以维持生计，更有部分被征地农民为了子女的教育经费而债台高筑，生活水平明显下降。

（三）健全被征地农民养老保险法律制度的重要意义

2013年党的十八届三中全会通过的《中共中央关于全面深化改革若干重大问题的决定》要求“完善对被征地农民合理、规范、多元保障机制”。2019年中共中央、国务院《关于建立健全城乡融合发展体制机制和政策体系的意见》中指出“完善统一的城乡居民基本医疗保险、大病保险和基本养老保险制度，构建多层次农村养老保障体系”。可见，单一的、低水平的保障已不能满足被征地农民的需求，必须构建被征地农民多元保障机制[①]。建立被征地农民养老保险法律制度是社会保障制度中的一项重要内容，是完善社会保障体系建设中的重要举措，要使农民得到广泛、持久、可靠的保障，必须建立政府主导的被征地农民养老保障体系。

第一，有利于促进城乡一体化发展。我国社会正处在经济体制转轨、社会结构转型的历史时期，而社会结构的转型就是从城乡二元制结构向城乡一体化结构的发展过程。建立被征地农民养老保险法律制度有助于实现农民和城市居民在社保待遇上的平等，解决被征地农民的生活和就业问题，使被征地农民的利益得到更持久的保障。

第二，有利于维护农村社会和谐稳定。农民在失去土地后，一方面，部分农民不愿意接受自家土地被征收的事实，不愿意离开自己的土地，可能会采取一些过激的行为来干扰征地行为。另一方面，一些农民在拿到安置补偿费用后，或用于还债，或产生惰性，无心就业。一旦安置费用光后，他们会把责任归咎于政府。正是由于农民在征地问题上的弱势地位和被征地农民自我保障意识的淡薄，更加迫切要求政府做出合理的制度安排，这也是维护农村秩序稳定乃至国家秩序稳定的关键。

第三，有助于实现全面建设小康社会的目标。建立被征地农民养老保险法律制度对于缓解征地矛盾，提高党的执政能力，推动贯彻落实“以人民为中心”

---

① 周江：《论被征地农民多元保障机制的构建——以土地双重权能为视角》，载《广东土地科学》2018年第1期，第4—11页。

都有很重要的现实意义。同时，建立被征地农民养老保险法律制度也符合广大农民的愿望和要求，这样既可以保障农民的基本权益，促进城市化进程的加快发展，又可以实现在全面建设小康社会的道路上一个都不掉队，最终实现人人小康的目标。

三、我国被征地农民养老保险的现状与实践模式

（一）我国被征地农民养老保险的现状考察

根据我国《物权法》规定，征收集体所有的土地，应当安排被征地农民的社会保障费用，保障被征地农民的生活[①]，这有利于解决被征地农民生活的后顾之忧。但是也不难看出，《物权法》关于被征地农民社会保障费用应如何操作并没有做出具体的安排，是一个尚不清楚的问题，直接依据该条文并不能得知具体内容。

因此，许多地方政府在《物权法》颁布后就被征地农民社会保障费用的具体操作问题作出了规定，逐步建立了被征地农民社会保障制度，如 2011 年陕西省颁布的《关于进一步完善我省被征地农民就业培训和社会养老保险的意见》，2014 年江西省颁布的《关于进一步完善被征地农民基本养老保险政策意见的通知》等。但我国幅员辽阔，各个地区自然环境、资源条件、经济发展水平等情况差异较大，这也就决定了不同地区被征地农民养老保险制度的具体模式与路径选择会各不相同。

（二）被征地农民养老保险的实践模式

目前，我国各地区现行的被征地农民养老保险在实践模式和路径选择上不尽相同，归纳起来，大致可以分为以下四种：

1. 农保模式

“农保”是指由政府主管部门负责组织和管理，农村经济组织、集体事业单位和劳动者共同承担养老保险费缴纳义务，劳动者在年老时按照养老保险费

---

① 《物权法》第 42 条第 2 款规定：“征收集体所有的土地，应当依法足额支付土地补偿费、安置补助费、地上附着物和青苗的补偿费等费用，安排被征地农民的社会保障费用，保障被征地农民的生活，维护被征地农民的合法权益。”

缴纳状况享受基本养老保险待遇的农村社会保障制度。该模式的具体操作方法是将被征地农民直接纳入到新型农村养老保险体系中。农保模式以青岛市为代表，青岛市政府从2005年开始，决定对郊区5个地区的被征地农民统一实施新型农村养老保险制度[①]。这种模式就是在新型农村养老保障体系的基础上，将未参加城镇职工基本养老保险的被征地农民都纳入到农村养老保险中来。

农保模式的养老保险资金通常由个人、集体和国家三方共同负担，参保人员应缴费用相对较少，在实践操作中比较灵活，其待遇标准和账户管理通常执行关于新型农村养老保险已有的相关规定。从整体上看，农保模式可以被誉为一种“兜底”模式，在现有的新型农村养老保险制度的大前提下，以被征地农民为突破口，切实解决被征地农民的养老保障问题。这种模式在实践中的优点在于：首先，将被征地农民直接纳入到新农保体系中，在解决被征地农民养老问题上做到了使被征地农民离土不离乡。在现有的新农保体系中参与养老保险，可以最大范围地覆盖被征地农民，同时这种做法也可以降低将他们纳入城镇养老保险体系所带来的财政压力，符合资源优化配置的要求。其次，农保模式完全可以根据当地经济发展水平的实际情况而合理地确定参保标准，在实际操作中有很大的弹性。因此，在实践中这种模式主要适用于农村养老保险体系比较完整，经济发展和人均收入水平较低地区的被征地农民使用。最后，由于农保模式本身是将被征地农民直接归入到现有新农保体系内，因而不会遭受制度衔接问题的困扰，具有较强的实际操作性，可以有效地降低制度创新的成本。

在当前被征地农民融入城镇养老保险体系较为困难的状况下，坚持发展和完善农村养老保险制度不失为一种恰当的选择，但是农保模式本身也存在着不足。这体现在，一方面，我国很多地区的农村社会发展水平低下，农民养老保险水平也相应较低，更没有稳定规范的运营体系作为支撑，在这种情况下如果盲目地将被征地农民纳入到农村养老保险体系中去，会导致制度的容纳力和包容力不足。另一方面，基层政府的财政支持本身相对薄弱，保障能力不强，这可能会直接导致被征地农民的养老保险水平相对较低，从而影响养老保险功能的发挥。

---

① 张维，刘新芝：《山东省被征地农民基本养老保险情况分析》，载《山东经济》2009年第9期，第147—152页。

2. 城保模式

城保模式是将被征地农民纳入城镇社会保障体系中。具体来说，是在农民的土地被征用后，地方政府根据实际情况，让被征地农民分别加入到城镇职工基本养老保险体系或者城镇居民最低生活保障体系中[①]。这种模式是典型的“以土地换保障”，在具体应用中要求地方政府有雄厚的财政实力作为支撑，适合于经济比较发达的地区运用，采取这一模式的典型代表有北京、成都等地区。

《北京市建设征地补偿安置办法》对被征地农民的社会保障问题做出详细说明：对于因土地被征用而要由农业户口转为非农业户口的被征地农民，直接将其纳入城镇社会保险体系，由征地单位直接从征地补偿款中拨付到社会保险经办机构。对不同年龄段的人员采用不同的标准补缴保险费用。被征地农民达到国家规定的退休年龄后，其缴纳基本养老保险费用累计满 15 年及以上的，享有按月领取基本养老保险金的社保待遇；未满 15 年的被征地农民，不享有按月领取养老金的待遇，而是将其个人账户储存额一次性支付给本人，同时终止与此人的养老保险关系。

城保模式对于统筹城乡一体化发展有较大的优势，具体体现在：首先，将被征地农民纳入城镇社会保障体系中，这样一来保障水平较高，使被征地农民能够享受到较高的社保待遇。其次，城保模式立足于农地被征用后农民身份的转变和原有生活方式的转变，具有平等公平的特点，赋予了被征地农民与城镇居民同等的养老保险待遇，有利于被征地农民更好更快地适应和融入城市生活。最后，城保模式的保障方式比较完善，被征地农民在这种模式下能够全方位地享受城镇职工的社会保障内容，无须解决相关制度的衔接问题。

但城保模式本身也存在许多问题，比如：实行城保模式的地方政府要为此承担大量的财政开支，在制度的具体实行过程中偶尔存在“空账”问题，这些问题如果得不到有效的解决，那么将被征地农民纳入这个体系中势必会影响其保障效果的发挥。而且这种模式的适用范围较窄，在经济水平欠发达的地区很难应用此模式，具有一定的局限性。

3. 镇保模式

镇保模式的做法是为被征地农民单独设计制度，建立小城镇社会保障体系。目前，此模式只有上海采用，所以镇保模式又被称为“上海模式”，2003 年上

① 卢海元：《被征地农民社会保障模式选择与定型》，载《中国社会保障》2007 年第 10 期，第 14—16 页。

海市政府在全市范围内建立了小城镇社会保险制度。小城镇保险的显著特点是实行社会统筹和个人账户相结合的方式，着重解决被征地农民的养老和医疗两项基本需求，其中政府强制征缴基本社会保险，实行社会统筹，对参保人的基本生活予以保障；而对于补充社会保险，政府采取引导鼓励的态度，为参保人建立个人账户，根据实际需要实行多种用途[①]。镇保模式具有权利义务相统一、强化激励机制等特点，制度设计比较合理。

镇保模式因地制宜，为被征地农民单独设计社会保险制度，将其纳入与城镇职工基本养老保险不同的小城镇社会保险体系，在理念上非常先进，具有独特的优势：首先，小城镇社会保险以上一年度职工社会平均工资的 60% 为基数，基本缴费率为 24%，缴费额度较低，这样用人单位和被征地农民本人的筹资压力较小，有利于提高参保积极性，最大限度地扩大了养老保险的覆盖面。其次，该模式的保障内容更全面，涵盖了养老、医疗、工伤、失业、生育保险这五项基本内容，提高了保障水平。最后，镇保模式与农保模式相比，大幅度地提升了制度的容纳能力，满足了被征地农民的社保需求，符合被征地农民的愿望。但是镇保模式对客观现实条件的要求很高，只适合于社会保障制度比较完善和稳定的地区应用，目前在全国范围内只有上海市采用。

4. 商保模式

商保模式旨在通过与商业型保险公司相结合，采取市场化运作，为被征地农民建立起以商业保险公司为主体的养老保险模式。由于当前实施该种模式的只有重庆市，因而此种模式又被称为“重庆模式”。重庆被征地农民养老保险的特点可以概括为“政府调控，保险经办，市场运作，多方满意”，目前已经为近 13 万被征地农民解决了养老保障问题[②]。重庆的商保模式立足社会发展实际，让商业保险机构参与到社会保障中来，是一种有益的创新和探索，为解决被征地农民养老问题发挥了积极作用。

商保模式本身具有自愿性、继承性和商业性的特点，在实践中有明显的优

---

① 参见 2003 年《上海市小城镇社会保险暂行办法》第 2 条：小城镇社会保险是本市社会保障体系中的一项实行社会统筹和个人账户相结合的社会保险基本制度，包括养老、医疗、失业、生育、工伤等基本社会保险和补充社会保险。基本社会保险由政府强制征缴，实行社会统筹，保障基本生活；补充社会保险由政府指导鼓励，建立个人账户，实行多种用途。

② 秦士由：《运用商业保险机制优化被征地农民养老保障运作模式》，载《保险研究》2008 年第 1 期，第 59—61 页。

势。首先，这种模式管理起来比较简单，运营效率很高，对政府来说财政压力不大。其次，商保模式在实现资金的保值增值上有明显优势。该模式中所有的保险费用均由商业保险公司集中管理，统一投资，而商业保险公司拥有专业的投资经营团队和高水平的投资经营人才，同时也拥有雄厚的资金，这大大增加了保险资金保值增值的可能性。最后，商保模式有利于提高被征地农民的保险意识，可以使他们最大限度地规避风险，从而推动商业保险的覆盖面，有助于整个社会保障事业不断向前发展。

但是商保模式也存在一定的缺陷。一方面，商业保险完全建立在农民自愿的基础上，而农民的保险意识较为薄弱，实行该模式极易受到被征地农民参保积极性的影响。另一方面，由于受到参保率的影响，在一定程度上会制约商保模式保障效能的有效发挥。

四、我国被征地农民养老保险法律制度的问题检讨

（一）统一立法不健全，制约制度完善

综观中国的养老保险立法进程，截至目前尚无一部全国性的规范被征地农民养老保险的统一立法。在进行征地补偿和社会保障工作时一般依托《土地管理法》《物权法》等法律，纵然是2010年颁布施行、2018年修订的《社会保险法》也只是在附则中对被征地农民养老保险有着原则性的规定[①]，缺乏具体的可操作性，难以保障被征地农民的合法权益。党中央、国务院的相关政策文件有关于被征地农民养老保险的规定，但是这些规定只是停留在政策层面且大多也是原则性规定。随着城市化进程不断的推进，被征地农民养老保险法律制度却没有与城市化的发展相互配套，其发展远远落后于城市化的速度。由于全国范围内没有关于被征地农民养老保险的法律规定，各地市在实际工作中结合本地方的实际，因地制宜地制定了相关政策来指导被征地农民养老保险的相关工作，这些规定为确保被征地农民社会养老保险制度的实施做出了积极贡献。但是不可否认的是，这些政策文件的立法层次相对较低，大部分都是市县层级。从现实的状况来看，各地的具体操作办法五花八门，有城乡统一型、也有城乡区别

① 2018年《社会保险法》第96条规定："征收农村集体所有的土地，应当足额安排被征地农民的社会保险费，按照国务院规定将被征地农民纳入相应的社会保险制度。"

型等，在保障对象、保障待遇、保障基金等方面各地区差异较大，这种差异实际上导致了被征地农民养老保险制度的管理体制与地区分割、区块分离相类似，严重损害了制度的稳定性，造成了被征地农民的养老保障缺乏约束力和强制性。这样的制度现状远远落后于社会经济的发展和社会保障事业的进步，在一定程度上阻碍了我国社会保障事业发展和现代化建设的步伐。

地方政府制定的这些政策具有浓厚的地方特色，且各自的理念差异较大，从实施上看也不具有稳定性和明确性，这样一来不仅使各地方之间的政策融合性较差，而且对制定国家层面的统一的被征地农民养老保险法律制度起到了一定阻碍作用。另外，地方的相关政策和规定具有明显的地域性和临时性，忽视了与全局的协调统一，甚至出现了许多本地区的被征地农民群体与其他地区的同类群体相攀比的现象，造成了很多的社会矛盾和问题，严重影响了政府本身的公信力和权威性。国家已经意识到被征地农民的社会保障问题事关重大，近年来也相继出台了一系列政策来加强被征地农民社会保障制度的实施，取得了一定的成绩。但是，我们也清醒地看到，由于在被征地农民社会保障方面至今没有一部完整的法律出台，特别是在针对被征地农民养老保险方面严重缺失法律层面的规定，严重影响了被征地农民的利益，使农民的养老问题缺乏一个强有力的保障。

实践中被征地农民养老保险无法可依的状态导致了部分养老保险政策的执行难和落实难，在具体操作中很容易损害农民的利益。同时，被征地农民养老保险制度立法的滞后也使人民法院或仲裁机构在面对相关争议问题或争议案件的处理上没有充分的法律依据，自身的职能难以有效发挥，不利于社会的和谐稳定。

（二）补偿制度不合理，补偿标准过低

根据我国《土地管理法》《物权法》规定，征用耕地的土地补偿费用包括土地补偿费、安置补助费以及地上附着物和青苗的补偿费。其中土地补偿费为该土地被征用前三年平均年产值的六倍至十倍，安置补助费为该耕地被征用前三年平均年产值的四倍至六倍，土地补偿费与安置补助费的总和不得超过三十倍。这些规定仅从表面上来看，似乎比较合理，但事实却与此有天壤之别。

在实际征地中，许多农民失去土地后从政府和用地单位那里得到的数额不

多的土地补偿费用只是对农民原来在土地上所从事的农业生产收益的补偿，并没有得到土地由农业用途转变为非农业用途后的收益差额的补偿，现有的土地补偿费中并不包含土地的增值金额。如果按照市场经济的等价交换原则来衡量，政府和用地单位在进行征地补偿时应当加上被征土地用作非农业生产的增值部分，而不是只对土地原本的农业生产收益进行补偿。安置补助费也是由政府和用地单位发放的一次性的货币，这也只能维持农民在失去土地后一段时间内的生计。征地应如何补偿、补偿多少一般是由政府和用地单位协商的结果，具体分配也是由政府牵头进行，由于用地补偿费用和分配比例不甚透明，所以农民真正得到的土地补偿款很有限，在一些地区甚至还存在拖欠和克扣被征地农民应得补偿金的现象。

土地是农民安身立命的根本，与农民的养老、就业等问题息息相关，农民没有了土地也就没有了立足的保障，没有了土地的农民，征地补偿对他们来说显得尤为重要。目前国内各地对被征地农民仍然主要采取货币补偿的方式，一次性发放补偿款，这种做法简单易行，在实践中可以高效地完成征地补偿工作。但是从被征地农民的角度来看，农民失去了土地，对城市的发展来说可谓是牺牲巨大，一方面，农民失去了土地，失去了自己长期的基本生活保障。另一方面，农民要离开自己生活多年的土地，融入一个自己并不了解的城市社会，在这些自身所面临的重大转变面前，被征地农民只得到了大约仅能维持基本生活需求的一点点经济补偿，这与他们的巨大付出不成正比。所以，目前较为单一的土地补偿方式对于广大被征地农民来讲有失公平，单一的土地补偿方式虽然能够提高征地的效率，但是却严重损害了农民的利益。另外，大部分农民的受教育程度较低，不懂得做好合理的理财计划，也就很难用有效的土地补偿金为其今后的生活起到保障作用。所以，较低的补偿标准、单一的补偿亟须改进和完善。

近年来，国家正在试点农村集体经营性建设用地入市改革，在符合规划和用途管制前提下，允许农村集体经营性建设用地出让、租赁、入股，实行与国有土地同等入市、同权同价。集体经营性建设用地入市释放出强烈的政策信号，市场化是未来农村土地制度的改革方向。在逐步缩小征地范围的同时，允许集体建设用地进入市场交易，国家除征收收益调节金外，将入市的增值收益全部留给集体和农民。

（三）监督机制不完善，管理难度较大

从社会发展的角度来看，征地是为了有更多的资源去实现社会的不断发展；从具体工作的角度来看，征地问题关系到农民的切身利益，会牵涉到国土资源、农业、财政、民政、社会保障等多个工作部门。当然，在被征地农民养老保险的具体实施和管理运营中也会相应地牵涉到上述部门。一个相关的征地政策和被征地农民养老保险规定的出台，在实际执行中必然会面临与之相关的各个部门之间的整体配合，只要有一个部门没有做好自己的工作，那么整个工作就没有办法向前推进。目前，现行社会保障法律监督机制还不完善，有关被征地农民的社会保障制度仍然缺乏统一明确的运行机制和监管机制，对被征地农民社会保障运行、管理等监督制度处于无法可依的状态[①]。另外，大多数地区的被征地农民养老保险办法或者政策中都直接或间接地规定了被征地农民养老保险和农村养老保险、城镇养老保险体系的衔接工作，而各类养老保险之间存在差异，所以，要做好被征地农民养老保险的具体工作需要相关部门之间的整体配合，但我国目前缺乏这样一个有效的合作平台和衔接机制。

从政策制定的角度来看，政策制定的惯例是自上而下。对于县一级工作部门来说，往往是根据上级的精神或者指示来制定更具体更详尽的操作方法，只需要具体实施相关政策即可。相反，对于比县级更高的省市级工作部门来说，如果其自身制定的相关政策太过复杂，具体操作太过细碎，则不便于各个部门之间的配合，更不便于业务上的统一管理。这样做也会不利于被征地农民养老保险制度和其他种类的养老保险制度间的衔接与农民的跨地区流动，灵活性较差，从长远来看也不利于实现社会保障制度的城乡一体化发展的目标。

从监管机制的角度来看，被征地农民的养老保险以及社会保障资金的来源主要由被征地农民的土地补偿费、土地增值收益和土地转让收益等三部分组成，资金的来源渠道相对比较单一且独立于城镇的养老保障体系之外，资金的筹集方式也比较简单，主要是围绕土地的收益进行。就目前的情况来说，不但被征地农民的养老基金和养老标准存在差异，缴费的具体负担轻重不一，而且对于被征地农民的养老经费在管理上没有具体的规范，养老资金被挪用现象屡见不鲜，被征地农民的养老钱存在严重的安全隐患。现阶段还缺乏相应的

① 陈昭伦：《温州市被征地农民养老保险制度建设研究》，福建农林大学 2018 年硕士论文。

管理和监督机制来解决被征地农民的养老保险基金所面临的实际问题，只有为被征地农民的社会保障基金建立稳定的资金来源，才能保证他们实现自己的养老权益。

从基金保值增值的角度来看，社保基金是保障社保制度运行的核心，也是被征地农民养老保险制度存在的基础，基金的保值增值关系被征地农民的切身利益。在农民的土地被征收后，政府用土地补偿费和安置补助费给被征地农民缴纳社会保障基金，这笔费用原本应该直接归农民本人所有，但实际上并没有真正到农民手里，其本质相当于农民用自己以后的生活本钱给自己购买了保险。另外，我国是由专门的社会保障机构统一对社会保障基金进行运营和监管，被征地农民并不能参与到这一过程中去，也没有相关资金状况的信息发布和查阅平台，自然也无法就其运营状况进行深入了解，无法行使监督权，导致社保基金的运营过程无法做到公开化、透明化。由此可见，我国被征地农民养老保险基金的监管体系还有待健全。

（四）就业培训不配套，农民再就业困难

由于养老保险只能保障农民的基本生存，不能从根本上解决农民失去土地所带来的经济问题，要解决被征地农民养老保障问题的关键是促进被征地农民实现再就业。被征地农民只有实现了再就业，有了稳定的收入来源，生活水平有所提高，他们才有能力加入城镇的养老保障，只有这样才能从根本上解决他们的养老问题。被征地农民是社会发展过程中形成的一个特殊群体，在城市化进程中属于群体性失地失业，政府对他们肩负有重大的社会责任，需要采取各种措施促进其就业，开展就业培训，使他们掌握除农业外的其他技能，增强被征地农民在城镇中求职的竞争力，从而提高被征地农民就业率。

当前的被征地农民再就业制度还存在很多亟待完善的地方。首先，我国缺乏针对被征地农民的再就业培训机制。受到农村地区教育和经济水平的限制，绝大多数被征地农民受教育程度普遍较低，被征地农民求助无门，有心就业但无处获得有关再就业岗位技能的知识，使他们在劳动力竞争中处于尴尬的境地。其次，现有的制度中没有建立有关被征地农民再就业的信息发布或信息查阅平台。随着经济水平的不断提升，各行各业对劳动力的需求不甚相同，相关产业对劳动力所具备的技能要求程度也不尽相同。通过对多个地区的实地调研，发现被征地农民在就业过程中遇到的难题不仅仅是自身不具备用人单位所要求的

劳动技能，而是在很大程度上对就业信息的掌握不够，寻找就业机会基本通过自己走访寻找和熟人相告。由于没有被征地农民的再就业信息发布平台，他们不能及时地了解就业信息和求职条件，其就业在大多数情况下非常盲目，在用人单位和被征地农民之间缺乏及时的信息交换。最后，政府在现有的被征地农民再就业培训中忽视了对其精神层面的关注，缺乏对被征地农民就业观念的引导和教育。被征地农民在潜意识中仍存在就业靠政府的思想观念，总是被动地等待就业机会。同时，被征地农民对就业的心理期望比较高，对就业岗位的层次和类型高不成低不就，这导致他们更难找到称心如意的工作。另外，虽然政府为被征地农民提供了许多就业岗位，但是他们中的大多数人都缺乏熟练的劳动技能，容易造成被他人替代的隐性失业。

五、国外被征地农民养老保险法律制度的比较借鉴

（一）国外被征地农民养老保险法律制度的比较考察

世界上许多国家都经历过工业化和城市化，其发展过程也不是一帆风顺的，同样经历了巨大的社会矛盾和冲突。通过研究发现，国外许多经济比较发达的地区，农民对于土地的丧失不是被动的被征地而是主动的放弃土地，这样就必然会出现农民的大量流动，这种现象如果从产业机制变动角度来看，可以将农业形容成是一种产业，将农民称作是一种职业，这与我国传统意义上所讲的农民是同字不同义的。国外的农民由于职业自由的变换而自愿放弃土地，这样一来，农民自然也会跟随职业的变化而变化。

从国外大多数国家的做法来看，农民在失去土地以后，国家直接将其养老保险纳入城市居民基本养老保险的范畴之中，实施城乡一体化的养老保障制度。这种做法从公平正义角度来讲，农民失去土地后，很自然地就和城市居民一样享有同等的收入及养老保障待遇。从财产的角度来看，土地对于国外农民来说同样是其财产保障，在农民主动纳税的情形下，农民可将自己的土地出卖给他人，所得的收入都归农民所有。事实证明，他们也是在发展中解决问题，循序渐进地找到自己国家解决此问题所适合的办法，最终建立起比较完善的被征地农民养老保险制度。

加快构建被征地农民的社会保障制度特别是完善其养老保险法律制度，在社会不断发展的时代背景下已经成为世界各国要实现快速发展所必须面对的重

点问题。因此，必须充分学习与借鉴国外的先进理念与实践经验，这对于更好地构建和完善适合我国的被征地农民养老保险法律制度具有十分重要的意义。

1. 美国

根据美国联邦《宪法》规定，非依正当法律程序，不得剥夺任何人的生命、自由或财产；非有合理补偿，不得征用私有财产供公共使用。根据《美国联邦土地政策管理法》规定，政府有权通过买卖、交换、捐赠或征用的形式获得各种土地或土地权益[①]。在美国，公共利益的需要是政府能够征地的唯一前提，并且必须对被征地农民按照法律的要求进行合理的补偿。

合理合法的补偿称得上是美国土地征用制度的核心内容。合理补偿指的是必须赔偿土地所有者财产的公平市场价格，这不仅包含财产的现有价值，还包括财产未来盈利的折扣价格。这种做法充分考虑到了土地所有者的利益，不单单补偿被征土地的现有价值，还将土地可预期、可预见的未来价值充分考虑到了。美国的土地补偿制度还有一大特点，即土地补偿不仅包括被征地农民，还包括了因征地而导致的邻近土地所有者所承受的经营上的相关损失，注重实现土地资源的优化配置，避免浪费土地资源。

美国是典型的土地私有化国家，美国法律规定政府征地必须按照土地的市场价格给予足够的经济补偿，因为这种征地行为实质上就是购买土地，要受到法律的严格约束。如果土地所有者不满意土地的补偿金额，还可以继续提出要求，直到获得较为满意的价格。但如果政府出于公共利益考量，认为支付的补偿金额过多，也可要求法院裁决土地所有者退还部分补偿金。这体现出征地的补偿价格不是由单方意志能最终确定的，而是征地双方均可依照法定程序提出自己的要求，最终达成双方都能接受的合理价格。

在美国，社会保障和社会保险与我国的含义有所不同。社会保障作为社会保险中的一种，是美国联邦政府最大的社会保险福利支出项目，它特指对老年人、孤寡人和残疾人的社会保险。其中，对包括被征地老年人在内的所有老年人的社会保险也称作养老金制度或老年保险制度，是美国社会保障制度的核心内容。养老金制度由联邦政府来负责具体实施，统一管理这笔基金，这就保证了在土地被征用前，农民就已纳入到城市统一的养老保障体系中。

---

① 陈江龙，陈会广，徐洁：《国外土地征用的理论与启示》，载《国土经济》2002 年第 2 期，第 43—45 页。

特别值得一提的是，美国还非常重视教育和职业培训在社会保障中的作用。为了增强被征地农民在劳动力市场中的竞争力，美国政府为被征地农民提供了有针对性的职业教育和技能培训，政府的这种做法不仅使农民在失去土地之后仍然可以自食其力，还极大地减少了失业保险金的支出，减轻了政府的财政负担。与此相配套的，联邦政府还先后出台了很多关于被征地农民再就业教育和再就业技术培训的法令，同时政府还积极创造就业岗位，增加就业机会，这些措施都为被征地农民顺利实现再就业问题提供了保障。

2. 英国

英国被征地农民社会保障制度的特点是政府在进行土地征用时必须遵照严格的法律程序。英国《强制征购土地法》明确规定，首先，政府在征用土地时必须经过议会的严格审核批准才能进行，征地部门必须充分证明该项目是“令人信服的并符合公众利益的案例”[①]，由此可见，确认是否能适用《强制征购土地法》的门槛相当高。其次，当议会明确了征地的公共目的之后，只有法定机构才有权实行强制征地。最后，在土地征用中，英国政府与议会之间是互相配合、互相制约、互相监督的，这样就避免了滥用征地权而侵害农民利益等情况的发生。

在英国，被征地农民会按其利益受损的公开市价为标准由政府做出补偿。同时，英国政府详细规定了进行征地补偿时所应遵循的原则和补偿的范围，使征地补偿严格按照一定的标准来实行，以免补偿办法无序进行而引起被征地农民的不满。

英国是福利型养老保险的代表，其基本养老保险覆盖了全体国民，实行“普惠制”原则。同时，英国所有的退休国民，包括农民群体在内全部无条件地由政府发放一定数额的养老金，发放这种养老金所需的资金全部来源于政府的税收，与每个国民的身份、职业、工资水平和缴税年限均无关系。

3. 日本

日本1951年颁布的《土地征用法》明确规定，从公共利益出发可以征用所需的土地。同时，日本在所有国家中对土地征用的允许范围是最小的，要求在进行审批时必须严格遵照土地征用的公益性原则。在日本，所有征地的过程

① 孟繁元，熊建华，李晶：《国外土地征用制度比较及对我国的启示》，载《农业经济》2006年第10期，第50—52页。

都是在大家共同监督、公开透明的情形下进行的，而且由于政府没有任意行政权，就基本上不会发生为个人利益而滥用征地权的行为，也不会发生超越法律限制进行征地的情况，这一点尤其值得我国借鉴。

就一般情况来看，日本的土地征用补偿费用适用完全补偿原则，政府不仅要支付被征用土地正常的市场价格，还需要参考附近地区同类土地的交易价格来对一些直接或间接的损失进行补偿，其补偿范围相当广泛。土地赔偿金原则上一般要用现金进行赔偿，且必须在土地所有者失去权利之前支付完毕，特殊情况下也可以采取其他方式进行赔偿。

日本农村养老保险制度实行的是双层结构的年金制度，主要包括国民年金、国民养老金、农民年金和共济年金制度四个部分。第一层次为国民年金制度，为全体日本国民强制参与的基础养老金制度；其余的为第二层，采用自愿原则，是国民年金的重要补充。1970 年，日本颁布了《农业者年金法》，开始建立农民年金制度，这是唯一一个参保对象为农民，面向广大农业就业者而设立的公共保障制度。该制度的显著特点是鼓励达到退休年龄的农民放弃土地权利，将土地经营权转让给他人或继承人，通过土地经营权的转让来置换养老金的形式提高农民养老福利。农民年金制度后经多次修改，通过完善体系结构，放宽农民加入条件，政府补助保费总额的 1/3 等措施，激励农民参保，提高养老水平①。

4. 德国

在德国，可以征用土地的要求也相当严格，一般情况下不准轻易使用征地权，除非在力求公平合理的情况下，被证明因公共福利的需要，并经过与土地所有权人的多次协商，对被征地农民做出合理的补偿才可以征地。德国被征土地的补偿标准价格是以官方公布的征地决定发布时的市场交易价格为准的，为了充分保障被征地权利人的合法权益，对补偿金额有争议时，应该通过法律途径向有管辖权的土地法庭提起诉讼。而且征地补偿一般要在征地决议发出之日起一个月内以现金形式直接支付给被征地权利人，特殊情况下可以采用代偿地补偿，否则征地决议将被宣布无效。

在国外发达国家中，德国农民养老保险制度颇具特色。世界上第一部关于养老保险的法律就诞生于德国。1889 年，德国通过了《残疾和老年养老保险

---

① 谢琦，曾丹：《日本农村养老保险制度借鉴研究》，载《现代交际》2018 年第 24 期，第 83—84 页。

法》，将所有没有参加养老保险的农民都纳入到这种保险当中，全国范围内的养老保险制度开始建立。1911 年，随着《社会保险法》的颁布施行，《残疾和老年养老保险法》被纳入其中，德国正式建立起以《社会保险法》为标志的资金积累式养老保险制度。

20 世纪 50 年代德国进行了大范围的农业结构改革，与此相适应，德国政府于 1957 年颁行了一部主要针对农民的养老保险法律——《农民年老救济法》，该法特色鲜明，特别强调了“强制性原则”“援助自助者原则”和“对等原则”。

需要指出的是，强制性原则中的“强制性”既是对农民义务的要求，明确规定所有的农业劳动者都必须参加养老保险，也是对国家和政府的职责界定；而“援助自助者原则”则强调个人责任在养老方式中占主体地位，即解决农民的养老问题首先是个人的责任，国家和社会是补充义务，只有当个人能力不足以满足养老时，国家和社会才有义务相助。换句话说，农民养老保险金的来源主要由农民投保人所交纳的保险费和国家的补助金两部分构成。

（二）国外被征地农民养老保险法律制度的经验启示

从国外大部分国家的实践来看，政府征地的目的必须是出于维护公共利益的需要，而且要在充分尊重和保障农民合法权益的前提下进行，并遵照平等互利的原则，在征地双方平等协商的基础之上，按照土地的市场价格对被征地权利人进行经济补偿，对被征地农民今后的生活问题作出一系列的合理安排。凡是政府征地都必须严格按照法律程序，为了确保征地过程的规范化、合法化和透明化，征地过程一般需在议会、法院、新闻媒体和民间组织的严格监督下进行。

1. 完善农村社会养老保险的法律是前提

通过对不同文化背景国家的被征地农民养老保险法律制度的分析，不难发现他们无论实施何种养老办法，总是离不开国家法律的支持，可以说法律真正称得上是被征地农民养老权益的保护伞和避风港。立法先行是现代法治国家的生动体现，法律的稳定性、明确性和强制性有助于保证被征地农民养老保险的发展。养老问题是保障农民权益的一项重要课题，通过政策和命令早已不能保障广大被征地农民的切身利益，发达国家认识到了这一点，在实施社会保障措施和征地之前都会立法在先，以法律为依据开展具体工作，若在实践中遇到新问题再根据实际情况的变化不断地补充、修订该项法律。日本的《农业者年金法》、德国的《农民年老救济法》都是很好的例子。

我国目前被征地农民养老保险制度只是在《社会保险法》中有原则性的规定，可操作性较差。实践中，各地解决被征地农民的养老保险问题大多是以政策和行政命令形式规定的，稳定性较差，一旦发生变动，会造成政府失信于农民，损害被征地农民的合法权益。因此，农民养老保险体系必须有法律的支持，建立专门针对农民的养老保险制度对我国社会的长期稳定发展和维护国家的长治久安都是极其必要的。

2. 发挥政府作用和严格征地程序是关键

各国的相关法律大都明确规定了政府在征地过程中的职责范围，强调政府在被征地农民养老保险体系构建中的责任主体地位，这样可以有效地避免政府因征地而可能出现的权力“寻租”行为。要想尽快建立被征地农民养老保险制度，就必须发挥政府在设计立法、财政投入、基金监管等方面的主导作用。

各国政府在土地征收中都是严格按照法定程序来进行，相关法律条款都是在依照最大限度保障被征地农民权益的基础上制定的。同时，让被征地农民参与到政府决策中去，可以有效防止政府相关部门在土地征收过程中滥用职权，也相应减少了因征地而产生的纠纷。

3. 制定科学合理的征地补偿标准是根本

国外的实践经验表明，完善的土地征用制度、科学合理的征地补偿标准往往能使征地权利人得到较为满意的补偿。例如，英美等发达国家的征地补偿范围充分体现了补偿的公平性、合理性，通常被征地农民不仅能够获得土地征收费的补偿，还能得到因土地征收而造成的其他相关经济损失的土地补偿款，比如残余地分割或损害补偿、迁移和经营损失补偿及其他因征地造成的各种附带损失的间接补偿等。另外，发达国家的土地征用补偿方式不仅可以采用现金补偿，还可以采用实物补偿，这大大地保证了被征地权利人的受偿程度，可以将其失去土地的损失降到最低。

4. 完备被征地农民就业培训机制是保障

被征地农民失去土地后，他们过去所具有的农业生产技能也将失去用途。如果被征地农民实现了再就业，就有了稳定的经济来源，进而有能力纳入城镇的养老保障制度中，这样自然就解决了他们的养老问题。国外发达国家建立了相对完善的就业培训制度，大大增强了被征地农民的谋生能力。顺利实现再就业是解决被征地农民生活来源，加快其生产生活方式转变的重要保证。美国等国家不仅实行城乡统一的就业政策，还建立了城乡统一的劳动力就业市场，实现了城乡统筹就业，促进了劳动力的流动。发达国家的经验表明，要破除被征地农民实现再就业过程中的“等、靠、要”思想，变被动就业为主动择业，积极引导和教育被征地农民转变就业观念，提升其自谋职业、竞争就业、积极主动地参与市场化就业的能力和自觉性。

六、我国被征地农民养老保险法律制度的完善建议

（一）完善我国被征地农民养老保险法律制度的基本原则

1. 以低水平保障为起点与经济发展水平相适应原则

当前中国社会政治经济等各方面都处于快速发展的状态，这种发展对建设用地的需求越来越高，但是土地资源总是有限的。为了城市化的不断向前发展，征地现象在短期内是无法改变的，以相对低廉的成本获取土地的做法在短期内也是无法改变的。随着不断地征地，被征地农民也成为一个庞大的群体，其数量居高不下，要解决这一庞大社会群体的生计及养老问题，这对于国家来说是个不小的挑战。

社会保障措施是国家有效地运用经济援助等手段，解决社会成员在养老、医疗、工伤、失业等方面的保障需求，这就必然要求国家推行的社会保障待遇要和当前的社会经济状况相适应，社会保障措施的建立必须适应社会经济的发展，一切落后于社会现实发展状况的社会保障措施不仅不能真正解决其应解决的社会问题反而会导致社会危机，反之，超越现阶段经济发展水平的社会保障措施也将导致物极必反的结果。所以，面对现阶段我国大量出现的被征地农民群体，国家和政府要对其生存和发展负起责任，保障他们的生计，解决他们的后顾之忧，对其进行经济援助。但这个度一定要把握好，这些保障措施应当与现阶段的经济发展水平保持一致，无论过低或者过高，都将会造成社会保障的效用得不到发挥。

现实是我国被征地农民的数量不断壮大，但是对其的保障措施还处在探索阶段，保障措施一经形成，其标准和保障水平则只可增加不可减少，只可提高不可降低，这是社会保障制度的固有特色。基于此，被征地农民的社会保障措施特别是养老保险只能以低水平保障为出发点，保障其基本生活需要，特别是在经济欠发达地区，这一点尤其重要，只有这样才能使被征地农民的社会保障

有条不紊地向前推进。

何谓低水平？低水平指的是享受社保待遇低门槛，缴纳社保费用低标准。由于我国当前的经济发展水平限制，要一下子建立与城镇居民完全一样的被征地农民养老保险待遇水平是不现实的，可以以保障当地的基本生活需要为标准来确定缴费比例、缴费年限、法定退休年龄和每月领取的养老金数额，以上这些标准至少不能低于当地城镇居民最低生活保障水平。确定以低水平保障为起点，可以兼顾到农民自身的经济承受能力和政府的财力，同时也可以确保农民有条件地积极参与。

我们应当清醒地认识到，虽然现阶段我国的经济增长较快，但是我国生产力水平总体不高的现状没有明显改变，经济基础决定上层建筑，因而社会保障的水平只能随着社会生产力水平的提高和现代化进程的推进而逐步提高。同时，我国幅员辽阔且是一个农业大国，被征地农民的分布并不是集中在某一个地域，而是具有分散性的特点，不同的地区现实状况和需要解决的问题不尽相同。因此，被征地农民的养老保险制度在设计的时候必须考虑到这些差异，但又要避免差异过大将带来的不公平或不公正等问题。综上，被征地农民的社会保障制度特别是养老保险制度的建立必须脚踏实地地与各个地区的经济发展水平相适应，因地制宜，避免照抄照搬其他地区的成功经验，只有这样才能使此制度更加稳定健康地发展。

2. 坚持保障资金三方共同负担原则

被征地农民养老保险制度在形成的过程中始终存在三方主体，即政府、农村集体和农民个人，政府为了实现更好的发展，其不断的征地过程实质上是政府与农民之间利益博弈的过程。虽然现阶段我国经济社会不断发展，各方面取得了较好的成绩，但不可否认的是，我国贫富差距较大，大部分地区的农民家庭生活水平依旧较低，所以被征地农民的养老保险和社会保障资金仅仅由财政拨款和农民自行负担是不行的，必须通过多方参与，开辟多渠道的资金筹集方式来解决养老金的问题。

首先，养老保险制度属于社会保障制度中的一个重要组成部分，属于公共产品，所以政府在这个过程中必须承担一定的责任。政府作为征地行为中的决策者和领导者，必须站在全局的高度，全面考虑征地过程中可能出现的问题，化解好各种矛盾，切实维护好、发展好广大被征地农民的利益。其次，在征地的过程中，当地政府、村集体和农民个人，都可以从征地补偿款或者土地出让金中获得一部分利益，村集体在征地过程中同样是受益方，理应承担相应的义务。最后，再加上社会保障体系的最终受益主体——被征地农民，由获益的这三方共同出资作为建立被征地农民养老保险制度的资金来源，最终形成“个人缴费、集体补助、政府补贴”的养老金负担方式，这样才能更好地实现被征地农民社会保障制度和养老保险制度的可持续发展。

3. 城乡一体化原则

统筹城乡发展、实现城乡一体化是社会保障措施建设的终极目标。被征地农民虽然失去了土地，由农业户口转为非农业户口，成为城镇居民，但是从本质上来讲，他们仍然是农民群体利益的代表，被征地农民养老保险制度的不断完善使农村社会保障制度的构建逐步变为现实。被征地农民养老保险制度在建立的时候应当考虑到被征地农民的实际情况，与城镇养老保险制度区分开来，体现出各自的特殊性和优越性，但同时又要在这两种制度中留有一定空间，充分考虑到二者的兼容和衔接，被征地农民养老保险制度的设计不能只考虑特殊而忽视了一般性，不能有碍于社会保障制度总体上城乡一体化目标的最终实现。

4. 公平与效率兼顾原则

公平与效率是人类文明与社会发展所共同追求的价值目标。所谓公平是指在实施被征地农民养老保险制度和其他社会保障制度时，要为每个符合条件的被征地农民建立社会保障，使每个达到年龄的被征地农民都能享受到养老保险待遇，解决他们的后顾之忧，使他们安享晚年生活。虽然绝对公平是一种理想状态，但是人们从未停止过对公平的追求，在养老保险领域，养老险保险的待遇水平关乎每个人的切身利益，需要不断改革和完善。而效率的实质是如何实现资源的有效配置，此处的效率是要制定合理的养老保险和社会保障制度，这种制度既要保障被征地农民的基本生活，同时又不能消磨他们工作和生活的积极性。所以，公平与效率兼顾原则要求建立合理适当水平的社会保障制度，从而避免如果保障水平过低，就无法维持被征地农民的基本生计，使他们陷入生活困难的境地；如果保障水平过高，就会导致政府财政压力过大，同时还将导致被征地农民沉迷于社会保障的保护之下，消磨他们的积极性和进取心。总之，公平与效率兼顾的原则能够充分表达制度的特色，同时也是最能体现是否以被征地农民的切身利益为出发点的原则，在被征地农民养老保险和社会保障制度的建设中必不可少。

（二）完善我国被征地农民养老保险法律制度的具体建议

1. 完善城乡居民养老保险法律体系

社会保障制度的健康发展要求将被征地农民养老保险制度具体化、法制化，这也是全面依法治国的基本要求。从社会保障的特点和具体情况来看，社会保障制度是国家福利，需要以国家立法为前提和基础，依靠法律的强制力和约束力来具体实施，这就要求政府应当在被征地农民养老保险法律制度的构建中始终发挥主导作用，积极推动被征地农民养老保险立法，制定与经济发展水平和社会发展阶段相协调的法律制度，为养老保险制度的健康运行提供良好的法律环境。

世界上其他解决被征地农民社会保障问题比较成熟国家的先进经验证明，立法先行、先立法后实施是被征地农民社会保障制度的内在要求。把被征地农民养老保险制度在具体工作中的成熟模式和经验上升到立法层面，制定专门的制度来保障被征地农民的权益，使被征地农民的养老保障有法可依。被征地农民养老保险制度中各方的责任大小和责任限度只有通过立法机关的确定才能合理地梳理和分担，也只有将被征地农民养老保险制度从法律上确定下来才能保证这个制度设计理念的公平性和可靠性，以及实施起来的强制性和稳定性。同时，将被征地农民养老保险问题上升到法律层面上来，这是我国社会保障制度整体发展的必然趋势，是未来保障为城市化做出巨大贡献的被征地农民权益的核心和基础。只有这样，才能真正实现建立覆盖城乡居民的社会保障体系这一宏伟目标，使广大被征地农民群体的养老权益得到有效保障。

因此，加强被征地农民养老保险制度的立法迫在眉睫。首先，建议制定《城乡居民社会养老保险条例》。2014 年 2 月国务院印发的《关于建立统一的城乡居民基本养老保险制度的意见》提出，实现“新农保”和“城居保”制度合并实施，并与城镇职工基本养老保险制度相衔接，到 2020 年前，全面建成“公平、统一、规范”的城乡居民养老保险制度。意见还规定，城乡居民养老保险继续实行“个人缴费、集体补助、政府补贴”相结合的筹资方式，参加城乡居民养老保险的人员，在缴费期间户籍迁移，可跨地区转移城乡居民养老保险关系，一次性转移个人账户全部储存额，继续参保缴费的缴费年限累计计算。这表明，我国在实现养老保险制度城乡统筹发展的道路上又迈出了坚实一步，这对于进一步完善被征地农民养老保险法律制度来说具有重要意义。建议国务院在近几年实施的基础上制定《城乡居民社会养老保险条例》，对参保对象和条件、参保人的权利与义务、缴费标准、政府投入、机构设置、基金管理、监督管理办法等方面做出具体规定[①]，使养老保险制度的城乡统筹发展更有序、更规范。其次，在《社会保险法》中详细规定被征地农民养老保险制度。国家可以根据被征地农民养老保险制度在各地的实践经验和出现的问题，在总结优势和避免不足的基础上适时修订《社会保险法》，专节具体规定被征地农民养老保险制度在操作中应遵循的基本原则，划定具体的参保范围和阶梯式的缴费标准，划分养老保险模式，明确筹资渠道和政府应当扮演的角色与其应承担的责任，同时为被征地农民养老保险制度和其他社会保障措施之间的衔接预留空间。使对被征地农民养老保险制度的规定更具体、更有力。最后，各地根据实际制定被征地农民养老保险实施细则。在上位法和更高层次的政策规定的基础上，各地方政府可以结合本地区的实际问题制定符合本地实际的被征地农民养老保险实施细则，将上位法的规定更有力地落到实处，使广大被征地农民群体的养老权益得到真正保障。

2. 制定科学合理公平土地补偿标准

政府的不断征地导致了大量被征地农民的产生，失去土地是被征地农民急需解决养老保险问题的直接原因。征地补偿是征地的核心问题，土地补偿费用也是被征地农民养老保险资金的主要来源，目前全国大部分地区均存在征地补偿标准过低的问题。土地补偿费的确定原则一般来说分为两种，一是完全补偿原则，二是不完全补偿原则。国外的大部分地区在确定征地补偿标准时采用的是完全补偿原则，西方国家大多遵循所有权和私有财产神圣不可侵犯的观念，基于此，政府一旦征地，则主张补偿对被征地农民所造成的一切损失，而且征地补偿不仅局限于被征土地和被征地农民，还包括与其直接或者间接相关的一切经济损失和非经济损失。我国在全国范围内基本实行的是不完全补偿原则，这是以公共利益大于个人利益，所有权具有社会义务性的观念为出发点，而且经济补偿仅仅包括被征用土地的财产价值，并不包括其他各项损失。

我国的征地补偿是以农地的产值为标准来核算土地征用时的补偿价值，按土地的原有用途来进行补偿，具体是按照被征土地前三年平均年产值的倍数来

---

① 杨保红：《城乡居民基本养老保险法治保障研究》，西安财经学院 2015 年硕士论文。

确定征地补偿费用，最高不超过年产值的30倍。这种单纯按年产值的倍数来确定具体的土地补偿标准的做法是严重欠缺科学性与合理性的，因为长久以来农民是靠天吃饭，自然条件和社会环境是不断变化着的，土地的年产值自然也会随着这些因素的影响不断地产生高低变化，征地补偿标准也不应当墨守成规，而是应该随之不断改变。更重要的是，为了保证被征地农民失去土地后保持原有的生活水平和保障他们的长远生计，征地补偿应该按照考虑农民生活环境的变化，生活成本的提高和物价指数的变动而适当从高的原则来制定。一般来说，被征用的土地大都位于区位优势明显，土地状况良好的地方，这就应该考虑被征土地的增值收益。因为被征土地收益的增值额实质上是被征土地从农用地转为建设用地所产生的土地租用收益的差额，让农民分享土地出让增值收益，可以妥善地解决被征地农民的养老金来源问题，更好地维护社会稳定，同时还能够有效地遏制政府和用地单位的炒地圈地行为。

土地之于农民如同水之于鱼，土地是农民赖以生存的基础，农民没有了土地就不能称之为农民。所以，在制定土地补偿标准时，应当考虑农民失去土地后的现实困难，特别是不能忽视土地对农民赖以生存所体现出的生活保障功能、就业发展功能以及预防风险这三种功能。首先，要保证基本生活水平不降低。农民的土地被征用后，对农民来说不仅失去了土地使用权，还失去了维持生计的基本生产资料和生活来源。所以在对征地进行补偿时必须包括土地发挥对农民日常生活维护作用等基本生活保障作用时的费用，这个费用的参考标准不能以农村的生活环境和消费层次为依据，而是应当以城市生活成本和居住环境为参照，这样可以有效避免农民在失去土地之后生活水平的下滑。其次，要尽量保障被征地农民再就业。土地对农民来说还发挥着就业保障的作用，土地是农民就业和发展的重要生产要素。农民失去土地后，将不能再从事农业生产，要转向非农业产业就业。可是在劳动力竞争如此激烈的就业市场，劳动力供求双方是双向选择的，优胜劣汰的生存法则在就业市场表现得非常明显。由于农村教育水平的限制，农民的科学文化素质普遍不高，要想短期内在意识和技能方面完全适应城镇的就业市场是不可能的。因此，在确定征地补偿时，应该将被征地农民的就业安置费用、就业技能培训费用甚至是创业投资所可能隐含的费用都涵盖在内。最后，要将养老保险费用计算在内。土地对农民来说还承担着未来风险预防的功能，特别是土地是农民重要的养老保障来源，可是这种功能在土地被征用后也将失去，农民要由土地保障转投社会保障，所以在征地补偿费用中也应当将转为社会保障体系，主要是养老保险体系的费用计算在内。

结合以上各种因素考量，无疑应该提高现行的土地补偿标准，并随着社会环境的变化而作出相应改变，切实做到让利于民。具体制定和提高补偿标准时，既要考虑现阶段的土地价格受市场供求的影响，又要考虑长远的未来可预见的升值价值，以及土地使用者在被征收期间的花费[①]。只有这样，被征地农民才有充足的资金来参加养老保险等其他社会保障措施；只有这样，才能减轻被征地农民养老保险和其他社会保障的缴费压力；只有这样，才能切实维护农民的基本权益。

3. 健全养老保险的管理与监督机制

良好的政策关键在于执行，要想保证政策不打折扣、不偏不倚地实施必须依靠强有力的管理监督机制。被征地农民养老保险实施起来涉及的部门较多，工作量较大，各个地区实行的养老保险政策又存在差异，为了防止出现管理困难的问题，需要强化劳动和社会保障部门的管理与监督作用。随着养老保险制度的不断改革，被征地农民的养老保险资金必然会进行资本市场运作，政府只有做好了监管工作，才能保证在安全性、流动性和收益性的前提下进行投资，保证资金的安全才能促进养老保险资金营运的良性循环。

如果将养老保险资金称为被征地农民的养命钱一点也不过分，所以对养老保险资金的管理，政府责任重大。实践表明，被征地农民的养老保险资金一般统一由各地市县级财政部门管理，可是对养老保险资金的具体运营管理和监督缺乏更详细、更明确的规定和措施。但毋庸置疑的是，各相关监督管理部门必须将被征地农民养老保险资金的监管重点放在防范事前的风险上，提早加强监管机制的建设。一是加紧完善与被征地农民养老保险有关的法律体系。使具体的监管做到有法可依，有章可循，从根本上保障被征地农民养老保险制度有条不紊地运行。特别是对保险资金的贪污挪用、未按规定存入专用账户、擅自更改缴费标准或支出项目、未按规定及时支付保险费用等违法违规行为的相关负责人和工作人员，要加大责任追究，起到警示效用[②]。二是分设被征地农民养老保险资金的监管主体。增强相关部门的监督职能，使具体部门对资金运作的管理和监督更专业、更规范、更权威。养老保险资金的保管以及发放等日常事

① 邵元:《大连保税区被征地农民养老保险问题研究》，东北财经大学 2018 年硕士论文，第 38 页。

② 邵元:《大连保税区被征地农民养老保险问题研究》，东北财经大学 2018 年硕士论文，第 34 页。

务办理由社保部门负责；养老保险资金的运营、投资以及保值增值等事务由财政部门负责；养老保险资金运行和使用情况的监督由纪委监察部门负责；同时，加大对养老保险资金运营和使用情况的审计力度，每年进行一次专门审计，以审促管，保障养老保险资金的规范运营。三是建立被征地农民养老保险资金的信息发布平台。公布资金数额、运营收益等重大事项，使资金运作的透明度得到提高，接受被征地农民和全社会的监督。四是保障被征地农民的监督权。最有效的监督方法就是利用被征地农民这个对养老保险资金运营最关注、最密切相关的群体来实行监督。建立民主协商程序，提高被征地农民的法律素养和监管能力，让被征地农民参与到征地的整个过程中来，确保被征地农民能够对土地交易价格谈判、土地收益分享、养老保险资金划拨比例等重大事项参与管理和决策。农民拥有了知情权、决策权和监督权，会使整个征地过程和养老保险资金的运营和使用状况更加透明，最终约束相关职能部门的行为，真正使养老保险资金的运营更有章有序。通过广泛的参与，还能使被征地农民更加深入了解养老保险政策，增强养老风险意识，积极参加养老保险。五是建立被征地农民养老保险储备金制度。建议在土地出让收益中按一定比例提取一部分资金作为储备金，专门用于补充被征地农民养老保险资金可能遇到的风险，提高抵抗风险的能力，同时也可缓解政府未来的支付压力。

总之，要实现被征地农民养老保险资金运作的规范化和法律化，必须建立详细的财务核算制度、有效的审计监督制度、严格的绩效评价制度等相关管理制度。明确规定养老保险资金的运行和监督方式，明确具体的监督部门和监督职能，加大社会监督的力度。只有切实加大对被征地农民养老保险资金的监管力度，才能保证养老保险资金长期稳定、有序地运行。

4. 加大被征地农民再就业培训力度

养老保险只能保障被征地农民的基本生存，一次性的货币补偿安置费用只能解决被征地农民的燃眉之急，这些并不能从根本上解决农民因失去土地所面临的发展问题。就业是民生之本，要彻底解决被征地农民的问题就要在科学化、市场化补偿的基础上，稳定被征地农民再就业政策，提高政策运行效果，帮助被征地农民实现再就业。但是受到农村教育和经济发展水平的制约，绝大部分被征地农民的受教育程度不高，基本不具备农业生产以外的其他谋生技能，这对被征地农民在城市就业市场激烈的竞争中寻找一份合适的工作是非常不利的。因此，政府需要从土地收益中拿出一部分经费专门用于被征地农民的再就业技能培训和就业指导，增加他们的再就业技能。同时，政府还应该为被征地农民构建合适的就业保障制度，积极引导被征地农民实现自主创业，自谋职业，提高他们的就业率。

首先，搭建被征地农民的就业信息网络平台。政府应及时掌握辖区内的被征地农民信息和用人单位的基本情况，挖掘各类就业岗位，并且将企业的用工信息定时或者及时发布，也可以借助被征地农民居住较为集中的社区及时宣传就业信息，帮助被征地农民适时了解新增就业岗位，保持就业信息的畅通。

其次，教育和引导被征地农民转变就业观念。要帮助被征地农民破除过去长期存在的依赖政府的思想，变被动等待、依靠为积极主动寻找就业机遇，让他们尽快适应城市市场化的就业环境和就业机制，鼓励他们竞争上岗。同时，对用人单位也应当采用激励政策，鼓励当地企业尽量消化被征地农民，对于这些单位政府要给予税收等各方面的优惠。另外，对于那些自主创业、自谋职业的被征地农民，政府要积极鼓励和扶持，对他们的再就业做出减免税费或者无息贷款等政策优惠。

再次，努力提高被征地农民自身的素质技能。一方面，政府要根据本地区的实际情况和被征地农民的就业意向，因地制宜地为被征地农民制定具有针对性的培训计划。被征地农民有了娴熟的职业技能，自身的综合素质也得到了提高，这为他们在城市中实现再就业奠定了坚实的基础，也增加了他们的自信，他们也会更好地适应自己身份和生活环境发生的转变。另一方面，要及时关注劳动力市场的用工需要，使被征地农民参加的职业培训更具实用性。要大力发展小城镇经济和网络经济，为被征地农民实现满意的就业创造良好的平台。地方政府也可出台相应被征地农民的配套文件，统筹做好促进被征地农民就业和再就业的办法，与已有的措施相衔接，重在宣传引导被征地农民响应大众创业、万众创新的号召，鼓励自主创业就业。

最后，大力发展适合农村农业特点的现代产业。由于我国的被征地农民群体人数巨大，即使他们中的一部分人能够比较顺利地找到工作，但是城市不可能具备吸纳所有被征地农民的就业岗位。再加上户籍和家庭以及观念的因素，被征地农民大范围的跨区域就业受到一定的限制，此时就地发展适合农村农业特点的现代产业就成了被征地农民解决自身就业问题的新渠道，成为化解被征地农民就业问题的一条理想道路。现代农业产业多为加工业和服务业，不需要很高的技术水平，而且在本地就业可以做到离土不离乡，这在很大程度上契合了被征地农民的传统观念，这些都是现代农业产业的独特优势。因此，政府部门需要大力支持和扶持特色农产品种植、农产品深加工、观光农业、乡村旅游、乡村民宿、农家乐、商贸物流等现代农业产业的发展。积极整合乡村振兴、就业创业、产业扶贫等政策，在产业项目、资金支持、土地流转、场地使用、贷款担保、税费减免等方面提供具体支持，不仅帮助和扶持被征地农民就地就业，使他们的生计问题得到解决，而且对繁荣当地经济，实现我国农业现代化的发展目标也有一定的促进作用。

七、结论及展望

新型城镇化的快速发展是造成大量被征地农民的前提，我国城镇化的根本目的是推动经济发展，逐渐消除城乡二元结构，实现工业化和现代化，使广大人民群众的生活水平不断提高，在全面贯彻以人民为中心，着力推进新农村建设和城乡融合发展的新形势下，进一步完善农村社会养老保险体系，使广大农民群众共享改革发展的成果，这是政府和全社会的共同责任。反之，如果被征地农民的合法权益无法得到必需的保障，将会产生很多的现实问题，同时也就违背了不断推进城镇化进程的最初目的。因此，对被征地农民的生活、养老等诸多方面予以切实保障是非常必要的。

随着我国经济社会的不断发展，建立被征地农民养老保险法律制度是完善覆盖城乡居民的社会保障体系的必由过程。努力缩小城乡差距，扎实解决好被征地农民的基本生计问题，保障好被征地农民的切身利益，维护好农村社会的和谐稳定。各地政府也要根据实际情况，切实解决被征地农民养老保险存在的突出问题，加大被征地农民养老保险的宣传力度，制定科学合理公平土地补偿标准，健全养老保险的管理与监督机制，加大被征地农民再就业培训力度，大力发展适合农村农业特点的现代产业，只有这样才能保障被征地农民的合法权益，为农村经济社会可持续发展提供良好的制度保障。

随着社会的不断进步，被征地农民养老保险法律问题会出现新的变革，遇到新的问题，需要新的完善。关于被征地农民养老保险法律问题的研究还有很大的空间，我也将会持续研究新变化，继续关注这个问题。

参考文献

专著类

[1] 王国军:《社会保障:从二元到三维——中国城乡社会保障制度的比较与统筹》,对外经济贸易大学出版社 2005 年版。

[2] 米红,杨翠迎:《中国农村社会养老保障制度基础理论框架研究》,光明日报出版社 2006 年版。

[3] 董保华:《社会保障的法学观》,北京大学出版社 2006 年版。

[4] 公维才:《中国农民养老保障论》,社会科学文献出版社 2007 年版。

[5] 金丽馥:《中国农民失地问题的制度分析》,高等教育出版社 2007 年版。

[6] 李淑梅:《失地农民社会保障制度研究》,中国经济出版社 2007 年版。

[7] 郑功成:《中国社会保障改革与发展战略(救助与福利卷)》,人民出版社 2011 年版。

[8] 郭喜:《当代中国被征地农民养老保障问题研究》,中国社会科学出版社 2012 年版。

[9] 殷允杰:《我国农民社会保障问题研究》,经济管理出版社 2012 年版。

[10] 青连斌:《民生中国——破解中国社会保障的困局》,云南教育出版社 2013 年版。

[11] 滕珊珊:《农民工养老保险制度变迁与路径选择》,知识产权出版社 2013 年版。

[12] 从春霞:《社会保障基金运行的行为效应研究》,中国社会科学出版社 2013 年版。

[13] 谭丽:《农村土地财产权与农民养老权》,暨南大学出版社 2015 年版。

[14] 崔瑛:《农村土地流转与农民养老——基于西部少数民族地区现状的研究》,立信会计出版社 2016 年版。

[15] 田北海,钟涨宝:《以农民需求为导向的农村养老保障制度研究》,中国社会科学出版社 2018 年版。

[16] 于长永:《农民养老风险与保险策略研究:基于新疆的实证研究》,光明日报出版社 2019 年版。

期刊类

[1] 郑胜华,祝玮炜,吴哲:《被征地农民养老保障问题研究》,载《浙江学刊》2007 年第 2 期。

[2] 秦士由:《商业保险与被征地农民养老保障体系建设》,载《重庆模式专题:中国商业养老保险发展》2007 第 12 期。

[3] 陈丽宇,柳成荫:《银川市被征地农民养老保险制度研究》,载《农业科学研究》2008 年第 3 期。

[4] 张婷:《构建被征地农民的养老保险制度探析》,载《成都行政学院学报》2008 年

第 5 期。

[5] 陈正光，骆正清:《现行被征地农民养老保障主要模式》，载《华中科技大学学报》2009 年第 2 期。

[6] 张维，刘新芝:《山东省被征地农民基本养老保险情况分析》，载《山东经济》2009 年第 9 期。

[7] 杨锐:《论被征地农民养老保障制度的构建》，载《法制与社会》2009 年第 11 期。

[8] 陈正光，骆正清:《现行被征地农民养老保障主要模式》，载《西北人口》2010 年第 5 期。

[9] 卢加明，华迎放:《被征地农民养老保险制度探讨》，载《研究探索》2010 年第 6 期。

[10] 牛长华，秦佳雯:《被征地农民养老保险制度探索》，载《商品与质量》2010 年第 7 期。

[11] 徐丹佳:《我国被征地农民典型养老保险模式分析》，载《2010 年人文社会科学专辑》2010 年第 36 期。

[12] 薛惠元:《被征地农民养老保障问题探析——以湖北省为例》，载《当代经济管理》2011 年第 1 期。

[13] 郭文渊，徐萍，董小燕:《被征地农民养老保险存在的问题与对策——来自陕西省的调研》，载《宏观经济管理》2011 年第 6 期。

[14] 李晓华，于红梅:《论被征地农民养老保障问题》，载《内蒙古大学学报》(社会科学版) 2011 年第 9 期。

[15] 郭喜，高霞:《转型期被征地农民养老保障的实践模式及其效能分析》，载《前沿》2011 年第 19 期。

[16] 李放，崔香芬:《从社会政策视角探析被征地农民养老保障政策》，载《社会科学家》2012 年第 3 期。

[17] 郭喜:《被征地农民养老保障现状分析及政策改进》，载《中国行政管理》2012 年第 5 期。

[18] 王振伟，李江风，张志，汪晓春:《海口市被征地农民基本养老保险制度在实施中存在的问题研究》，载《中国土地科学》2012 年第 7 期。

[19] 伊宝德，赵宏燕:《被征地农民社会养老保险面临的困境与对策》，载《经济研究导刊》2012 年第 23 期。

[20] 陈殿美，刘吉双:《日本农民参加社会养老保险机制及其对我国的启示》，载《学术交流》2013 年第 4 期。

[21] 刘晓梅，卢立群:《国外养老金改革经验及对中国新农保的启示》，载《农业经济问题》2013 年第 5 期。

[22] 吴琦:《城镇化进程中被征地农民养老保险制度的完善——以武汉市江夏区为例》，载《湖北工业大学学报》2013 年第 6 期。

[23] 李兴兴:《我国农村社会养老保险法制研究——以城乡统筹为视角》，载《现代商贸工业》2013 年第 9 期。

[24] 刘鹏:《我国农民养老保险体系的研究》，载《知识经济》2013 年第 18 期。

[25] 王石生:《关于新型农村养老保险问题的研讨综述》，载《经济研究参考》2013 年第 18 期。

[26] 李锋，费华:《被征地农民养老保险工作探讨》，载《科技视界》2013 年第 26 期。

[27] 刘生:《开发区被征地农民养老保障问题探索》，载《劳动保障世界》2014 年第 1 期。

[28] 谢茜:《中国新型农村社会养老保险制度存在的法律问题》，载《经济研究导刊》2014 年第 1 期。

[29] 蔡树峰:《社会保险法实施过程中存在的问题与对策建议》，载《经济师》2014 年第 1 期。

[30] 陆昱江，韦鲜红:《我国农民工养老保险模式探析》，载《时代金融》2014 年第 2 期。

[31] 赵立群:《浅议以信息化促进新型农村社会养老保险管理高效化的途径》，载《中国集体经济》2014 年第 5 期。

[32] 程萍萍:《关于中国被征地农民养老保障问题的思考》，载《经济研究导刊》2015 年第 1 期。

[33] 施毅，高强，卢琴:《被征地农民多途径统筹安置方式研究——基于世界银行贷款四川城市发展项目被征地农民安置的全程调研》，载《农村经济》2015 年第 2 期。

[34] 龙世凯:《被征地农民参加基本养老保险的对策》，载《学习月刊》2015 年第 22 期。

[35] 李克桥，林智宇，宋凤轩:《被征地农民养老保障问题调查研究》，载《经济研究参考》2015 年第 51 期。

[36] 欧胜彬，陈利根:《被征地农民社会保障制度创新研究——以南宁市为例，载《学术论坛》2016 年第 6 期。

[37] 黄英君:《我国征地农转非人员参与配套养老保险研究——基于重庆入户调查的 Logistic 回归分析，载《经济社会体制比较》2016 年第 6 期。

[38] 郭环洲，郭金玲，孟彬:《城镇化背景下失地农民社保方式中的养老保险现状，载《统计与管理》2017 年第 6 期。

[39] 唐丽娜，王美琪，齐立:《新城镇化背景下被征地农民养老保障研究——以陕西为例》，载《西北大学学报》(哲学社会科学版) 2017 年第 6 期。

[40] 刘娜，梁兵:《社会公平视阈下不同养老保险制度分析，载《中国老年学杂志》2017 年第 7 期。

[41] 李亭亭:《我国被征地农民养老研究综述，载《劳动保障世界》2017 年第 20 期。

[42] 谢俊杰，游京颖:《湖北省被征地农民养老保险制度研究——基于湖北省 103 个

县市区调查数据的分析，载《长江大学学报》（社科版）2018 年第 1 期。

[43] 周江：《论被征地农民多元保障机制的构建——以土地双重权能为视角，载《广东土地科学》2018 年第 1 期。

[44] 李迎生，刘静：《新型城镇化中被征地农民社会政策建设研究——以江苏省太仓市为例》，载《中州学刊》2018 年第 4 期。

[45] 卓锴化，施冀：《完善被征地农民养老保险制度的研究，载《财政科学》2019 年第 3 期。

学位论文

[1] 傅延红：《失地农民权益保障问题研究》，山东大学 2010 年硕士学位论文。

[2] 张明：《农民权益保护视野下的土地征收制度研究》，吉林大学 2011 年硕士学位论文。

[3] 苑梅：《我国农村社会养老保险制度研究》，东北财经大学 2011 年硕士学位论文。

[4] 秦佳雯：《城市化背景下被征地农民养老保险制度研究——以济南为例》，山东财经大学 2012 年硕士学位论文。

[5] 冯扬：《被征地农民养老保险法律规范的现状、问题与对策》，中国社会科学院研究生院 2012 年硕士学位论文。

[6] 柯璇：《我国失地农民养老保险问题研究——基于社会保险法的框架》，山东财经大学 2013 年硕士学位论文。

[7] 冼青华：《中国失地农民多层次的养老保险体系研究》，西南财经大学 2013 年硕士学位论文。

[8] 邢景朋：《城镇化背景下失地农民养老保险》，上海工程技术大学 2014 年硕士学位论文。

[9] 封佼佼：《河北省被征地农民社会养老保险问题研究——以平山县为例》，河北大学 2014 年硕士学位论文。

[10] 杨保红：《城乡居民基本养老保险法治保障研究》，西安财经学院 2015 年硕士学位论文。

[11] 卢艳：《农地征收补偿与失地居民养老保障研究》，湖南农业大学 2015 年硕士学位论文。

[12] 李青：《W 县被征地农民参加居民养老保险面临的困境及对策研究》，山东财经大学 2016 年硕士学位论文。

[13] 高娜：《城市化进程中失地农民养老保障问题研究》，天津商业大学 2016 年硕士学位论文。

[14] 张丽：《被征地农民养老保险制度探析——以福州市为例》，厦门大学 2017 年硕士学位论文。

[15] 刘琼:《我国农村社会养老保险法律制度研究》，武汉工程大学 2017 年硕士学位论文。

[16] 邵元:《大连保税区被征地农民养老保险问题研究》，东北财经大学 2018 年硕士学位论文。

[17] 陈昭伦:《温州市被征地农民养老保险制度建设研究》，福建农林大学 2018 年硕士学位论文。

第四章 土地承包经营权抵押中债权人风险防范法律对策研究

一、问题的提出

中国作为农业大国，一直以来农业发展都是我国各项工作的重中之重。随着经济的发展，农村土地问题日益凸显，并得到了政府及社会各界的广泛重视。在现阶段，农民存在融资难、农村经济存在严重的发展滞后等问题。究其原因，主要是缺乏有效的抵押担保物，而土地承包经营权作为农民的一项基本财产权利，其抵押融资不仅可以解决农民融资难问题，而且可以大大推动我国农村经济的发展。

近些年来国家对土地承包经营权的抵押从严格管制到逐步放开，从政策和法律方面给予了肯定和支持。2013 年 11 月召开的十八届三中全会，为土地权利抵押打开了新的局面，为农村土地承包经营权抵押创新打开了政策闸门，《中共中央关于全面深化改革若干重大问题的决定》赋予了农民土地承包经营权抵押、担保权能；2015 年 8 月，国务院印发了《关于开展农村承包土地的经营权和农民住房财产权抵押贷款试点的指导意见》，该文件对在我国 232 个试点中开展土地承包经营权抵押贷款业务的做法做出了详细的部署；2016 年 3 月，中国人民银行会同相关部门出台的《农村承包土地的经营权抵押贷款试点暂行办法》明确提出了关于在各试点地区开展土地承包经营权业务的基本原则、指导思想、建立抵押物的处置机制以及完善相关的配套措施。2018 年 12 月 29 日修订的《农村土地承包法》明确规定承包方和受让方可以用承包地的或流转取得的土地经营权向金融机构融资担保。这对我国土地承包经营权抵押贷款业务的顺利开展起到了一定的引导和保障作用。此外，各地也相继开展了以农地使用权抵押的改革试点，土地承包经营权抵押贷款业务逐渐发展起来。

随着土地承包经营权抵押贷款业务在各试点地区的逐步推进，农民可以利用其最大的财富即土地经营权进行抵押融资，这无疑突破了农村经济发展的瓶颈。但实际上，土地承包经营权抵押贷款业务的开展并不是那么顺利，大多数涉农金融机构对该项业务的态度并不积极，不敢贸然开展。究其原因主要是农村土地承包经营权抵押的过程中金融机构（债权人）面临着诸多的风险问题，如法律风险、操作风险、变现风险等。若不能对其进行有效的甄别和防范，不但会给农业生产经营、农民日常生活带来不利影响，而且会危及整个社会的稳定与发展。鉴于此，本章对农地承包经营权抵押业务中金融机构（债权人）面临的风险进行研究，旨在推进该业务在农村的顺利开展继而促进农村经济的发展。对完善风险防控理论，深化抵押相关内容，促进现代农业发展，推进农村金融担保制度创新，维护农村社会稳定发展都具有重要的理论意义和现实意义。

二、土地承包经营权抵押中风险的一般考察

（一）土地承包经营权抵押的内涵

1. 土地承包经营权的内涵

农村土地承包经营权作为家庭联产承包责任制的产物，它是我国法律制度中一个特有的概念。基于其特殊性，学者们一直以来对土地承包经营权的看法是仁者见仁，智者见智，其中并不乏债权说、物权说以及物权债权双重学说等。直到 2007 年 3 月份《物权法》的通过才从法律层面上明确了土地承包经营权的性质，将其正式确定为用益物权。所谓的土地承包经营权，具体是指承包方与发包方在法律许可的范围内签订合同，依据承包合同，承包人取得农民集体所有或国家所有依法由农民集体使用的土地、耕地、林地、草地、水面、滩涂等农业用地的占有、使用、收益和流转的权利。

农村土地承包经营权是一项极具中国特色的特殊权利，它的特殊性主要体现在以下几个方面：第一，权利主体的特殊性。土地承包经营权的权利主体（承包方）须是集体经济组织内部成员，若是集体经济组织以外的个人或单位承包经营的，必须经过村民代表或村民会议的 2/3 以上成员同意，并报乡（镇）级

人民政府批准[①]；第二，权利客体的特殊性。土地承包经营权的客体是农用地，即集体经济组织所有或者国家所有交给集体使用的草地、林地、农田水利用地等农业用地，只有用于农业生产的土地才能成为土地承包经营权客体；第三，权利内容的特殊性。土地承包经营权的权利内容主要以养殖业、种植业、畜牧业、渔业等农业生产为目的，即只能用作农业用途；第四，土地承包经营权的社会保障性。目前，社会保障制度在我国农村地区相对薄弱，对于农民来说，土地仍然是他们最主要的生产资料以及最终的生活依托，所以一直以来国家对土地承包经营权抵押流转都持禁止态度，目的就是保障农民基本的生存权。

2. 土地承包经营权抵押的内涵

抵押是指债务人或第三人不转移其作为债权担保财产的占有，当债务人不履行到期债务或发生当事人约定的抵押权实现情形时，债权人有权对抵押财产折价、变卖、拍卖并就其价款优先受偿。其中，为他人债权提供财产担保的债务人或第三人为抵押人，而享有抵押权的债权人为抵押权人，为债权担保的财产则为抵押物。与之相应的，土地承包经营权抵押是指土地承包经营权人在法律许可的范围内，不转移土地的占有，将其土地承包经营权作为债权的担保进行抵押，当债务人不履行债务或出现当事人约定的实现抵押权情形时，债权人有权依法对该抵押物进行处分并就其所得款项优先受偿。

2014年，中共中央提出了“三权分置”的概念，农村土地承包经营权被分置为承包权和经营权，农地产权也因此从所有权与承包经营权“两权分离”状态转化成了所有权、承包权与经营权“三权分置”的情况。实际上，土地所有权、承包权、经营权的三权分置是为了将经营权用于抵押，这也就使得享有经营权的主体可以不是农村集体经济组织和其成员，同时为土地承包经营权抵押的开展提供了可行性。

一直以来，国家对土地承包经营权抵押都采取严格的禁止态度，《中华人民共和国担保法》（以下简称《担保法》）和《中华人民共和国农村土地承包法》（以下简称《农村土地承包法》）依据其取得方式均做出了规定，具体区分为两种情况分别予以规制，可以称之为“二元立法模式”，即允许通过招标、拍卖、

---

① 我国《农村土地承包法》第52条规定：“发包方将农村土地发包给本集体经济组织以外的单位或者个人承包，应当事先经本集体经济组织成员的村民会议三分之二以上成员或者三分之二以上村民代表的同意，并报乡（镇）人民政府批准。”

公开协商等方式取得的四荒地的承包经营权进行抵押，而通过家庭承包方式取得的土地承包经营权则限制抵押。由此可以看出，立法者对于土地承包经营权抵押态度谨慎，土地承包经营权抵押的客体范围有限。虽然国家相关法律规定切实有效地保护了农办工地的可流失性，但是随着我国城市化和工业化进程的不断加快，这一制度并不能反映新历史条件下农村土地的新要求，也不能维护农民对土地权益的诉求。若是能从法律层面赋予农民土地承包经营权抵押权能，那么农民则可将土地承包经营权作为其信用担保物，向金融机构贷款以获得农业生产所需的资金。这样不仅能解决农村现存的土地闲置、土地撂荒的问题，又能发挥土地的资金融通作用，满足农户的融资需求，从而促进农村经济的快速发展。

3. 土地承包经营权抵押与一般抵押的区别

一般抵押是指借款人在法律许可的条件下，以特定物作为抵押物向金融机构申请贷款，借款人如若不能按时归还贷款或发生当事人约定的实现抵押权情形时，债权人有权依法处置抵押物，并就其价款优先受偿。土地承包经营权抵押的是农村土地用益物权，它不同于一般抵押权标的。

就土地承包经营权抵押区别于一般抵押而言，其特殊性主要体现在以下几个方面：第一，抵押主体的特殊性。土地承包经营权抵押所涉及的主体具有多元性，包括传统的民事主体，商业银行、农民或农户，还包括新型的经营主体，主要有家庭农场、土地银行、专业合作社、土地协会、农业公司、农民集体经济组织等①。第二，权利客体的特殊性。土地承包经营权抵押的客体是农村土地用益物权，它不同于一般抵押权标的，其承载着农民生活保障功能与社会经济功能。在土地承包经营权设定抵押之后，农地的利用关系和所属关系并不因为抵押而改变，原抵押人可以继续行使抵押土地上的承包经营权。第三，抵押权设定的特殊性。除了要与一般抵押一样登记公示之外，在某些特定情况下土地承包经营权抵押的设定还需经过其他民事主体的同意或民主审议程序决定。第四，抵押物处置的特殊性。基于农业自身的属性以及农民的弱势地位，为了保护农民的基本生存权，在抵押处置时需极为谨慎。一是在对抵押物进行处置时，必须保证抵押人拥有最基本的生活保障，对于大部分农民来说，土地依然是他

① 贾静：《新形势下完善土地承包经营权流转制度的构想》，载《中央财经大学学报》2010 年第 10 期，第 70—74 页。

们的生活所托，若是失去土地就等于失去了生活来源，因此必须保障农民有一定的土地作为生活保障；二是在抵押权实现时不得改变农地的使用性质。

（二）土地承包经营权抵押贷款风险的界定

1. 风险的内涵

风险是我们在日常生活中随处可见的一个词，因为它存在于人们生活中的方方面面，小到一个个体，大到整个社会。那么究竟什么是风险呢？我们对它都有不同的认识，各学者对其看法也都不尽相同，没有一个公认并适合各个领域的定义。本文从三个方面对其进行界定：第一，风险是发生损失的可能性。例如人们在从事某种经济活动时面临损失发生的可能性状况，而这种损失发生的可能性及其蒙受损失的程度都是不确定的。第二，实际结果对期望目标的偏移。即人们所期望达成的目标与实际结果之间的距离称之为风险。第三，风险是目标实现的不确定性。例如经济主体在从事经济活动中，不能确定可能形成的各种结果或结果出现的概率。

2. 贷款风险的内涵

贷款风险作为风险的一种，它是在银行业务经营和管理中普遍存在的，贷款业务只要存在，贷款风险就会存在。具体是指商业银行发放的贷款中蕴含损失的可能性，即当借款人不能按时清付贷款本息时，而给贷款银行带来的不确定损失。

形成银行贷款风险的因素多种多样，但主要取决于以下几点：第一，借款人违约。主要分为两种形式，首先，借款人在银行办理贷款业务后，由于其个人支付能力下降或突发事件的发生导致其无力按时支付银行借款而产生的违约行为。其次，借款人在借款到期后故意不履行其还款义务，从自身的利益出发，认为不继续进行还款会给其带来更大的利益而产生的违约行为。第二，银行管理不善。首先，内部工作人员思想道德素质不高和业务能力不足，工作态度不端正，对工作不负责任，违反内部操作规定，甚至与外部借款人串通为自身谋财谋利而导致银行贷款风险的发生。其次，银行对贷后监管不力。银行内部没有形成一个系统的监督机制，由于疏于对贷后借款的动向、用途、归属的追踪与监管而给银行带来损失的可能性。第三，外部环境的影响。我国目前处于经济转型期，法律法规和政策制度较为原则，操作性不强，当银行在办理贷款业务时，因某些业务行为未在法律规制的范围内，导致直接或间接地给银行带来损失。

3. 土地承包经营权抵押贷款风险的内涵

贷款风险是指商业银行发放的贷款中蕴含损失的可能性，即借款人不履行到期债务时，而给贷款银行带来的不确定损失。与之相应的，土地承包经营权抵押贷款风险是指金融机构在办理相关贷款业务的过程中，债务人未按时偿还贷款或当事人双方约定的实现抵押权情形出现时，而给金融机构带来损失的可能性和不确定性。

随着农村城镇化与农业现代化的快速发展，越来越多的农户支持土地承包经营权进行抵押，因为土地承包经营权抵押贷款，不仅能解决农户发展农业现代化缺少资金的困境，而且能顺势加快农村经济的发展。然而，在现实情况中，金融机构却对此项贷款业务踌躇不前，持谨慎态度。其真正原因在于，金融机构面临诸多风险，主要表现在以下几个方面：第一，法律规定简单。虽然土地承包经营权的抵押得到国家法律层面的认可和允许，但规定相对简单，操作性不强，这对涉农金融机构无疑是一个较大的风险。第二，自然灾害影响。与其他产业相比，农业极易遭受自然灾害的影响，如果出现洪水、旱灾等不可抗力事件，则会导致庄稼颗粒无收，农户因此失去收入，自然无力偿还银行贷款。同时，农产品生产周期相对较长，在市场价格波动较大的情况下，农户由于缺少相应规避风险的手段，常常会因农产品价格的不利变动而遭受损失，进而给涉农金融机构造成经济损失。第三，信用制度缺失。相较于一般的贷款业务，涉农金融机构对土地承包抵押权经营贷款业务的风险评估难度较大。因为该项业务的借款人为农户，大多缺乏可靠的社会信用记录，这就使涉农金融机构无法正确判断借款人的个人资信水平和还款能力，故而面临债务人无力支付贷款的潜在风险。第四，抵押品处置困难。在土地承包经营权抵押过程中，抵押物处置问题是涉农金融机构最担心的问题之一。由于我国目前农地流转市场发展滞后，当出现实现抵押权的情形时，涉农金融机构将无法把手中的农地流转变现，这大大地增加了金融机构的风险。

（三）土地承包经营权抵押贷款风险防范的意义

当前，我国正处于城镇化快速推进和农业经营转型的关键时期。一方面，随着农村经济的快速发展，农户们对土地融资及流转的欲望愈来愈强烈；另一方面，虽然土地承包经营权抵押贷款业务已在多数地方运行及开展起来，但是其中隐藏各种风险，使得涉农金融机构对土地承包经营权抵押贷款业务迟迟不敢大规模地进行，进而制约农村经济的发展。由此可见，探索土地承包经营权抵押贷款风险防范的法律对策具有十分重要的意义。

1. 有利于促进金融机构积极贷款

从2006年开始，我国土地承包经营权抵押贷款试验陆续展开。虽然在一些试点地区已经初见成效，但由于相关法律法规的缺失、农村土地产权评估困难、农业的弱质性、市场环境和自然环境等风险的存在，极大制约着金融机构开展此项业务的主动性和积极性①。若能对农地经营权抵押中的种种风险加以有效识别和防范，将会提高金融机构开展贷款业务的积极性，促进我国现代农业的发展，实现传统农业向现代农业的顺利转型。

2. 有利于解决农民融资困难问题

长期以来，融资难是制约着我国"三农"发展的重要因素，而土地承包经营权抵押中存在的种种风险是造成我国农村融资困难的重要原因。目前，农村的社会结构发生了很大的变化，出现了一些新型的农业经营主体，包括家庭农场、农民合作社、农业企业等类型的新型农业经营主体。实际上，这些新型农业经营主体在培育过程中面临着最重要的一个问题是金融支持跟不上农业经营主体的发展，而所谓的金融支持不外乎来自金融机构的信贷支持。但是由于其面临风险居多，导致农业经营主体获得金融支持受阻。事实证明，对于农地经营权抵押贷款风险分散机制的探索可以促进新型农业经营主体的发展，能够解决长期以来困扰农民的融资难的难题，从而实现资源优化配置。

3. 有利于推动农村金融改革创新

农村金融是现代农村经济的核心，现代农业的发展、社会主义新农村的建设和农民收入的增加，都离不开农村金融的支持。而当前，我国农村金融还存在着许多问题，如信贷供给能力不足。通过调查，我们可以看到信贷供给不足主要源于各银行对土地承包经营权抵押业务的种种顾虑，例如政策性金融机构的主要职能是对农村长期生产性投资提供支持，而对于农户短期的资金需求所发挥的作用很小；商业银行往往以追求利润为目标，同时考虑到单个农户的信用资质及借款回收风险，往往更愿意对大型企业提供资金支持。如若能有效规避和消除金融机构面临的风险和相关顾虑，则会大大改善我国农村金融的现状，促进我国农村的金融创新，拓宽农户的融资渠道。

---

① 刘贵珍：《推行农村土地承包经营权抵押贷款的建议》，载《青海金融》2009年第1期，第29—31页。

三、土地承包经营权抵押中债权人的主要风险

（一）法律风险

1. 现行法律规定

土地承包经营权抵押业务的顺利开展必须是以土地承包经营权允许抵押为前提，回顾我国法律法规均在不同时期对相关内容做出的不同规定，土地承包经营权作为一种特殊的抵押物，它的抵押从以前受到很大程度的限制到逐渐得到国家政府的支持，最终鼓励在各地区进行试点。直到 2018 年 12 月 29 日修订的《农村土地承包法》明确规定承包方和受让方可以用承包地的或流转取得的土地经营权向金融机构融资担保。

土地承包经营权抵押相关法律法规规定

时间	法律法规	具体内容
1986 年	《民法通则》	第 80 条规定“土地不得买卖、出租、抵押或以其他形式非法转让”和第 81 条规定“国家所有的矿藏、水流，国家所有的和法律规定属于集体所有的林地、山岭、草原、荒地、滩涂不得买卖、出租、抵押或者以其他形式非法转让”。
1986 年	《土地管理法》	第 2 条第 2 款规定“任何单位和个人不得侵占、买卖或者以其他形式非法转让土地。”
1988 年	《宪法修正案》	根据第 2 条规定，宪法第十条第四款“任何组织或个人不得侵占、买卖、出租或者以其他形式非法转让土地。”修改为：“任何组织或个人不得侵占、买卖或者以其他形式非法转让土地。土地的使用权可以依照法律的规定转让。”
1993 年	《农业法》	第 13 条规定“在承包期内，经发包方同意，承包方可以转包所承包的土地、山岭、草原、荒地、滩涂、水面，也可以将农业承包合同的权利和义务转让给第三者。承包人在承包期内死亡的，该承包人的继承人可以继续承包。”
1995 年	《担保法》	第 37 条规定“下列财产不得抵押：1. 土地所有权；2. 耕地、宅基地、自留地、自留山等集体所有的土地使用权，但本法第三十四条第五项、第三十六条第三款规定的除外”。

续表

时间	法律法规	具体内容
2018 年	《农村土地承包法》	第 47 条规定“承包方可以用承包地的土地经营权向金融机构融资担保，并向发包方备案。受让方通过流转取得的土地经营权，经承包方书面同意并向发包方备案，可以向金融机构融资担保。担保物权自融资担保合同生效时设立。当事人可以向登记机构申请登记；未经登记，不得对抗善意第三人。实现担保物权时，担保物权人有权就土地经营权优先受偿。土地经营权融资担保办法由国务院有关部门规定”。

法律风险是土地承包经营权抵押中较大的风险，通过对现行关于土地承包经营权抵押相关法律法规规定的梳理，可以看出法律风险在土地承包经营权抵押过程中主要体现在以下两个方面：

第一，法律规定较为原则。《担保法》和《物权法》中都明确规定“耕地等集体所有的土地使用权不得进行抵押”。虽然 2018 年 12 月 29 日修订的《农村土地承包法》明确规定承包方和受让方可以用承包地的或流转取得的土地经营权向金融机构融资担保。但土地经营权具体融资担保办法由国务院有关部门规定。即使中国人民银行会同相关部门出台的《农村承包土地的经营权抵押贷款试点暂行办法》对抵押条件、实现方式、风险防范等问题的规定也较为简单，导致涉农金融机构办理相关业务时存在一定的风险。

第二，法律限制土地承包经营权抵押变现。从现行法律法规来看，抵押权人对土地承包经营权的处置存在障碍，致使抵押物变现存在困难。一方面，由于抵押属于土地承包经营权流转的一种方式，即使是通过拍卖、变卖等方式处置抵押权，其中优先受偿的财产是否属于该规定所称的扣缴、截留的流转收益还尚无定论，如若属于，那么土地承包经营权就无法发挥其担保功能，抵押权人也就无法享有优先受偿的权利。另一方面，我国法律对土地的性质和用途作了严格的规定与限制，需要履行十分烦琐的行政审批手续。可以看出，我国法律对土地承包经营权抵押变现有诸多限制，抵押权人在土地承包经营权抵押变现上也是困难重重。

2. 政策发展演变

虽然土地承包经营权抵押尚未得到现行法律的有效认定，但是各地对相关业务的探索已经进行得如火如荼，国家对土地承包经营权抵押的管制也有所松动，2013 年十八届三中全会的召开，正式赋予了农民土地承包经营权的抵押担保权能，2014 年中共中央提出三权分置，允许承包土地的经营权向涉农金融机构进行抵押融资，2016 年 3 月中国人民银行会同相关部门出台的《农村承包土地的经营权抵押贷款试点暂行办法》等一系列政策都分别对土地承包经营权抵押予以了肯定和支持。

土地承包经营权抵押相关政策规定

时间	部门	政策制度	具体内容
2010 年	中国人民银行	《关于全面推进农村金融产品和服务方式创新的指导意见》	该意见明确提出要推进涉农金融产品和金融服务的创新工作。与此同时，金融部门要与政府紧密配合，共同探索开展土地承包经营权抵押贷款业务，加强其中的信贷风险管理。
2011 年	农业部办公厅	《关于开展农村土地承包经营权登记试点工作的意见》	该意见指出建立健全土地承包经营权登记制度的必要性，阐述了开展登记试点工作的指导思想、相关原则和主要任务，并对土地承包经营权登记试点工作的内容作了详细的规划。
2012 年	农业部办公厅	《农村土地承包经营权登记试点项目指南》	该指南进一步支持了土地承包经营权抵押登记制度的开展和运行，旨在解决承包地位置不明、面积不清、登记簿不健全等问题，并明确提出要培养一批熟知法律和相关登记技术的高素质土地承包经营权抵押登记工作人员。
2013 年	中共中央、国务院	《中共中央关于全面深化改革若干重大问题的决定》	该决定赋予了土地承包经营权的抵押担保权能，允许农民对土地承包经营权进行抵押、担保和转让，并鼓励和培育多种形式的农业新型经营主体。
2015 年	国务院	《关于开展农村承包土地的经营权和农民住房财产权抵押贷款试点的指导意见》	该意见指出赋予“两权”抵押融资功能，维护农民土地权益。推进农村金融产品和服务方式创新，加强农村金融服务。建立抵押物处置机制，做好风险保障。完善配套措施，提供基础支撑。加大扶持和协调配合力度，增强试点效果。
2016 年	中国人民银行等	《农村承包土地的经营权抵押贷款试点暂行办法》	该办法对抵押主体、抵押条件、办理程序、抵押权实现等做了明确规定。

根据前文对土地承包经营权抵押相关法律法规的总结和梳理，可以看出国

家对土地承包经营权抵押这一制度尚处于不断摸索和探讨的过程当中。尽管相关政策和部门规章对土地承包经营权抵押渐渐予以支持，最终在法律层面作了明确规定，使得赋权和设立得以解决和明确，但权利实现中的风险问题仍然存在。

（二）操作风险

土地承包经营权抵押贷款业务目前在我国属于一项新兴的金融业务，尚处于萌芽阶段，在很多方面发展得还不够完备与成熟，所以在该业务开展过程中，往往会因为操作不善而带来风险，主要表现在以下几个方面：

1. 管理制度建设滞后

中国人民银行于2016年3月28日发布了《农村承包土地的经营权抵押贷款试点暂行办法》，虽然该办法有力地推动了农村土地承包经营权抵押业务的发展，但其中只规定了此类贷款办理的指导思想、原则、贷款条件、贷款所属业务种类、贷款申请审查审批的工作流程等，却未提及贷款业务具体的操作办法和规程以及相关的风险防范措施。而部分试点地区制定的管理办法、操作规程等都带有浓重的“地方特色”，从而为涉农金融机构埋下了潜在的操作风险，甚至会导致部分地区试点失败。

2. 业务人员操作不善

首先，由于土地承包经营权抵押业务与农业经营相关联，这就要求涉农金融机构的业务人员拥有一定的农业知识，然而目前就各地方试点情况来看，大多数从业人员都缺乏相关的农业知识且自身素质不高，这难免会影响相关业务在操作上的顺利进行。其次，由于土地承包经营权抵押业务尚处于起步阶段，相关业务的办理也相对较少，使得业务人员对该业务的办理缺少经验，进而给金融机构带来巨大的操作风险。再次，土地承包经营权抵押贷款业务的办理跟一般抵押贷款业务相比，其办理过程更为琐碎复杂。从业务人员对贷款申请人的前期调查、对农地的评估、对土地的登记到签订借款合同、发放贷款，再到与村镇政府及相关部门的接洽沟通等，这一系列复杂程序都需要业务人员对其特殊性进行有效甄别，否则就会因为操作不善而给金融机构带来风险[①]。

---

① 兰德平，刘洪银：《农村土地承包经营权抵押贷款风险形成与控制》，载《征信》2014年第4期，第84—86页。

3. 抵押物管理机制缺失

对于土地承包经营权抵押贷款业务的开展，需要涉农金融机构在贷款发放前对债务人的农业经营状况、农地现状、个人资信情况和经济能力等信息进行贷前调查以及在贷款发放后对债务人的贷款流向、农地用途等进行贷后监督，然而在现实情况中，金融机构却因为种种原因对债务人和贷款动向疏于管理和监督，从而导致相关操作风险的产生。例如金融机构在贷前审查时未按规定对债务人的资信情况和还款能力进行准确评价；贷款发放后，未按规定保持贷后跟踪、及时报告不良贷款情况等。

（三）信用风险

信用风险，系指银行的债务人或第三人不能按时足额清偿借款而导致金融机构遭受损失的可能性。对涉农金融机构来讲，土地承包经营权抵押贷款中的信用风险主要体现在以下几个方面：

1. 债务人的信用风险

债务人的信用风险是指债务人由于种种原因不能向金融机构按时足额清偿借款，而给金融机构带来损失的可能性。债务人不能清偿借款在此可以细分为两种情况：一是债务人还款能力不足。农村土地的经营收益是农村经济主体偿还银行贷款的主要还款来源，但是由于农业天生具有脆弱性，所以一旦遭受自然灾害的侵蚀，债务人将失去收入来源，土地承包经营权抵押贷款也将会失去稳定的还款来源，从而出现大规模的信用违约情况。二是债务人还款意愿不足。这主要表现在债务人的主观思想上，其主观不愿意偿还贷款，主要还是源于农村经济主体的文化素质偏低，普遍法制观念淡薄，不讲诚信，逃债的意识较重。

2. 债权人的信用风险

这主要表现在涉农金融机构内部管理人员和业务人员上。此种信用风险往往会产生更严重的不利后果，且其表现形式多种多样。在此也可以细分为两种情况：一是故意性质的信用风险。故意性质的信用风险主要是金融机构内部管理人员和业务人员为了实现个人利益的最大化，采取不良手段诱导或诱骗没有信贷能力的农户办理贷款，或者私自向农户出售相关信息，从中获取利益，最终导致金融机构无法收回贷款。二是过失性质的信用风险。过失性质的信用风险主要是指相关人员不是出自主观意愿，但最终造成金融机构经济损失的局面。主要表现为管理人员或从业人员对工作的敬业度不够、缺乏职业责任感、工作自由散漫，最终导致金融机构受损的局面。

3. 农村信用体系建设滞后

对于涉农金融机构来说，完善的农村信用体系可以及时、有效地披露农户的资信和信用状况，解决借贷双方信息不对称问题，并有利于土地承包经营权抵押贷款业务的顺利进行。而在现实情况中，大部分农村地区信用体系的构建严重滞后，这给金融机构带来了潜在的信用风险。这主要表现在以下几个方面：首先，农户信用意识淡薄。常常存有逃避债务的侥幸心理，甚至消极对待信用信息征集，提供不真实的信息。其次，农村信用环境不佳。在一些偏僻地区，农村经济落后，农户皆以家庭为单位各自进行农业生产，难以形成规模化经营，这大大地阻碍了农村信用体系的发展和完善。最后，信用资料不完整。很多农业专业合作社和农村中小企业的会计核算制度不健全，信用资料不完整，披露虚假信息，使得农村信用体系难以建立[①]。同时，大部分村镇银行和土地银行并没有加入人民银行征信系统，导致其无法掌握借款人信用状况。

（四）变现风险

所谓土地承包经营权抵押的变现风险，指当债务人未能履行到期债务或出现双方当事人约定的实现抵押权情形时，涉农金融机构可依法处置该抵押物，并就其价款优先受偿，使债权得以清偿，实现抵押权人设定抵押权的目的。然而，土地承包经营权抵押与一般抵押不同，因为农村土地不同于一般抵押物，它涉及农户乃至国家利益，事关社会稳定，因此若不能有效地实现土地承包经营权抵押，不仅会给农户、金融机构造成损失，甚至会危及整个社会。土地承包经营权抵押变现的障碍主要体现在以下几个方面：

1. 农地价值评估困难

抵押物的估价通常是金融机构在办理贷款业务中关注的重点，土地承包经营权抵押中的抵押物为土地承包经营权，不同于期权、股权等金融权益抵押标的。其市价估计依据难以确定，而目前大多数农村地区都缺乏土地承包经营权价值评估机构和专业的评估人员，所以造成了农地价值难评估，评估程序不规范，评估标准不科学等问题[②]。估价过高或过低都会引起金融机构承担潜在的风

---

① 黄英：《农村土地流转法律问题研究》，中国政法大学出版社 2015 版，第 78—88 页。

② 丁文：《论土地承包权与土地承包经营权的分离》，载《中国法学》2015 年第 3 期，第 159—178 页。

险，造成一定程度的损失。

2. 农地流转市场不完善

一方面表现在缺乏农地流转平台，由于农地承包经营权是一种特殊的抵押品，多数地区尚未建立完善的农地流转平台，难以构建通畅的信息传播渠道，供给和需求不能有效对接，这使得金融机构难以在较短的时间内找到农地承包经营权合适的受让人将其变现。虽然现在国家支持符合规定的农地进行流转，但由于我国农地流转规模不大、流转信息严重不对称、专业农地流转机构的缺失，使得金融机构很难把手中的农地处置变现。另一方面表现在农地流转市场组织化程度低，政府对农村土地流转的组织管理不到位，至今尚未建立起完善的农村土地流转管理体系，没有明确专业管理部门和管理人员。这使金融机构难以有效行使农地处置权，严重影响金融机构开展相关业务的积极性。

3. 抵押物不易处置

首先，处置成本高一直是土地承包经营权处置困难重要问题之一，特别是在不得改变土地用途的前提下，进一步加大了涉农金融机构对其的处理难度。其次，从农业生产自身的特殊性来说，其极容易受到季节性的限制，一旦错过合适的时机，农业生产将会受到重创，此时金融机构不但不能顺利处置抵押物，有效实现抵押权，而且还会影响农业生产，最终导致抵押物难以处置而严重损害债权人的利益。

四、土地承包经营权抵押典型地区风险防范的经验借鉴

（一）土地承包经营权抵押典型地区风险防范的主要做法

虽然，现行立法仍对土地承包经营权抵押业务持否定态度，但值得一提的是，中央政府和各地方政府已经渐渐对其予以支持和认可，如中国人民银行在2016年3月28日发布的《农村承包土地的经营权抵押贷款试点暂行办法》就大力推进了农村土地承包经营权抵押贷款这一业务的发展，此项业务也在多地开始试点工作。本文从全国典型试点中析取陕西省高陵区、福建省沙县、四川省成都市以及宁夏回族自治区平罗县作为例证，进行分析和比较，总结他们在土地承包经营权抵押中债权人风险防范方面好的做法，以期对土地承包经营权抵押贷款风险措施的探索提供有效的参考思路和实践样本。

1. 陕西省高陵地区

陕西省高陵地处关中盆地的中间位置，西安市辖区北部，农业生产、经营条件优越，素有“黄壤陆海”和关中“白菜心”之称。全县总面积294万平方千米，农业用地共22万亩。有3个街办、2个管委会、5个镇，88个行政村，740个村民小组，总人口34万人，其中，非农业人口21.9万，农户总数为12万余户。一直以来，农业都是高陵的主导产业。一方面，高陵政府积极实施了以农业规模化为基础、以工业化为核心、以城市化为承载的经济社会发展“三大战略”，有力地促进了社会经济的全面进步。同时为了使农业这一基础产业能够快速地实现规模化、标准化和产业化，高陵按照“项目引领、群众参与、政府服务”的思路，在保护农民合法权益和农村基本经营制度的前提下，主抓土地流转并探索实践了多种流转形式，建立完善了一套相对成熟的土地流转机制，使高陵农村土地流转工作步入正轨。另一方面，随着蔬菜大棚建设项目的启动，为了鼓励农户大力发展当地特色农业，满足农户的资金需求，2010年5月，高陵区正式启动了农地承包经营权抵押贷款业务。2011年7月，高陵区率先成立了西北第一家农村产权交易中心。随着高陵区相关配套机制的不断健全，该地的土地承包经营权抵押贷款试点实验已经形成了以“还权赋能”为指导、以信贷支农为原则、以信用评级为保障、以培育农地流转市场为核心的“高陵模式”，从而为农地经营权抵押的改革积累了丰富的实践经验。

（1）政府支持。当地政府在不改变农村土地所有权原有性质、农地用途和不损害农民利益的基础之上，制定了《高陵农村土地经营权抵押贷款的指导意见》《高陵农村土地经营权抵押贷款管理暂行办法》。相关政策的出台为高陵农村土地承包经营权抵押业务的顺利开展提供了一定程度上的政策保障和政策支持。

（2）完善抵押权的设立。第一，明确了农户申请土地抵押贷款的条件。明确规定凡具有完全民事行为能力的农户，且其生产经营符合国家法律规定，金融机构予以信贷支持；借款人的生产经营不亏损、有效益、经营产品有市场[①]；在项目投资中，原则上应有不低于30%自有资金的可用于土地承包经营权进行抵押贷款。第二，明确了借贷双方相关权益。规定了借贷双方的权利和义务，以及债权的实现和法律责任。当地土地流转服务中心每月公布一次本地土地流

① 王铁雄：《农村土地承包经营权抵押融资问题与对策分析》，载《云南大学学报》2014年第27期，第88—90页。

转指导价值及地面附着物市场价值，做到借款人清楚、金融机构放心。第三，不断完善操作规程。在不断完善规章制度的基础上，扩大有效抵押物的范围，强化农村土地信息收集、合同登记签证、确权发证、价格评估、抵押登记、发布政府指导价、纠纷调解仲裁等工作职能，为农地抵押打下坚实基础，对土地承包经营权抵押风险防范的法律对策起到了至关重要的作用[①]。

（3）积极建立土地承包经营权交易市场。第一，积极开展确权登记工作。为确保抵押物的真实有效，对需要抵押承包经营权的农地及其地上附着物进行确权登记，经过通告公示后颁发《农村土地承包经营权证书》，对其用益物权从法律层面予以保护，从而保证了抵押物的法律地位。第二，规范价值评估体系。在对抵押标的进行价值评估时，以“两个一半，降低风险”为基本原则，一是对农地承包经营权进行估值，按照剩余使用年限的一半期限进行评估，一是对地面附着物进行估值，按照其使用价值的一半予以评估，依此出具价值评估报告，最终由金融机构按照评估价值的70%发放贷款，确保将相关贷款业务的风险降到最低，达到借款人与金融机构双方的风险均在可控范围之内。

（4）规范贷款操作程序。陕西“高陵模式”的农村土地抵押融资流程主要包括以下几个步骤：申请人将所抵押的农地在相关部门进行确权登记后向当地信用社填写贷款申请书，当借款人的借款条件符合信用社的要求，贷款用途通过信用社审核后，信用社即对抵押物进行价值评估，贷款申请人与信用社签订农地抵押及贷款合同，在完成抵押登记等审核环节之后，贷款申请人即可拿到相当于抵押土地评估价值70%的贷款，整个手续办下来的时间周期在10天左右[②]。规范的贷款操作流程可多方面预防涉农金融机构面临的风险。

2. 福建省沙县

沙县位于福建省中北部，是三明市下辖的一个县。全县总人口约25.31万人，其中农业人口18.4万人，占72.69%。整个县域面积达1815.09平方千米，耕地面积为24.08万亩。到目前为止，农村土地流转面积12.98万亩，占耕地面积的63%。说到沙县，就不得不提到福建著名美食——“沙县小吃”。“沙县小吃”起源于20世纪90年代，发展到现在，已经从传统小吃转变成为今天零

---

① 贾静：《新形势下完善土地承包经营权流转制度的构想》，载《中央财经大学学报》2010年第10期，第70—74页。

② 李宏伟：《土地经营权抵押融资的实践、困惑及模式创新》，载《西南金融》2016年第9期，第3—6页。

售快销餐饮业数一数二的龙头品牌，据统计，目前沙县小吃在外开设的数量已达 3 万多家，从业人员达 7 万多人，约占农村劳动力的 80%，且创下的年营业收入超过 55 亿元，年纯收入 6 亿元以上。一方面，沙县大量农村家庭外出经营小吃，大大减少了当地的务农人员，从而导致大量农地闲置；另一方面，沙县小吃给当地带来了巨大财富，这也为土地承包经营权抵押贷款业务的发展提供了得天独厚的有利条件。

（1）探索合适的运行模式。在沙县的农地抵押模式中，信托发挥了对土地连片整治的作用。“信托 + 抵押”模式是指农户将土地承包经营权委托给专门的信托公司，由其代为管理运营和开发经营，以信托方式促进土地的流转和实现土地收益权的证券化。利用土地信托可以有效实现承包权和经营权的分离，让农民作为土地承包经营权人享有土地收益权和最终处置权，而信托机构则获得土地经营权，经过对土地的统一规划、连片整理和基础设施建设后，寻找专业的经营者经营，以此提高土地经营的效率。这一模式在一定程度上提高了金融机构对于农村土地承包经营权抵押贷款的积极性，也在一定程度上规避了农地抵押所面临的法律风险问题。

（2）规范流转程序。沙县农地信托流转程序主要包括以下几个环节。一是信托申请，农户向信托公司提出土地流转，然后由村委会向信托公司提出书面信托申请；二是土地信托调查，由信托公司进行现场调查核实；三是签订信托合同，通过信托公司审查核实后，先由村委会与农户签订信托委托协议，然后由村委会与信托公司签订农地信托流转合同；四是办理信托登记，由土地信托公司向县农业行政管理部门办理土地信托登记；五是信托土地管理，土地信托公司对农户分散的农地进行统一经营管理，调整成片，对土地的面积、位置、类型等信息及变化情况进行即时记录，并可通过招标、竞拍等方式依法流转给第三方①。合理的土地信托流转程序简化了涉农金融机构办理此业务的操作流程，从而在一定程度上减轻了操作风险。

（3）建立土地流转信托公司。沙县国家资产经营有限公司出资设立了土地流转信托基金，基金数额为 150 万元，并建立起了县乡两级的土地信托专门服务机构。一是成立了沙县源丰农村土地承包经营权信托有限公司（县级），董事会由当地县政府、财政局、土地局、农业局、农村工作办公室、12 个乡的

---

① 严青，梁雨菲：《国内农地融资模式比较及启示》，载《南方论刊》2014 年第 12 期，第 18—19 页。

乡镇长、街道办主任共同组成，县政府分管副县长担任董事长，县农业局局长担任总经理，另外，还成立了由农业局、财政局、纪律检查委员会等相关人员组成的监事会，并在12个乡镇成立了土地信托分公司，各乡（镇、街道）分管领导担任各分公司的管理人[①]；二是成立了沙县金茂农村土地承包经营权信托有限公司（镇级），由于沙县夏茂镇许多农户外出经营小吃，导致大片土地闲置，可成片流转的农地增多，所以单独成立了沙县金茂农村土地承包经营权信托有限公司，并由源丰农村土地承包经营权信托有限公司对其进行相关指导与监督。沙县土地流转信托公司的建立，以及专业化的管理手段和运作模式，使农业项目的引入更为谨慎和严格，并通过加强对农地的管理、农业项目帮扶等一系列信用增级措施，防范其中风险，打消涉农金融机构对农业项目的担忧。

（4）土地流转市场的完善。为充分利用土地资源，解决当地大量土地荒废闲置问题，沙县政府大力支持土地流转，并出台了一系列切实可行的政策与法规，为当地农户和相关企业提供了有力保障。自2006年，沙县政府便开始在部分地区开展农地流转试点工作，在保持农村土地集体所有制性质不改变和农地属性不改变的前提下，于整个县城各个基层和下辖村镇相继成立了土地流转服务中心站和领导小组。2009年11月，建立了全省第一个县级土地流转交易市场，初步构建起了县、乡、村三级土地流转交易市场和网上交易市场，这是全省首个土地流转电子化服务平台，不仅为农地的流转交易提供了便利，而且实现了土地流转信息化和现代化。

信托制度可以有效隔离债权人面临的金融风险，从社会稳定和经济稳健发展的角度看，探索土地产权资本化，将会导致所有权与使用权、承包权、经营权相分离。复杂的产权安排会使更多的人对抵押财产有处置权，容易导致金融风险，信托制度恰恰可以规避这种风险，银行在面临风险、处置抵押品时就只需要面向信托机构和开发商，而不必面向众多分散的农户，处理抵押品的难度也将会有所降低。

3. 四川省成都市

四川省成都市位于我国西南地区，是四川省省会城市。成都市境内地势平

---

① 曹瑾，郭素芳：《农村土地信托流转模式的调查与参考——以福建沙县为例》，载《安徽农学通报》2016年第12期，第3—4页。

坦、物产丰富、河网纵横，非常适合农业生产，自古就享有“天府之国”的美誉，成都市得天独厚的自然资源，繁荣了一方社会，使其成为西南经济最发达的地区之一。2007 年成都市获准设立全国统筹城乡综合配套改革试验区，2008 年成都市开始推进农村产权改革，以确权颁证为基础，促进农村产权交易为核心，旨在实现农村生产要素的流动。为了巩固农村确权颁证的成果，改善农村经济现状，成都市开始进行农村产权的抵押融资试点。2009 年，成都市颁布了农村产权抵押融资的总体方案与管理办法。2013 年成都市政府出台了《成都市引导和鼓励农村产权入场交易暂行办法》，进一步活跃了当地农地流转交易市场。成都市土地承包经营权抵押试点的特色在于：位于我国西南发达地区，农村经济发展较快，当地政府对该业务的开展给予了大力支持。

（1）确定抵押方式。成都市农村商业银行和成都银行率先展开了土地承包经营权试点工作，主要形式为间接抵押形式，即土地承包经营权反担保抵押形式，具体指借款人与金融机构签订担保贷款合同，由政策性的第三方机构（担保公司）提供贷款担保，借款人则以土地承包经营权与政策性第三方机构（担保公司）办理反担保手续。在此过程中，涉农金融机构要求借款人在办理抵押贷款时要持有当地县（区）级农业行政主管部门（县 / 区级农村经济管理局）确权颁发的农村土地承包经营权证，且接受通过家庭承包方式和其他依法流转方式取得的土地承包经营权作抵押。对于贷款用途，严格限制在农业生产经营项目上，贷款期限一般为一年，且最长不得超过三年，不能超过土地承包经营权剩余的使用期限[①]。此种抵押方式的优点在于通过第三方机构的担保，使银行所面临的金融风险大大降低。

（2）规范价值评估体系。对于抵押物的价值评估，综合考虑了不同农地的区位、产业、交通、级别和适宜种植的经济作物，借款人取得土地承包经营权的不同方式，具体采取以下两种方式来解决此问题：一是发展农村产权价值评估机构，积极引进有资质且评估能力高的中介组织，对有意向流转的土地产权进行价值评估；二是制定土地承包经营权的基准价格，该基准价格可以作为农地抵押物的指导价格，以保护农户利益。

（3）积极探索风险防范机制。首先，成都市成立了全国首家综合性的农村

① 阎庆民，张晓朴：《农村土地产权抵质押创新的实现路径》，中国经济出版社 2015 年版，第 135—137 页。

产权交易所。当发生土地承包经营权抵押情形时，由政策性的第三方机构和公司负责对土地承包经营权进行处置，这样一来就移除了金融机构土地承包经营权抵押的处置风险，在很大程度上消除了银行对抵押物处置的顾虑。其次，为了规避信贷风险，由市和区（市）县政府专门设立了农村产权抵押融资风险防范基金以及农村产权托底收储基金。在土地承包经营权抵押业务中，当借款人债务履行期届满 3 个月后仍未按规定进行债务清偿时，可与金融机构协商双方可共同向当地风险基金提出收购抵押物的申请，审核通过后以基准价格收购抵押物，收购价款用于清偿债务，自此双方的债权债务关系解除，若抵押物在处置过程中发生损失，则由风险基金承担 80%，金融机构承担 20%[①]。最后，对征信管理体系进行完善，将农户与新型经营主体的相关信用信息加入中国人民银行的征信系统，有效地推动了信用村镇的建设。

4. 宁夏平罗

平罗县，自然资源丰富，农村经济发达，位于宁夏平原北部，距离省会城市银川 50 多千米，是石嘴山市下辖唯一的建制县，该县下辖七镇六乡，有 144 个行政村。平罗县土地辽阔，土壤肥沃，山、川、水并存，整个县域面积达 2086 平方千米，其中有耕地 82 万亩，林地 11 万亩，牧草地 71 万亩，可利用荒地为 113.9 万亩。全县人口共 30 万人，其中农业人口 22.8 万人。平罗县地理位置较为独特，东临黄河水，西依贺兰山，黄河水的灌输使当地的农业得到了极大的发展，得天独厚的地理位置和自然资源使平罗县成为全国重要的商品粮基地。"若说良田无限好，风光谁亚小江南"描绘的就是平罗县水草丰盛、资源富饶的盛景。近年来，随着城镇化步伐的加快和市场经济的推进，平罗县越来越重视农业产业化的发展，新型农业经营主体随之不断壮大。截至 2015 年，全县大型龙头企业达 100 多家，共建农业专业合作社 180 家，工业园区的建立也极大地促进了平罗县第二、三产业的繁荣，这有力地带动了农民的收入水平和平罗县经济的发展，进一步为当地土地承包经营权抵押业务提供了良好的基础和优越条件。随着农村经济的发展和农业产业结构的调整，平罗县农村大量劳动力被释放，很多农户放弃经营自身承包地而选择进城打工谋生，对他们来说常年远离农村，其务工收入已经成为他们主要的经济来源，这就使得土地作

---

① 曾庆芬：《土地承包经营权流转新趋势下农地金融问题研究》，中国农业出版社 2011 年版，第 159—164 页。

为农民生活保障的功能不断弱化，而土地抵押的动力也随之增强。

（1）政府支持。2006 年，宁夏回族自治区平罗县政府发布了《关于推行农村土地信用合作社的实施方案》和《关于推进农村土地信用合作社建设的通知》，要求在坚持土地用途、农地产权集体所有制和土地承包政策不变的情况下，积极探索土地流转，充分利用土地资源，进一步推动农业集约化生产和规模化经营。2011 年 12 月，国家农业部正式确定宁夏平罗县为农村改革试验区，是全国唯一的农村土地经营管理制度改革试验区。2012 年中国人民银行平罗支行在相关政策的指导下，以不改变土地集体所有性质和土地用途以及不损害农民利益的“三不”原则制定并颁布了《平罗县农村土地承包经营权和宅基地使用权抵押贷款指导意见》《农村土地承包经营权和宅基地使用权抵押贷款风险防范和处置预案》和《金融支持平罗县农村土地经营管理制度改革实施方案》①。2014 年，中国人民银行平罗支行举办了农村“三权”抵押贷款推进会，制定了各自的土地承包经营权抵押贷款管理办法。这一系列政策的颁布与实施，给当地土地承包经营权抵押贷款业务的顺利开展奠定了制度基础。

（2）探索合适的运行模式。宁夏平罗县已先后成立了 30 多家农村信用合作社，其试点主要采取的是自上而下的政府主导集中流转模式，即“保证 + 抵押”模式。“保证 + 抵押”模式是指农户将土地折价入股加入土地合作社，当地政府为入股合作社的农户颁发土地使用权证（或存地证），凭借合作社背书的土地使用权证（或存地证）向涉农金融机构申请贷款。此类模式实际上就是由合作社及社员为借款人提供了共同担保和保证，而合作社也因此获得了入股土地的相关权益，成了农村土地经营和流转的平台，促进了农地的集中流转和规模经营。对于农村信用合作社的成立，其具体过程如下：在农村信用社成立之前，首先，由村委会向所在乡镇政府提出申请设立农村信用合作社，所在乡镇政府报给县级相关部门，对其进行审核。其次，审核通过后，由所在乡镇政府通过文件形式向平罗县政府申报审批，根据批复的文件再去工商部门注册登记。最后，正式成立农村信用合作社，且合作社的监事长和理事长分别由村委会主任和村委会书记担任，做到社村合一。这种模式在运行过程中充分发挥了农村熟人社会的力量，通过会员间的相互约束，督促借款农户及时地清偿借款，

① 刘广明：《农地抵押融资功能实现法律制度研究》，人民出版社 2016 年版，第 197—205 页。

有效地规避了金融机构面临的信用风险。

（3）组建评估专家小组。平罗县为了公平、准确、科学地对农地产权价值进行评估，专门建立了一支评估专家团队，该团队涉及了各领域、多部门的专业人士，包括统计局、国土资源局、国税局等政府机关部门，也包括部分乡镇代表、金融机构代表及农民代表等相关利益主体，在发放每一笔贷款时，都要从此评估专家团队抽取一部分专家作为代表对农地产权进行评估。

（4）积极探索风险防范机制。在农地产权抵押贷款的风险防范措施上，平罗县成立了专门的农地产权抵押贷款的风险防范和处置的领导工作小组，负责对农地产权抵押贷款风险防范和处置的指挥和协调工作，其具体职责是组织小组成员对农地产权抵押进行风险评估、风险排除和风险预警通报工作，负责将农地产权抵押贷款风险防范和处置结果及时向上级主管部门报告。同时，平罗县还建立了相关的风险预警和损失补偿机制。在对农地进行抵押过程中，金融机构需对该业务进行定期与不定期的风险估测，及时发现风险苗头，并作出风险预警报告，加强风险防范的全程管理。风险预警级数共分为蓝Ⅰ、黄Ⅱ、红Ⅲ三级[①]。当地相关单位还建立起了政府主导型的风险补偿基金，平罗县农村土地经营管理制度改革服务中心注册的风险补偿基金为1000万元，首先由政府注入300万元用于农村抵押融资的风险处置资金，剩余部分由平罗县财政部门逐年预算拨付。按照风险共担原则，当农地抵押业务出现不良贷款时，由平罗县农村土地经营管理制度改革服务中心承担80%，金融机构承担20%。

（5）规范贷款操作流程。第一步，申请贷款。农户向金融机构提出贷款申请，同时向金融机构提交土地承包经营权证和村委会出具的意见函。第二步，价值评估。金融机构对申请者所提交的材料进行审查，并出具审查报告，对于条件符合的，金融机构再向产权评估服务窗口提出评估申请，并作出评估报告，来确定贷款额度。第三步，办理抵押。金融机构携申请人相关资料到产权抵押登记窗口办理抵押贷款登记手续。第四步，发放贷款。即金融机构向借款人发放贷款。规范的贷款操作流程不仅为金融机构办理该贷款业务提供了便捷，而且简化了复杂的操作程序，是金融机构防范信贷风险的最后一道防线。

---

① 黎毅：《农村土地产权抵押融资模式研究——以宁夏平罗为例》，西北农林科技大学2015年论文，第13—17页。

（二）土地承包经营权抵押典型地区风险防范的经验启示

陕西高陵、福建沙县、四川成都、宁夏平罗等地对土地承包经营权抵押的探索和试点，极大地促进了我国农地金融制度改革的步伐。对于规避金融机构风险、解决农村土地问题、农民融资困难、提高农村经济水平都有着积极的意义，也将对以后其他地区开展土地承包经营权抵押业务有重要的借鉴意义。

1. 政府的大力支持

首先，相关政策的支持。众所周知，对于土地承包经营权的抵押，我国相关法律法规是予以禁止的。根据我国《物权法》中的相关规定，我国耕地等集体土地使用权不得进行抵押。基于此，在一些土地承包经营权贷款试点地区中，涉农金融机构出于风险防控的角度，对土地承包经营权抵押贷款业务持谨慎态度，不敢贸然开展。为了规避法律风险，高陵和平罗分别作了相关的探索，高陵区政府在不改变土地用途、不改变农村土地所有权原有性质、不损害农民基本权益的“三不”基础之上，先后制定颁布了《高陵农村土地经营权抵押贷款管理暂行办法》和《高陵农村土地承包经营权抵押贷款的指导意见》。平罗县相关政府部门也相继出台了一系列规范性文件，如《平罗县农村土地承包经营权和宅基地使用权抵押贷款指导意见》《金融支持平罗县农村土地经营管理制度改革实施方案》《关于推行农村土地合作社的实施方案》等，这些政策的出台，不但给当地开展土地承包经营权抵押业务提供了政策上的支持，而且规避了一定的风险，打消了涉农金融机构的后顾之忧。其次，政府的财政支持。高陵土地承包经营权抵押贷款的试点中，针对抵押贷款利率高、风险大的特点，当地政府出台了《高陵农村土地经营权抵押贷款贴息及风险补偿金使用暂行办法》，以银行的贷款利率为基点，对于高出一般贷款利率的部分，政府出资给予借款农户一定程度的补贴；又如在福建沙县的抵押试点中，县财政拿出资金，实行贷款贴息政策，极大地缓解了当地规模化经营的农户和企业的资金需求；还有在四川成都，为了防控风险，当地政府成立了农村产权托底收储基金和风险基金，作为土地承包经营权抵押贷款的后续担保，在发生风险时，由其部分或全部代偿，这大大地提升了金融机构对土地承包经营权抵押贷款业务的热情。

2. 合理的融资模式

目前，我国农地抵押融资的贷款模式主要分为直接抵押贷款模式和间接抵押贷款模式。直接抵押贷款模式是指贷款申请人以其农地使用权为抵押物直接向金融机构申请贷款的抵押方式。如上述试点中所提到的陕西高陵的做法，这种模式的优点在于贷款程序简便且能够降低借款农户的融资成本。间接抵押贷款模式是指贷款申请人将其农地使用权抵押给金融机构之外的第三方机构或组织，贷款农户以第三方机构的担保为基础再向金融机构申请贷款。如福建沙县采用的“信托＋抵押”模式，该种模式是将土地承包经营权委托给了专业的信托公司，由其代为管理和经营，这不但实现了土地的规模化经营，而且也在一定程度上规避了法律风险。再如四川成都的反担保抵押模式，在此种模式中，农户将农地使用权直接抵押给第三方机构，由第三方机构为其贷款提供担保，不仅规避了债权人面临的处置风险，为金融债权提供了保障，而且大大地提高了金融机构放贷的积极性。由此可以看出，科学合理的农地抵押融资模式对土地承包经营权抵押贷款业务的顺利开展非常重要。

3. 科学的评估方法

如在宁夏平罗的土地承包经营权抵押贷款试点中，为了公平、准确、科学地对农地产权进行评估，平罗县组建了专门的土地产权专家评估团队，该团队的成员有的来自国土资源管理局、司法局、统计局等政府机构，也有各乡镇代表、涉农金融机构代表、农民代表等相关利益主体，针对贷款的不同投向，从专家评估团队抽取人员组成评估小组。四川成都在试点过程中，在对农地产权的价值评估上，综合考虑抵押人取得土地承包经营权的不同方式、类别、经济作物，采用成本法和市价法进行评估；由政府制定基准指导价格，通过流转方式取得的土地承包经营权，可按照流转合同价与政府基准价 1.1 倍确认抵押物的价值。当发生违约情形时，可采取三种方式对抵押物进行处置，分别为：集体经济组织按照基准价格收购、农村产权抵押融资机构按照基准价格收购以及再流转方式。

4. 有效的风险防范

一方面，合理发展风险补偿基金。在农地抵押融资过程中，为了防止因借款人违约而给涉农金融机构带来损失，可由地方政府成立相应的偿债基金或担保基金，在与土地承包经营抵押贷款业务接洽时，给予金融机构一定的风险补偿。在上述的试点地区中，四川省成都市在开展土地承包经营权抵押过程中，为了防控风险，由当地政府成立了专门的风险补偿基金和收储基金，出现借款人不能如约清偿债务的情况时，则由其全部或按照一定比例代偿。宁夏平罗建立风险预警和损失补偿机制。涉农金融机构通过定期与不定期的风险排查和风险预警机制强化了对贷款风险的全程管理。同时，当地政府还成立了专门的风险补偿基金，为涉农金融机构遭受的经济损失提供一定补偿。另一方面，提高金融机构自身的风险防控能力。在相关业务的办理过程中，无论是第三方机构或中介组织提供担保，还是政府提供风险分担，都不能彻底消除涉农金融机构所面临的风险，所以金融机构自身要加强风险管控能力。从相关试点来看，四川成都农商行出台了关于农地抵押融资的规范性文件。但其他大多是地方性的自主探索，规范化和标准化的产品不多，为了有效防范风险，涉农金融机构应该在下一步出台具体的贷款管理办法，对借款客户的身份、借款用途、借款额度、借款期限以及借款审批流程等程序进行明确规范，以明晰借贷双方的权利与义务。

五、土地承包经营权抵押中债权人风险防范的法律对策

我国农村土地的使用、开发与流转经历了一个从禁止流转到支持流转的过程。现在，许多地区都在积极进行土地承包经营权抵押融资制度的试点实践，尽管相关的国家法律还未出台，但不能否定的是农村土地承包经营权具有经济价值，可以有效增加农民的财富、符合农民的切身利益，并且会给我国农村经济的发展带来新的机遇和动力。在这一部分，笔者针对土地承包经营权抵押贷款中债权人存在的法律、操作、信用、实现风险，在借鉴国内典型地区土地承包经营权抵押贷款中债权人风险防范经验的基础上，建议从法律法规、规范管理、担保方式、风险分担、农地评估、信用体系六个方面进行完善。

（一）建立健全相关法律法规

由于相关法律法规的缺失，涉农金融机构对土地承包经营权抵押一直不敢轻易开展，可喜的是近些年来国家政府对土地承包经营权的抵押越来越重视，并通过出台相关政策给予支持。2013 年，十八届三中全会的召开赋予了土地承包经营权的抵押担保权能，为农地权利抵押打开了新局面；2015 年，国务院《关于开展农村承包土地经营权抵押贷款试点的指导意见》中鼓励该业务在部分地区积极试点，同时对试点区域的选择、试点条件、试点过程等作出了详细部署；2016 年，中国人民银行出台的《土地承包经营权抵押贷款试点暂行办法》对该贷款业务的申请条件、贷款用途、风险防范、抵押物处置机制等均做出了

严格规定。2018 年 12 月 29 日修订的《农村土地承包法》明确规定承包方和受让方可以用承包地的或流转取得的土地经营权向金融机构融资担保。但不可否认的是，其规定过于原则化，操作性不强，建议进一步细化其规定，使涉农金融机构在开展该业务时有章可循、有法可依。

1. 细化农地承包经营权抵押规则

建议进一步细化对土地承包经营权抵押的具体制度。主要包括以下几点：

一是明确抵押条件。首先要对抵押人和抵押权人作出限制。抵押人应是指通过家庭承包方式取得土地承包经营权的农户和依法通过流转方式取得土地承包经营权的规模经营主体。当抵押人为农户时，应当符合以下条件：（1）具有完全的民事行为能力；（2）合法取得土地承包经营权证；（3）具有发包方同意抵押的书面证明。当抵押人为规模经营主体时，应当符合以下条件：（1）符合相应的贷款条件；（2）合法取得土地承包经营权证以及《土地承包经营权流转合同》；（3）具有发包方与承包方同意抵押的书面证明；（4）须有一定的自有资金，比例不少于 30%；（5）抵押人如若为企业法人，应当出具同意抵押的内部决议相关文件。抵押权人应是指提供土地承包经营权抵押贷款的金融机构，包括商业银行、农村信用社、农村土地银行等。相较而言，作为土地承包经营权的抵押权人应当符合以下条件：（1）具有办理相关业务的许可；（2）具备处理土地承包经营权的能力。只有当抵押权人具有一定的能力与资质，才能更好地开展相关业务，进而促进农村经济的发展。其次要对抵押标的条件与标准作出限制。因为土地承包经营权的抵押标的涉及农地的位置、期限、权属等，所以具体应符合以下条件：（1）土地须位于相关辖区以内；（2）土地承包经营权须是通过承包、流转取得或通过招标、拍卖、公开协商等合法方式取得；（3）土地承包经营权须有合法、明晰的产权关系，并且不属于“禁止抵押和再流转”的土地；（4）抵押期限应当在承包期限以内，且剩余期限不得少于两年[①]。对于下列土地承包经营权则不能设定抵押：（1）土地权属不清，具有争议的；（2）尚未依法办理登记的；（3）已依法公告列入征地拆迁范围内的；（4）受其他形式限制的。

二是限制抵押用途，借款人获得土地承包经营权抵押贷款后，只能将其用

① 丁文：《论土地承包权与土地承包经营权的分离》，载《中国法学》2015 年第 3 期，第 159—178 页。

于农业生产经营等合法用途。对于涉农金融机构而言，限制抵押用途，有利于规范贷款人的投资行为，防止其将农地与贷款资金挪于他用，这不但是贯彻土地承包经营权抵押制度对发展农业生产这一追求的需要，也是降低涉农金融机构风险的必然要求。此外，还应当对改变抵押用途等违法行为进行严格规制，对其后果进行细化。在修改相关法律条文时对违背土地承包经营权抵押宗旨的、有碍于土地承包经营权业务顺利开展的一些违法行为，应当制定更为具体的处罚措施。

三是规范操作流程。从贷款的申请到贷款的发放，科学合理的操作流程不但有助于该业务的顺利进行，而且能够有效防范相关风险。当抵押人直接向金融机构申请抵押贷款时，流程应为：（1）抵押人提出贷款申请，同时提交相关资料；（2）金融机构进行贷前审查；（3）金融机构审批贷款；（4）双方当事人签订抵押贷款合同；（5）双方当事人共同办理抵押登记手续；（6）发放贷款；（7）金融机构进行贷后跟踪；（8）抵押人偿还贷款[①]。当抵押人通过第三方机构组织提供抵押申请贷款时，流程应为：（1）抵押人将土地承包经营权抵押给第三方；（2）抵押人与第三方共同办理抵押登记手续；（3）抵押人提出贷款申请；（4）第三方提供抵押担保；（5）金融机构进行贷前审查；（6）金融机构审批贷款；（7）三方当事人签订抵押贷款合同；（8）发放贷款；（9）金融机构进行贷后跟踪：（10）抵押人偿还贷款。

四是确定处置方式。当债务人不能履行到期债务或借贷双方约定的抵押权情形出现时，债权人可通过再流转、强制管理、公力救济等方式处置抵押物，并就抵押物的处置收益优先受偿。首先是再流转。根据法律规定，抵押物流转后所得的收益用来承担债务，在债务清偿时，抵押人可先与抵押权人进行协商，在协商的条件下，可以通过出租、转包、互换、转让等方式使债务得到清偿。同时，可以通过建立农村土地承包经营权交易场所，使得抵押物（土地承包经营权）能够自由交易。其次是强制管理。当交易双方就抵押权的实现无法达成协议，可以采取强制管理的方式实现抵押权。即通过委托第三人来对抵押标的进行管理和处置，以其所得收益来清偿到期债务，待抵押人的债务清偿完毕即将土地承包经营权归还原主。强制管理的实施不会改变土地产权权属，因此具有明显优势。最后是公力救济。在上述方式均无法实现抵押权的情况下，抵押

---

① 夏雨：《农村土地承包经营权抵押问题研究》，海南大学 2015 年硕士论文，第 14—18 页。

人可以采取公力救济。相关当事人可以提起诉讼，向法院申请强制变卖、拍卖土地承包经营权。

2. 对《担保法》的修订

对于《担保法》及其相关司法解释中禁止土地承包经营权抵押的条款，可以直接修改成允许抵押。根据《担保法》中第 37 条规定耕地等集体所有使用权不能抵押，这主要是考虑土地承包经营权的抵押会给金融机构带来大量的金融风险，但是随着农地流转市场的逐渐建立和完善，作为抵押物的土地承包经营权就可以顺利地流转，即便在涉农金融机构面临借款人不还款的情况时，也可以将风险化解和转移出去①。因此应对禁止土地承包经营权抵押的规定予以修改。

3. 对《物权法》的修订

根据《物权法》第 184 条规定，土地承包经营权不得抵押，该规定主要是出于对农地和农地承包经营权的保护，但随着农业现代化的不断加快，这项规定显得过于僵化，不仅给涉农金融机构带来了巨大的风险，而且抑制了农村经济的发展，如果能对其加以修改的话，则会大大地提高金融机构开展土地承包经营权抵押贷款的热情，进而解决农业经营者融资困难问题。因此，要从法律层面上对土地承包经营权抵押予以支持和认可。

（二）强化农地信贷规范管理

要想做好风险防控，涉农金融机构自身应该加强风险防范意识，进一步健全和完善土地承包经营权抵押贷款管理办法和操作流程，并依据具体规章制度开展相关贷款业务，加大风险防控力度，自行排查风险，将风险降到最低。

1. 尽快出台土地承包经营权抵押贷款管理办法

经过对各试点地区的经验总结后，涉农金融机构应加快制定适用于各地区支行开展土地承包经营权抵押贷款的管理办法。在体现各地区特点的基础之上，尽量将贷款产品标准化与规范化，对承贷主体、贷款条件、贷款期限、贷款用途、还款方式、担保方式等信贷要素，抵押物处置方式、抵押率等加以指导和规范，切实防范与化解风险。在这一方面，中国农业银行出台的《农村土地承包经营权抵押贷款管理办法（试行）》是国家商业银行针对土地承包经营权抵

---

① 苏国平：《土地承包经营权抵押问题研究》，华中师范大学 2014 年硕士论文，第 19—24 页。

押第一部管理办法，对推进该业务的有序发展意义重大。

2. 做好贷前审查工作

建立严格的客户准入制度，是涉农金融机构控制风险的第一步。要加强对贷款申请人的贷前审查工作，一是要做好对贷款申请人的个人人品、经济能力、资信状况、对农地的依赖程度、农业项目前景、生产经营规模等信息的全面调查；二是要突出对土地承包经营权是否合法取得、产权关系是否清晰、有无依法办理登记或受其他形式限制等信息的应用，防止不合格的土地承包经营权成为抵押标的；三是在农地价值评估制度还不健全的情况下，涉农金融机构可以自发地组建价值评估专业团队，从内部自行对抵押物价值进行评估，进一步保证农地评估的客观合理性；四是采取不同的抵押担保模式，可通过引入第三方机构或基层组织设置科学合理的抵押担保组合，并由其负责一定的调查、监督、担保、贷款收回等工作，以最大限度地降低涉农金融机构的风险。

3. 加强贷后管理工作

首先，涉农金融机构应当建立土地承包经营权抵押贷款档案，定期与农地登记部门进行核对，通过定期追踪、实地观察、严格监测等方式把握贷款去向、借款人行为、土地承包经营权权属变更情况，以保证贷款的科学利用和抵押权的有效性。其次，涉农金融机构可每年按照同类土地流转基准价定期对土地承包经营权的价值进行重新评估，以确保风险在可控范围之内，若已抵押的土地承包经营权价格低于贷款的剩余本息时，可以依照合同约定，要求债务人增加抵押物或提前偿还部分或全部借款。最后，建立风险预警机制和报告制度。例如，在借款期限内出现抵押物用途被改变、重大自然灾害、债务人涉及司法诉讼等会导致风险增加的情况时，要及时地予以风险预警和报告，并采取相应的措施防范和化解风险。

（三）创新信贷担保组合方式

由于目前我国农村土地承包经营权抵押制度并不完善，若以农地承包经营权直接抵押的方式获取贷款，会使涉农金融机构面临较大的风险，那么在相关制度还不完善的情况下，我们可以创新多种信贷担保组合方式来规避其中的风险。

笔者归纳了以下几种多元化的信贷担保组合方式：

1. 农户与农户之间的共同联保

在土地承包经营权抵押业务办理中，涉农金融机构往往更倾向于向龙头企业等大规模的农业企业提供资金支持，这对生产规模较小又有借款需求的个体农户来说无疑是不利的。建议农户之间可以组成利益共同体，相互提供担保和保证，共同承担连带责任。

2. 农户与农业企业之间的共同担保

此种担保方式的前提是农业企业能够将自身承包的农地交付给农户进行生产，同时为农户提供销售渠道，确保生产的农产品顺利销售不滞销[①]。这样一来，既提高了农户自身的经济实力，也通过农业企业提供担保降低了金融机构的信贷风险。

3. 农户与担保基金的共同担保

此种担保就是行业设立基金，由基金担保和经营户的土地承包经营权抵押共同担保以获得贷款，担保责任由基金和土地承包经营权按约定比例分担。

4. 农户与土地协会共同担保

在申请抵押贷款时，农户不是将农村土地经营权直接抵押给涉农金融机构，而是将农村土地经营权抵押给当地的土地协会，由当地农村土地协会为农户提供贷款担保，农户与农村信用合作社等涉农金融机构之间并不直接发生业务往来，这种担保方式对降低农户抵押贷款违约率起到了一定的约束作用。

5. 农户与专业合作社共同担保

农户在村委会的组织下，以农村土地承包经营权作价入股方式加入农村专业合作社，农村专业合作社则以入股土地作为抵押物直接向农村信用社等金融机构申请贷款。在此种担保组合方式中涉农金融机构不直接向农户发放贷款，而是放款于农村专业合作社，这就大大地降低了贷款风险，降低了操作过程发生的相关交易费用。

（四）构筑风险分担补偿机制

农地作为一种特殊的抵押物，其自身的抗风险能力较弱，且农业经营天然具有特殊性，这对于涉农金融机构来说，无疑是一个巨大的风险。所以，为了解决此问题，应当建立健全多层次多角度的风险分担补偿机制。

1. 建立专门的资产管理公司

我国农村土地的分散性与农地产权的分割性，既阻碍了农业向产业化、规

---

① 张红宵：《农村土地承包经营权及其流转性质的法律辨析》，载《河北法学》2011 年第 29 期，第 9—16 页。

模化、现代化方向发展，也不利于农地交易市场的培育和完善。因此，为了激活农地产权交易市场和防范土地承包经营权抵押贷款的风险，需探索建立符合地方特点的农地资产管理公司，建议成立由地方政府主导的县（镇）农地资产管理公司。在土地承包经营权抵押过程中，借款人（抵押人）需和金融机构、县（镇）农地资产管理公司签订三方协议。当债务履行期届满，借款人无法按时偿还借款或发生双方当事人约定好的抵押权实现情形时，可与金融机构共同协商处置抵押物，处置过后的价款可由金融机构优先受偿，多于债权数额的部分为借款人所有，不足部分则继续由借款人进行清偿；若双方未能协商一致，可根据三方协议，由农地资产管理公司对抵押物进行回购和收储，并按照一定的比例向金融机构偿还借款本息，当地政府可对县（镇）农地资产管理公司提供一定的资金补助等支持措施。农地资产管理公司通过对统一收储的土地进行全面的集中整治，完成农业现代化生产的基础设施之后，再统一进行拍卖流转。这样一来，不仅能够让经营者获得设施完善的农地，进一步促进农业向规模化、现代化转型，又在一定程度上帮助金融机构实现其抵押权，有效地防范抵押物处置困难的风险。

2. 设立风险补偿基金

在土地承包经营权抵押贷款中存在着各种可控与不可控的风险，为了消除涉农金融机构的后顾之忧，使其大范围地开展土地承包经营权抵押贷款业务，则有必要通过设立风险补偿基金有效预防农地抵押风险。目前，大多数试点地区的风险补偿基金都是由当地政府建立，如四川省成都市在开展土地承包经营权抵押业务中，由市和区（市）县政府按照一定比例设立抵押融资风险补偿基金，如前文所述，当债务人不履行债务或原抵押物在处置时受损，风险基金全部或部分进行代偿；宁夏平罗风险补偿基金也是经政府主导设立，当土地承包经营权抵押贷款发生损失时，政府与金融机构按 80%和 20%的比例分别承担[①]；重庆风险补偿基金对金融机构因开展农地产权抵押融资产生的损失最高可承担 35%[②]；辽宁法库县政府拨付 500 万元人民币专项用于土地承包经营权抵押贷款的风险补偿资金。风险补偿基金的设立，首先要明确的就是风险补偿

① 曾庆芬：《土地承包经营权流转新趋势下农地金融问题研究》，中国农业出版社 2011 年版，第 138—150 页。

② 申红艳：《土地承包经营权抵押研究》，吉林大学 2016 年硕士论文，第 8—10 页。

比例，因此可在目前相关业务的发展情况和借鉴其他地区主要做法的基础上合理地设定风险补偿比例。另外，政府主导型的风险补偿基金虽然能够有效地防范信贷风险，激励金融机构开展相关业务，但随着农地市场逐渐发育成熟，由政府作为抵押物处置和损失赔偿的角色就要适时退出，应进一步探索由市场化原则引导的农地产权抵押创新之路，实现土地承包经营权抵押贷款业务的可持续发展。

3. 加快推行农业保险制度

农业风险几乎无时不有，无处不在，而农业保险就是专为农业经营者在从事农业生产过程中，对遭受自然灾害、意外事故等所造成的经济损失提供的一种保障。近些年来，国家政府对农业保险的发展给予高度重视，并鼓励多角度、多渠道、多层次地发展农业保险。但是，在实际情况中，农业保险的发展规模还不能够满足农业发展的需要，许多农业项目仍面临着高风险、低保障的困境，这也是金融机构土地承包经营权抵押贷款“惜贷”的主要原因。为了打消金融机构的顾虑，防范信贷风险，要加快推进农业保险制度，第一，应尽快对农业保险立法，从法律层面明确政府、保险机构、金融机构等主体各应承担的责任；第二，要扩大保险品种，不仅是农业生产领域的保险品种，还要探索与农民生活相关的农业保险品种，分散农业项目本身带来的风险，进一步提高农业保险的保障率和覆盖率，加强农业保险的基础保障功能；第三，建立农地产权抵押的强制保险制度，农业经营者在申请抵押贷款时，必须按一定的保障额度参加农业保险，即一份土地承包经营权抵押贷款要对应一份一定额度的农业保险；第四，要加大农业保险的财政支持力度，自从实施保险费用补贴制度以后，我国的农业保险取得了长足发展，因此中央政府应继续加大对农业保险的支持力度，同时要不断完善保费的补贴制度，可以实行特色化和差异化相结合的补贴制度，例如有针对性地对规模化农业经营主体推出赔付率更高的保险产品，或者对具有特色的农业项目给予或增加保费补贴支持；第五，建立农业巨灾风险基金，农业风险属于巨灾风险，为了有效分散巨灾风险，国家可以设立农业巨灾风险基金，国家、地方财政每年按照保费收入的一定比例拨付建立农业巨灾风险准备金，由保险机构进行管理和运作，对遭受巨灾损失的保险机构予以一定程度的补偿；第六，发展农业再保险，国家可以通过一定的优惠政策引入实力雄厚、经验丰富的国际再保险公司参与到农业保险再保险体系，各保险主体也要积极寻求与国际再保险公司的合作；第七，加强农业保险的宣传力度，通过宣传教育揭示农业的巨灾风险，增强农民的风险意识和保险观念。

（五）完善农地价值评估制度

所谓的价值评估制度，就是指专门的价值评估人员，遵循严格、合理、科学的价值评估原则和方法，对土地的市场价格予以测定。而合理的价值评估机制能够有效规避土地承包经营权抵押贷款带给涉农金融机构的风险，减少因价值评估不准确而带来的经济损失。笔者建议可以从以下几个方面来促进农地价值评估制度的建立：

1. 大力发展农地价值评估中介机构

这种农地使用权价值评估机构一开始应该由政府引导建立，但是经过一段时间的发展，应该独立成长，走市场化道路。因为，政府指导的价值评估机构往往容易导致政府的不当干预、工作效率低下以及涉农金融机构以及农户利益受损。所以，应当大力发展农地价值评估中介机构，逐步形成科学合理的价值评估体系。但同时需要指出的是，在该机构发展的初期，政府应该给予适当的支持和必要的监督，对价值评估机构的违规行为进行监督并惩罚，可将其违规情形和具体信息在市场中公布，便于市场主体更好地选择农地价值评估机构。

2. 设置合理的评估原则

公正合理的农地价值评估原则，不仅能够准确地测量农地价值，也能切实有效地规避涉农金融机构面临的风险。第一，客观性原则。评估机构应在综合考虑农地各项客观因素的基础上对农地价值进行评估，并对各项因素予以核实，从而根据客观的评估标准对农地价值予以真实的评估。第二，独立性原则。评估人员在评估农地价值的过程中，不应受到其他人为因素的干扰，应独立地完成评估工作并对其评估结果负责。第三，科学性原则。评估人员应当具备专业的评估能力与专业素质，另外，也可以引入农业专家参与评估工作，可以为农产品的收益及农业生产方面提供更为专业的建议①。这样一来，不仅可以保证农地价值评估的科学性，也有助于涉农金融机构了解农地经营人的经营能力、农产品的收益情况以及发展前景，进而确立相应的贷款额度，防止金融风险的发生。

---

① 胡建:《农村土地抵押的运行实践与制度完善》，载《重庆大学学报》（社会科学版）2015 年第 21 期，第 129—133 页。

3. 制定农地基准价格制度

农地基准价格的缺失使得涉农金融机构对农地价格的评估失去了基本依据，造成农地在流转中出现地价水平不协调等问题，这不仅为金融机构带来了巨大风险，而且也阻碍了农地市场的发展与完善。在农地价值评估制度的构建中，应该建立农地基准价格制度，进而为涉农金融机构对抵押品的评估提供基础和依据。例如，在成都市的土地承包经营权抵押试点中就进行了制度创新，根据《成都市农村土地承包经营权抵押融资管理办法（试行）》第10条规定，在对土地承包经营权抵押价值的评估上，既可以由抵押当事人协商加以确定，也可以由抵押当事人共同确定具有专业资质的中介机构来进行评定，但评估价格都不能低于当地政府公布的同期、同类型、同地区的土地承包经营权的基准价格。而在四川崇州市，通过《崇州市农村土地承包经营权评估基准价办法》将辖区的承包地分为水田、园林、旱地、荒地等四大类型，并分别制定了不同的基准价格[①]。通过实践证明，农地基准价格制度的适用极大地提高了农地价值评估的规范性，为涉农金融机构抵押品评估提供了依据，进而对农地的顺利流转以及农地抵押融资起到了巨大的推动作用。

4. 规范价值评估程序

第一步，评估申请人提出土地承包经营权价值评估申请，并提交相关申请材料。第二步，评估机构对相关材料进行审核，对于符合评估条件的，接受申请。第三步，评估机构进行实地调查，核实相关信息，判定农地的实际情况。第四步，评估机构根据申请人提供的资料和实地调查结果，对农地价值进行评估。第五步，评估机构内部对评估结果进行严格审核，出具最终的评估报告书，并且只有通过评估人员及评估机构盖章方能生效。

（六）加强农户信用体系建设

对于涉农金融机构来说，农户的信用违约也是金融机构开展土地承包经营权抵押业务面临的大问题。基于此，我们要全面推进农村信用体系的建设，严控信用风险。土地承包经营权抵押贷款的发放的第一步应该是对借款人个人的人品及征信的评价，以此为基础确立信用授信，再根据抵押资产的情况给予信贷增信。而当前，我国农村大多数农户都缺乏信用记录，使得涉农金融机构获

---

① 刘广明：《农地抵押融资功能实现法律制度研究》，人民出版社2016年版，第303—310页。

得农户个人诚信信息存在困难，进而增加了一定的风险。要加强农户信用体系建设，应从以下三方面做起：

1. 建立农村数据共享平台

我国农村是以家庭为主要单位，农户并没有完整的档案记录，其信息过于分散，然而农村信息征集成本又高，所以建立一个数据共享的农村征信体系是非常必要的。先采集农户个人的基本信息，然后随着他们发生生产、经营、信贷等行为，更新其记录。这样一来若是金融机构开展土地承包经营权抵押贷款业务，便可以轻松获取农户在生产中的守信信息。

2. 规范信息采集机制

农村征信体系的最终确立是从信息采集开始的。信息采集的规范性直接关系农村征信体系的成功。一个正规的信息采集机制主要是要保证信息来源的真实性和可靠性，农户信息资料是否真实，是否能够随着实际情况更新，对信息使用人非常重要[①]。随着电脑和网络的普及，信息采集人员应鼓励农户通过电子化方式自动报送信息，后由审核人员保证其真实性。

3. 建立信用评级系统

按照农户的信用记录设计信用等级，可以分为优、良、中、差几个级别，也可以分为特级、优级、良级、差级[②]。不同级别的农户享受的不同的金融服务，可以通过授信额度、期限等体现。信用评级体系一旦建立，就必须严格执行，通过对农户的约束来强化农户的守信意识和行为。

4. 加大信用村镇建设

信用村指辖区内农户信用观念强、农户关系融洽、经济状况良好、无历史欠贷款的行政村。可以通过制定具体的实施方案明确信用村的创建标准和加大扶持政策，充分调动农户创建信用村的积极性，如扩大贷款额度、简化贷款手续、降低贷款浮动利率等。信用村的建设有利于改善信用环境，提高金融机构放贷的积极性，应通过不断打造“信用村”，培育农户的信用意识，营造一个诚实守信的农村社会氛围。

---

① 胡建：《农村土地抵押的运行实践与制度完善》，载《重庆大学学报》（社会科学版）2015 年第 21 期，第 129—133 页。

② 沈思言，徐雷：《土地承包经营权抵押制度国内文献综述》，载《河北法学》2015 年第 33 期，第 8—11 页。

六、结论与展望

风险的识别和防范是土地承包经营权抵押业务得以顺利发展的关键，与一般抵押贷款相同的是，土地承包经营权抵押贷款的风险是客观存在且不断变化的，不同于一般抵押贷款的是该业务的抵押物为土地承包经营权，这一特殊性决定了土地承包经营权抵押业务的特殊风险。只有对该项业务的特点进行深入的分析和研究，才能找到其风险所在，建立起一套完善的风险防范机制，并有效地应用于业务办理的实践中，及时地消除风险隐患，促进土地承包经营权抵押业务的顺畅进行。本章从债权人的角度，以理论研究与实证研究为基础，分析其所面临的主要风险，并通过借鉴实践中的风险防范经验提出相应的建议与对策。本文的主要研究结论如下：

第一，细化相关法律法规的规定，使涉农金融机构接受土地承包经营权抵押、处置抵押物以及处理相关纠纷时依据明确，国家应加快修改和完善多部法律法规，让土地承包经营权抵押贷款业务做到有法可依、有章可循；第二，涉农金融机构应加强农地信贷管理，通过制定具体的管理与操作办法，规范信贷程序，严守风险底线；第三，政府在该项业务的运行中起主导作用，通过建立资产处置公司、设立风险补偿基金、推行农业保险制度来保障土地承包经营权抵押贷款业务的发展。

本文仅仅是对土地承包经营权抵押风险防范法律对策研究的一个起点，无论是从广度还是从深度，都需要进一步研究与完善。对于后续的研究，笔者认为应该从土地承包经营权的拍卖制度和农户失地后的权益保障等方面进行深入的探讨。

参考文献

专著类

[1] 胡吕银:《土地承包经营权的物权法分析》，复旦大学出版社 2004 年版。

[2] 罗剑朝:《中国农地金融制度研究》，中国农业出版社 2005 年版。

[3] 何广文，李树生:《农村金融学》，中国金融出版社 2008 年版。

[4] 陈军，曹远征:《农村金融深化与发展评析》，中国人民大学出版社 2008 年版。

[5] 孟勤国:《中国农村土地流转问题研究》，法律出版社 2009 年版。

[6] 唐义虎:《担保物权制度研究》，北京大学出版社 2011 年版。

[7] 曾庆芬:《土地承包经营权流转新趋势下农地金融问题研究》，中国农业出版社 2011 年版。

[8] 杨劲:《农村土地资本化: 基于资本、产权和制度视角的研究》，广东人民出版社 2011 年版。

[9] 吴伟:《农村金融及其制度创新研究》，世界图书出版社 2012 年版。

[10] 蒋晓玲，李慧:《农村土地使用权流转法律问题研究》，法律出版社 2012 年版。

[11] 刘秀娟:《农地流转及区域土地利用问题研究》，中国农业出版社 2014 年版。

[12] 邹新阳:《农地金融制度构建研究》，科学出版社 2015 年版。

[13] 程郁，王宾:《农村土地金融的制度与模式研究》，中国发展出版社 2015 年版。

[14] 阎庆民，张晓朴:《农村土地产权抵质押创新的实现路径》，中国经济出版社 2015 年版。

[15] 黄英:《农村土地流转法律问题研究》，中国政法大学出版社 2015 年版。

[16] 刘广明:《农地抵押融资功能实现法律制度研究》，人民出版社 2016 年版。

[17] 黎毅:《宁夏平罗农村土地产权抵押融资模式研究》，中国金融出版社 2016 年版。

[18] 安海燕:《农村土地承包经营权抵押贷款试点效果研究》，中国财政经济出版社 2017 年版。

[19] 朱庆，汪莉:《承包土地经营权与农房抵押登记问题研究》，法律出版社 2019 年版。

[20] 邓中辉:《农村承包土地的经营权抵押贷款工作指南——以新田县为例》，中国农业出版社 2019 年版。

期刊类

[1] 韩志才:《健全土地承包经营权流转市场》，载《池州学院学报》2008 年第 2 期。

[2] 刘贵珍:《推行农村土地承包经营权抵押贷款的建议》，载《青海金融》2009 年第 1 期。

［3］高锋，周雪梅，肖诗顺：《农村土地承包经营权抵押担保制度探讨》，载《农村金融》2009 年第 3 期。

［4］柴振国，潘静：《土地承包经营权出资中农民权益保护研究》，载《河北法学》2009 年第 9 期。

［5］温世扬，兰晓为：《土地承包经营权流转中的利益冲突与立法选择》，载《法学评论》2010 年第 1 期。

［6］赵美玲，杨秀平，王素斋：《农村土地承包经营权流转：现状、问题与对策》，载《长白学刊》2010 年第 6 期。

［7］贾静：《新形势下完善土地承包经营权流转制度的构想》，载《中央财经大学学报》2010 年第 10 期。

［8］李瑞红：《土地抵押贷款八类风险及其防控建议》，载《理论与当代》2011 年第 2 期。

［9］王平，邱道持，李广东：《农村土地抵押贷款发展浅析——以重庆市开县为例》，载《西南大学学报》2011 年第 3 期。

［10］张红宵：《农村土地承包经营权及其流转性质的法律辨析》，载《河北法学》2011 年第 4 期。

［11］林乐芬，王军：《农村金融机构开展土地金融的意愿及影响因素分析》，载《农业经济问题》2011 年第 12 期。

［12］杨光：《我国农村土地承包经营权流转的困境与路径选择》，载《东北师大学报》2012 年第 1 期。

［13］唐薇，吴越：《土地承包经营权抵押的制度“瓶颈”与制度创新》，载《河北法学》2012 年第 12 期。

［14］赵万一，汪轻松：《土地承包经营权的功能转型及权能实现——基于农村社会管理创新的视角》，载《法学研究》2014 年第 1 期。

［15］王铁雄：《农村土地承包经营权抵押融资问题与对策分析》，载《云南大学学报》2014 年第 2 期。

［16］兰德平，刘洪银：《农村土地承包经营权抵押贷款风险形成与控制》，载《征信》2014 年第 4 期。

［17］刘奇：《农地抵押贷款的困境》，载《中国金融》2014 年第 5 期。

［18］惠献波：《农村土地经营权抵押贷款实践探索：一个文献综述》，载《湖南财政经济学院学报》2014 年第 6 期。

［19］姜雪莲：《农村土地承包经营权流转信托的法律问题——以中信安徽宿州农村土地承包经营权信托为中心》，载《北方法学》2014 年第 8 期。

［20］朱永永：《土地流转视角下农村土地银行运作机制研究》，载《河北法学》2014 年第 9 期。

[21] 王燕燕：《农地金融制度：国别比较与借鉴》，载《山西农业大学学报》2014年第11期。

[22] 惠献波：《农村土地证券化：国际经验借鉴与中国机制设计》，载《南方金融》2014年第12期。

[23] 王劲秋：《农村土地承包经营权抵押贷款业务可行性的调查与建议》，载《现代金融》2014年第12期。

[24] 严青，梁雨菲：《国内农地融资模式比较及启示》，载《南方论刊》2014年第12期。

[25] 程郁：《完善农地抵押贷款制度的思考》，载《经济观察》2015年第1期。

[26] 惠献波：《农地经营权抵押贷款——高陵模式研究》，载《景德镇学院学报》2015年第1期。

[27] 唐德祥，周小波，杨无限：《农村"三权"资产抵押贷款的风险生成、衡量及其防范建议》，载《江苏农业科学》2015年第2期。

[28] 赵一哲，王青：《农地承包经营权抵押贷款风险的研究——基于涉农金融机构视角》，载《安徽农业大学学报》2015年第2期。

[29] 张龙耀，王梦珺，刘俊杰：《农民土地承包经营权抵押融资改革分析》，载《农业经济问题》2015年第2期。

[30] 胡建：《农村土地抵押的运行实践与制度完善》，载《重庆大学学报》（社会科学版）2015年第2期。

[31] 罗剑朝，庸晖，庞玺成：《农地抵押融资运行模式国际比较及其启示》，载《中国农村经济》2015年第3期。

[32] 黄延延，刘昕瑜：《农地抵押制度创新问题探讨》，载《河南师范大学学报》2015年第5期。

[33] 姜岩：《农村土地资本化改革的路径创新》，载《西北农林科技大学学报》（社会科学版）2015年第6期。

[34] 沈思言，徐雷：《土地承包经营权抵押制度国内文献综述》，载《河北法学》2015年第9期。

[35] 唐婷：《农村产权土地抵押的风险现状及应对策略》，载《农村经济与科技》2015年第22期。

[36] 曹瑾，郭素芳：《农村土地信托流转模式的调查与参考——以福建沙县为例》，载《安徽农学通报》2016年第9期。

[37] 李宏伟：《土地经营权抵押融资的实践、困惑及模式创新》，载《西南金融》2016年第9期。

[38] 支小影：《农民土地承包经营权抵押融资改革分析》，载《中国集体经济》2017年第1期。

[39] 张新立，刘敬:《农村土地承包经营权抵押贷款探索之路——以河北省邱县为例》，载《河北金融》2017 年第 2 期。

[40] 黄惠春，陈强:《抵押风险对农地抵押贷款需求的影响——基于原始承包户和经营户的比较》，载《中央财经大学学报》2017 年第 4 期。

[41] 张传华:《我国农村土地经营权抵押担保制度研究》，载《农业经济》2017 年第 9 期。

[42] 吕杏平:《农村承包土地经营权抵押贷款风险缓释机制研究——基于浙江嵊州市的试点调查》，载《浙江金融》2017 年第 12 期。

[43] 郭恒冉:《农户土地经营权抵押融资风险影响因素分析》，载《广东土地科学》2018 年第 3 期。

[44] 那拉，门建芳，马瑛:《土地承包经营权抵押贷款运行机制基本经验与完善——基于宁夏同心与福建明溪试点的对比》，载《江西农业学报》2018 年第 7 期。

[45] 马婷，刘新平，张琳:《农村土地承包经营权抵押风险评估与防控研究》，载《中国农业资源与区划》2018 年第 7 期。

[46] 史明灿:《农村土地经营权抵押融资风险：类型、原因及域外经验》，载《江苏农业科学》2018 年第 24 期。

[47] 邓晓:《农村承包土地经营权抵押贷款风险和处置问题研究》，载《中国集体经济》2018 年第 32 期。

[48] 占治民，曾燕珍，谢雨珊，詹雨薇:《农户承包土地经营权抵押融资政策风险影响因素经验解释》，载《统计与决策》2019 年第 3 期。

学术论文类

[1] 张莉:《农村土地承包经营权抵押贷款制度分析》，中南大学 2009 年硕士学位论文。

[2] 李思冉:《农地经营权抵押融资研究——基于农地制度演变的视角》，西南财经大学 2009 年硕士学位论文。

[3] 未旭娟:《我国农村土地承包经营权流转研究——基于成都市的改革经验》，西南财经大学 2009 年硕士学位论文。

[4] 刘瑾:《建立我国土地银行的法律思考》，中南大学 2010 年硕士学位论文。

[5] 何上华:《农村土地承包经营权抵押制度法律研究》，南京航空航天大学 2011 年硕士学位论文。

[6] 孙君良:《土地承包经营权抵押研究》，西南政法大学 2011 年硕士学位论文。

[7] 梅琳:《我国农村土地流转模式研究》，福建师范大学 2011 年硕士学位论文。

[8] 高新榕:《福建省农村土地承包经营权流转研究》，福建农林大学 2011 年硕士学位论文。

[9] 冯晓兰:《农村土地流转中土地银行模式培育研究》,中共湖北省委党校 2013 年硕士学位论文。

[10] 郑美江:《吉林省农地金融制度研究》,吉林农业大学 2013 年硕士学位论文。

[11] 陈雪灵:《农村土地承包经营权流转问题探析——基于成都市统筹试点的研究》,西南财经大学 2013 年硕士学位论文。

[12] 邓方池:《沙县农村金融改革机制研究》,福建农林大学 2014 年硕士学位论文。

[13] 彭任远:《我国村镇银行法律问题研究》,云南财经大学 2014 年硕士学位论文。

[14] 苏国平:《土地承包经营权抵押问题研究》,华中师范大学 2014 年硕士学位论文。

[15] 赵峰:《农村土地承包经营权流转风险防范研究》,华中农业大学 2014 年硕士学位论文。

[16] 陈雍:《论土地承包经营权抵押》,西南政法大学 2014 年硕士学位论文。

[17] 耿庆涛:《山东省农村土地金融发展思路与运作模式》,山东大学 2015 年硕士学位论文。

[18] 陈明星:《农村土地承包经营权抵押法律制度研究》,西北政法大学 2015 年硕士学位论文。

[19] 夏雨:《农村土地承包经营权抵押问题研究》,海南大学 2015 年硕士学位论文。

[20] 周江:《成都市农地经营权流转市场发育度研究》,四川农业大学 2015 年硕士学位论文。

[21] 高影:《土地承包经营权抵押风险防范制度研究》,华中师范大学 2015 年硕士学位论文。

[22] 赵一哲:《农地经营权抵押贷款风险研究》,西北农林科技大学 2015 年硕士学位论文。

[23] 黎毅:《农村土地产权抵押融资模式研究——以宁夏平罗为例》,西北农林科技大学 2015 年硕士学位论文。

[24] 吕琳:《农村土地产权抵押贷款风险补偿机制研究——以宁夏平罗为例》,西北农林科技大学 2016 年硕士学位论文。

[25] 徐梅:《新城镇化背景下宁夏农村土地流转模式研究》,西北农林科技大学 2016 年硕士学位论文。

[26] 戴琳:《沙县农地流转中的政府规范行为研究》,福建农林大学 2016 年硕士学位论文。

[27] 魏备娜:《我国土地承包经营权抵押制度构建》,西北政法大学 2016 年硕士学位论文。

[28] 刘迪:《土地承包经营权抵押制度研究》,华中师范大学 2016 年硕士学位论文。

[29] 申红艳:《土地承包经营权抵押研究》,吉林大学 2016 年硕士学位论文。

[30] 刘力良:《农村土地承包经营权抵押研究》,海南大学 2016 年硕士学位论文。

[31] 李任湘：《农村土地承包经营权抵押制度研究》，广东财经大学 2017 年硕士论文。

[32] 晏祥辉：《农村土地承包经营权抵押的法律问题研究》，云南财经大学 2017 年硕士论文。

[33] 庄宁：《甘肃农村土地承包经营权抵押贷款风险研究》，兰州大学 2018 年硕士论文。

[34] 占治民：《农地承包经营权抵押贷款试点风险控制研究——以陕西、宁夏试点地区农户调查数据为例》，西北农林科技大学 2018 年博士论文。

第五章｜农地承包权退出法律制度构建研究

一、问题的提出

中国农村目前正处于一个急速变化的时期。大量的农民离开农村外出务工，在工种的选择上也不仅局限于与土地相关的职业，这些现实情况使得农民对土地的依赖程度大大降低。我国农民工的总量在2018年底为2.88亿，这其中51.5%为1980年以后出生的新生代农民工①。农村青壮年劳动力不断涌入城市，与此同时依然坚守在农村从事农地生产的农民数量越来越少，表现尤为明显的是年纪较小的农民工，他们不太会被传统思想所影响，对于所从事职业范畴的选择性更广，与父辈比起来，务农的意愿不断下降，这些因素的存在导致土地被撂荒的现象越发严峻。农地资源被浪费严重影响了我国农业经营规模化集约化进程，是推动我国农业发展进程中所面临的重要问题。我国耕地面积近几年来不断减少，根据相关部门调查显示，截至2017年底耕地总面积为20.23亿亩，与上一年同期相比总面积减少了91.35万亩②。耕地的重要性不言而喻，耕地是人类粮食的主要生产基地，是人类最依赖的生产资料，对人类的生活发展至关重要，在农业生产过程中具有不可替代性。我国的耕地面积十分有限，耕地总面积不到世界耕地总面积的10%，可是我国人口总数却达到了世界总人口数的22%，所面临的人地矛盾是十分严峻的。为了保证我国的粮食产量维持在一个稳定的数量，就必须要保持耕地面积的稳定。耕地闲置不仅会使农地资源被浪费，加重人地矛盾，还会影响整个社会经济的发展。在此背景下，如何让进城落户农民或在城镇居住农民尽快退出土地承包权，集约规模利用土地，推进现

---

① 陈炜伟:《2018年我国农民工总量为28836万人》，载http://economy.gmw.cn/2019-04/30/content_32796832.htm，最后访问日期2019年4月20日。

② 黄晓芳:《2017中国土地矿产海洋资源统计公报发布》，载http://www.chinacoop.gov.cn/HTML/2018/05/22/135851.html，最后访问日期2018年5月22日。

代农业的发展和城乡一体化进程，是个极具现实意义的重大课题。

我国这些年一直聚焦于农村改革这一重大问题，其中推进农业经营规模化集约化发展、合理配置农地资源是改革的核心问题。国家近年来也高度重视农地承包权退出问题，不断释放改革信号，出台了一系列政策措施。

近年来，我国虽然在多个地区积极推动农地承包权退出试点工作，但对农地承包权退出并未制定国家层面统一的制度规范，各试点地区对农地承包权退出也在逐步探索中，具体做法不尽相同，还没有形成一个明确的政策规定和制度规范。推进农地承包权退出可以达到提高土地使用效率的目的，同时也是促进城乡融合发展的有效途径。因此，构建农地承包权退出法律制度就成为当前亟须解决的重大理论和现实问题。本章的研究主题便是承包权退出的法律制度构建研究，以期为下一步农民顺利退出农地承包权提供规范化的制度保障。

二、农地承包权退出的理论基础

（一）农地承包权退出的内涵界定

1. 土地承包经营权

农村土地承包经营权是基于我国特殊的国情以及中国特色社会主义土地制度而产生的，是具有我国特色的土地制度。由于其特殊性，学者们对土地承包经营权的性质划分持有不同的观点，其中包括债权说、物权说以及物权债权双重学说等。2007 年颁布的《物权法》将土地承包经营权最终定义为用益物权。土地承包经营权是指承包方与发包方在法律许可的范围内签订合同，依据承包合同，承包人取得农民集体所有或国家所有的土地、耕地、林地、草地、水面、滩涂等农业用地的占有、使用、收益和流转的权利。

农村土地承包经营权是一项极具中国特色的特殊权利，它的特殊性主要体现在以下几个方面：第一，权利主体的特殊性。土地承包经营权的权利主体（承包方）须是集体经济组织内部成员，若是集体经济组织以外的个人或单位承包经营的，必须经过村民代表或村民会议的 2/3 以上成员同意，并报乡（镇）级人民政府批准。第二，权利客体的特殊性。土地承包经营权的客体是农用地，即集体经济组织所有或者国家所有交给集体使用的草地、林地、农田水利用地等农业用地。第三，权利内容的特殊性。土地承包经营权的权利内容主要以养殖业、种植业、畜牧业、渔业等农业生产为目的，即只能用作农业用途。第四，权利性质的保障性。目前，社会保障制度在我国农村地区相对薄弱，对于农民来说，土地仍然是他们最主要的生产资料以及最终的生活依托，所以一直以来国家对土地承包经营权抵押流转都持禁止态度，目的就是保障农民基本的生存权。

2. 土地承包权退出

（1）承包权退出与承包地退出

农民能够无偿取得承包地是基于其集体经济组织成员的身份，承包权退出是指农民将其获得的承包地退还给集体经济组织，不再承包，另外退出农民的子女及其后代同样不再具有承包土地的权利。农地承包权退出主要表现在以下两方面，首先是职业范畴的改变，农民对工作的选择从以前与土地有关的领域进入与农业无关的非农领域；其次便是农民由以前的农村户口转为城镇户口，即农民转换为城镇居民①。承包权退出与承包地退出是既相互区别又相互联系的概念。土地承包权的客体是农地，即集体经济组织所有或者国家所有交给集体使用的草地、林地、农田水利用地等农业用地，当土地被应用于农业生产时才能够成为农地承包权的客体。农民最终的退出是权利的退出，并不是土地的退出。

（2）承包权退出与经营权退出

经营权退出是指将土地承包期到期前的承包地经营权转让给他人，农地承包权仍然被保留。国家从法律层面上也明确规定，要在坚持自愿有偿的前提下保护农民进行土地承包经营权流转。经营权退出具有可逆性、灵活性和自主决策性，转让合同到期后即可收回土地经营权，农民可以自行决定转让期限，转出方式也有很多选择，经营权退出不影响农户的承包权。

中共中央于2014年审议通过《关于引导农村土地经营权有序流转发展农业适度规模经营的意见》，首次以中央文件形式正式提出“三权分置”这一农村改革新措施。“三权分置”的主要内容是，在坚持农民集体所有权不变的前提下，承包经营权被独立划分为承包权和经营权。在“三权分置”的背景下，所有权依然归集体所有，承包权的主体还是农民，而农民可以将经营权自由流

---

① 简新华，黄锟：《中国工业化和城市化过程中的农民工问题研究》，人民出版社2008年版，第15页。

转，形成所有权、承包权、经营权三权分置，经营权有序流转的格局。“三权分置”这一改革新措施鼓励农民对农地经营权进行有偿流转，大大地调动农民的积极性，使农民能够得到稳定的收益，能够大力推进我国农业规模化经营发展进程，对土地的有效集约利用具有重要意义。

（3）承包权退出与流转的区别

农地流转是指农民保留农地承包权，将农地使用权让渡给集体经济组织或是其他对土地有需求的农户。农地承包权退出则不再局限于承包期内农地经营权的流转，而是完全放弃了农地承包权。农地承包权退出与农地流转有以下几个区别：

第一，转出对象不同。农地流转的对象可以是本集体成员，也可以是其他村集体成员，还可以是农业经营企业。而农地承包权退出则是指该农民不再拥有承包集体土地的权利，农地承包权退出后的土地接收方只能是村集体。

第二，行为方式不同。农地流转是土地承包者将土地的使用权让渡给他人，这种转让使用权的行为是有时间限制的，农民通过土地的租金获得经济收益。农地承包权退出则是指农民放弃其所拥有的承包权，并从退出土地的新的接收方获取退地补偿。

第三，权利稳定不同。农地流转只是将一段时期的农地经营权转让出去，农地转出者最终仍将拿回归属于他们的土地，所以流转之后，经营者并不拥有长期稳定的经营权。农地承包权退出则完全不同，退出之后，农地与退出者之间不再有任何权利归属关系，权利的接收者获得了对于该土地的永久权利。

土地流转能够产生一定的积极意义，可以有效减少农村土地被撂荒闲置的现象，能够合理配置土地资源，使有能力且有意愿从事农业生产的农民实现心中所想，增加其经济收入，对我国农业经营现代化也起到了一定的促进作用。但是有一些土地比较贫瘠，粮食产量很低；还有一些土地位置比较偏远，难以灌溉。另外，以家庭为单位经营承包地的农户仍占大多数，这使得我国农地细碎化现象非常严重，这些土地很难通过流转的方式来杜绝耕地撂荒现象的产生，这时就需要建立一个彻底的、全面的退出制度，从而有效减少农地撂荒现象的发生。农民市民化进程的最终目标是农民工身份向市民身份的彻底转变，而我国市民化进程目前只是实现了农民向农民工的转变，离最终目标的实现还有很大的一段距离。如果进城务工的农民没有与农村彻底断离，对土地依旧存在依附心理，那么就无法真正融入城镇生活，无法在城镇中稳定下来，农民市民化这一战略进程也就无法完成。当农民工在农村依然拥有农地承包权时，他们在心理上会将农村当作自己“退可谋生”的底线，从而无法从根本上杜绝耕地撂荒和房屋闲置的现象。基于上述的思路，本文认为，应该从新的角度来研究城镇化进程中退出土地的处理问题，建立符合农民实际所需并能够有效联动的农地承包权退出制度。

本文所研究的农地承包权退出，不包括经营权退出，就是依法、自愿、有偿的农地承包权退出，也不包括农地被强制退出、强制收回、征收或者流转。

（二）农地承包权退出的主要类型

1. 退出部分农地承包权

在实践中，有些农民从降低风险的角度考虑，最终采取退出部分承包地的做法。有的只是退出自己无暇耕种的部分承包地，有的是将家里在外务工的成员名下的承包地退出。这种退出部分农地承包权的情况，农民依然拥有下一轮对土地的承包权，农民与集体经济组织基于土地的权利义务关系依然保持不变，这是一种不完全的退出，是农地承包权退出的过渡类型。这种退出部分农地承包权的做法并不被鼓励，但是本着自愿的原则，也并未禁止此种做法。在实践中，重庆梁平两种退地模式中的一种便属于此种形式的退出。例如，梁平县义和村某村民选择退出全部承包地中的 0.45 亩，剩余的 0.35 亩承包地依旧保留；还有村民选择退出自己家承包的 0.53 亩河滩地①。

2. 退出全部农地承包权

退出全部农地承包权是指农民将农地承包权交还给村集体经济组织，但农民的村集体经济组织成员身份仍然保留，依然享有其合法权利，包括宅基地使用权和集体资产分配权。这种形式的退出有利于农业经营规模化的实现，也可以帮助农民有效规避农地承包权退出所带来的各类风险。这是目前农地承包权退出最主要的类型，实践中大多数的承包权退出都属于此种类型的退出。

3. 退出农村集体成员权

退出农村集体成员权是指农户全家迁入城镇，由农村户口转为城镇户口，

---

① 刘同山：《农户承包地的退出路径：一个地方试验》，载《重庆社会科学》2016 年第 11 期，第 38—43 页。

完成农民向市民身份的彻底转变，同时放弃基于其集体经济组织成员身份所拥有的全部权利，包括土地承包经营权、宅基地使用权以及集体收益分配权。此种性质的退出是我国不断推进农地承包权退出试点工作的最终目标，农民在农村再无土地，与农村再无联系，彻底在城镇稳定下来。在实践中，宁夏平罗的试点退出性质便属于退出农村集体成员权，即“三权同退”模式。这是一种不可逆的、永久性的退出①。

（三）农地承包权退出的发展演变

家庭联产承包责任制这一土地制度是基于我国特殊的国情而产生的，是一个极具中国特色的土地制度。实施家庭联产承包责任制的主要目的是调动农民的生产热情，加大农业经营，从而提升农民群众的生活水平。但是家庭联产承包责任制中所规定的长期保持土地承包关系不变这一政策是很不合理的。农民的数量一直处于变化中，每家每户都会出现“少人”或者“增人”的情况，这时就会产生农地数量与人口数量不匹配的情况。现实中一些家庭人口众多，可是却拥有很少数量的土地，这时就很难依靠务农来供给全家的生计，这说明过去所确定的农村土地制度已经滞后于现实，不能满足现阶段的发展要求。同时随着我国农村改革的不断深化、城镇化进程的不断推进，大量农村劳动力涌入城镇，向非农行业转移，农民能够依附的不仅仅只有土地，人地关系发生转变。土地也由最基本的保障性功能开始向资产收益功能过渡，越来越需要通过市场达到优化资源配置的目的，同时各类新型农业经营主体竞相绽放。为了顺应这些农业新局面，近年来，我国开始探索农地承包权有偿退出制度，一系列重要文件都对农地承包权退出提出明确要求。

1. 强制无偿退出承包地（1978—2001 年）

这一阶段是我国改革开放以后到土地承包法颁布之前。1978 年，我国恢复中考、高考制度，伴随着高考制度的恢复，户籍制度也有所改变。当时的规定是，凡是国家计划内招生的农村户籍学生，入学时必须将户口转为非农业户口。转为城镇户口的同时，农村户籍大学生必须将自己在农村的承包地退还给农村集体经济组织，承包地退还给集体后，大学生的生活保障以及所需学费由国家

---

① 范传棋，谭静，雷俊忠：《农民承包地有偿退出模式比较研究》，载《农村经济》2017 年第 4 期，第 37—41 页。

统一划拨，毕业之后的工作也由国家安排，毕业生直接上岗即可。也就是说，当时的户籍转变是有条件的，在大学生身份的前提下，无偿退出承包地才能获得城镇非农户口，这是一种强制性的退出。当时城镇户口享有多种政策红利，毕业了之后由国家分配单位工作，同时国家还会供给生活所需基本口粮。出于以上两方面考虑，当时许多农村有志青年普遍选择由农业户籍转为非农业户籍，无偿退出承包地，离开农业。

2. 自愿无偿退出承包地（2002—2010 年）

自愿无偿退出承包地这一阶段以2002年颁布的《农村土地承包法》为起点，区分农户迁入小城镇还是设区的市，采取自愿保留承包地和无偿收回承包地。按照承包法的相关规定，如果承包方在承包期内全家迁入小城镇落户的，是保留土地承包经营权、退回土地承包经营权还是依法进行土地承包经营权流转，应当根据承包方的意愿由其自主决定。如果承包方交回，应不予补偿。实践中由于小城镇就业的局限，绝大多数农户采取了保留或流转土地承包经营权的方式。如果承包方在承包期内全家迁入设区的市，转换成非农业户口的，应当无偿交回土地承包经营权。承包方不愿交回的，发包方可以强制收回土地承包经营权。但由于农村社会的复杂性和熟人社会的影响，实践中对无偿强制收回土地承包经营权执行并不严格。

3. 自愿有偿退出承包地（2011 年至今）

自愿有偿退出承包地这一阶段以 2011 年 12 月 27 日时任国务院总理温家宝在中央农村工作会议讲话为起点，在会议讲话中温总理提到，土地承包经营权是法律赋予农民的合法财产权利，任何人都无权剥夺。2013 年 11 月审议通过的《中共中央关于全面深化改革若干重大问题的决定》，提出要全面深化改革，赋予农民更多财产权利，明确提出了“农民对承包地占有、使用、收益、流转及承包经营权抵押、担保权能”等内容。此后出台了一系列的重要文件都对承包权退出工作提出改革意见。

时间	相关政策法规	具体内容
2011 年	中央农村工作会议	时任国务院总理温家宝讲话，土地承包经营权不能剥夺。土地承包经营权、宅基地使用权、集体收益分配权等，是法律赋予农民的合法财产权利，无论他们是否还需要以此来作基本保障，也无论他们是留在农村还是进入城镇，任何人都无权剥夺。

续表

时间	相关政策法规	具体内容
2014 年	《关于全面深化农村改革加快推进农业现代化的若干意见》	稳定农村土地承包关系并保持长久不变，在坚持和完善最严格的耕地保护制度前提下，赋予农民对承包地占有、使用、收益、流转及承包经营权抵押、担保权能。在落实农村土地集体所有权的基础上，稳定农户承包权、放活土地经营权。
2015 年	《深化农村改革综合性实施方案》	提出在有条件的地方开展农民土地承包经营权有偿退出试点。
2015 年	《关于加快转变农业发展方式的意见》	明确规定，我国要坚持以农村土地集体所有和农民意愿作为农户退出农地的基础，在指定区域进行农地有偿退出的试点，引导那些具备主动退出农地条件的农户，使其自愿主动退出农地。
2015 年	《中共中央关于制定国民经济和社会发展第十三个五年规划的建议》	明确要求，“维护进城落户农民土地承包权、宅基地使用权、集体收益分配权，支持引导其依法自愿有偿转让上述权益”。
2016 年	《国务院关于实施支持农业转移人口市民化若干财政政策的通知》	要求逐步建立进城落户农民在农村的相关权益退出机制，积极引导和支持进城落户农民依法自愿有偿转让相关权益。
2016 年	《全国农业现代化规划（2016—2020）》	提出，在有条件的地方稳妥推进进城落户农民土地承包权有偿退出试点。
2016 年	《关于完善农村土地所有村承包经营权分置办法的意见》	在完善“三权分置”办法过程中，要充分维护承包农户使用、流转、抵押、退出承包地等各项权能。承包农户有权依法依规就承包土地经营权设定抵押、自愿有偿退出承包地，具备条件的可以因保护承包地获得相关补贴。承包土地被征收的，承包农户有权依法获得相应补偿，符合条件的有权获得社会保障费用等。不得违法调整农户承包地，不得以退出土地承包权作为农民进城落户的条件。
2017 年	《关于深入推进农业供给侧结构性改革的实施意见》	深化新型城镇化综合试点，鼓励试点地区在建立农业转移人口市民化成本分担机制、可持续城镇化投融资机制、新型设市设区模式、进城落户农民农村“三权”依法自愿有偿退出机制等方面先行先试并取得突破，加快推广形成共识、效果明显的改革措施。

续表

时间	相关政策法规	具体内容
2017 年	《土地承包法》（修正案）（征求意见稿）	承包地被依法征收、征用、占用的，有权依法获得相应的补偿。维护进城务工农民的土地承包经营权，不得以退出土地承包权作为农民进城落户的条件。承包方全家迁入城镇落户，纳入城镇住房和社会保障体系，丧失农村集体经济组织成员身份的，支持引导其按照国家有关规定转让土地承包权益。
2018 年	中央一号文件	要维护进城落户农民土地承包权、宅基地使用权、集体收益分配权，引导进城落户农民依法自愿有偿转让上述权益。

（四）农地承包权退出的重要意义

1. 有利于解决农村凸显的“人地分离”矛盾

我国城镇化进程不断推进，农村青壮年劳动力大量涌入城镇进行打工就业，工作可选择性范围大大增加，收入水平也比从事农业生产提高了许多。但是我国的户籍制度、土地制度以及社会保障制度并没有追赶上城镇化发展速度，没有建立起有效的人口迁移与农地承包权退出相关制度，这就形成了我国特有的“离乡不离土”的农村劳动力转移模式；同时，大量青壮年劳动力外流导致数量有限的耕地被长久撂荒闲置，这种矛盾的人地关系降低了农业生产效率，严重阻碍了我国农业生产经营的现代化发展。当下，大力推进农地承包权退出，能够有效解决耕地资源被闲置浪费的情况，也有利于解决劳动力外流所导致的“人地分离”的矛盾。

2. 有利于推进农业规模化现代化集约化进程

20 世纪 80 年代，我国开始实施土地家庭联产承包制度；改革开放以来，我国连续颁布了一系列保持农地承包制度“15 年不变”“30 年不变”“稳定并长久不变”“二轮承包期满后再延长 30 年”的土地政策，这些改革措施在一定程度上解放了农业劳动生产力，改善了农民的生活水平，然而，随着市场经济体制改革的深化以及社会经济不断发展，现有的农村土地承包制度面临严重的挑战。但是，我国的农业生产的基本情况是以家庭为单位经营承包地的农户仍占大多数，农地固定化的分配方式导致我国耕地地块零碎，土地规模普遍较小，难以形成规模效益，这与现代农业的发展要求相矛盾。为了实现农业规模化、现代化、集约化的生产目标，提高农业产业化水平，就必须要求农地集中，将土地连成一片进行生产经营，这就需要建立起合理、顺畅的农地承包权退出制度。

3. 有利于保障农民土地财产权益的充分实现

土地承包经营权是一项用益物权，是农民的重要财产权利，当前农民财产性收入增长缓慢是制约农村发展的一个重要问题。在深化农村改革的背景下，如何实现农民的财产性收入增长仍需要加大探索和改革的力度，而农地承包权的退出应是短期内可以实现农民财产性收入增长的有效途径。通过构建一套公正的补偿制度，使物权形态的承包权能够真正在价值上得到充分体现，为农民进城发展或者发展农村经济奠定财产基础。

农地承包权退出可以使退地农民脱离土地的束缚，增加财产性收入，通过减少农业生产人数来促进第一、第二、第三产业的融合发展。同时将土地退给有能力利用土地的个人或企业，提高土地效率，通过土地规模效应增加财产性收入，发挥规模化、专业化、集约化经营优势。承包权退出还可以促使农村产业结构调整，依托农村特有的资源向创意农业、旅游观光、休闲度假等新兴产业发展，转变传统的城乡消费结构，拓展农村发展空间，增加农民财产性收入。

4. 有利于实现城镇化和乡村振兴战略的目标

2018 年 2 月 4 日，“三农”工作的中央一号文件出台，文件提出了一系列关于实施乡村振兴战略的意见。推进城镇化与农业经营规模化集约化协同发展，加快乡村振兴战略发展进程是解决“三农”问题的有效途径。现实情况是，年轻一代的农民工已经成为城镇化的主体，他们与自己的父辈不同，对土地没有依赖与留恋，不愿留在农村从事农业经营生产，渴望融入城市从事非农工作，也愿意将农民身份转换成为非农身份。

因此，在农村青壮年劳动力向城镇和非农产业转移的大趋势下，建立起能动有效的农地承包权退出法律制度，对提高土地耕作资源配置效率，推进城镇化进程和实现乡村振兴战略都具有十分重要的意义。

三、我国农地承包权退出的实践考察

（一）农地承包权退出的地方探索

本部分从全国典型试点中析取江苏省金湖县、四川省内江市、重庆市梁平县以及宁夏回族自治区平罗县作为例证，进行分析和比较，总结他们在农地承包权退出方面好的做法，以期对农地承包权退出法律制度构建的探索提供有效的参考思路和实践样本。

1. 江苏省金湖县

江苏省金湖县于2016年成功申报农村土地承包经营权有偿退出试点项目，在实践考察之后，将银涂镇唐港村确立为土地承包经营权有偿退出最终试点区域。截至2016年8月，银涂镇唐港村完成承包经营权有偿退出成果总计21户70人、退出土地面积总共343.85亩，退地农民满意率达到100%[①]。

（1）在退出条件上，金湖县按照三方面标准对退出农户进行筛选。即退出农地后的农民必须要有房居住、有养老保障、有生活来源，只有同时满足这3个条件，农户才具备了退出的资格。满足这3个条件后，农户再通过一系列的规范程序完成退地流程。

（2）在退出方式上，金湖县的退地性质属于退出农村集体成员权，是一种永久性的退出。退出农户“三权同退”，同时放弃土地承包经营权、宅基地使用权和集体资产收益分配权，与农村再无联系，不再享有基于其集体经济组织成员身份所拥有的村集体财产收益、分配、补贴等各种权利。

（3）关于退地补偿标准，金湖县根据退出土地的实测面积结合集体收益分配对退地农民进行补偿，补偿标准为2.7万元/亩。

（4）在退地补偿资金的来源上，由金湖县一家国有资产公司出资40%、银涂镇一家国有资产公司出资40%、唐港村集体出资20%，组建起了金港湾农业发展有限公司，在获得了退出农民土地经营权的同时向退地农民支付退地补偿款。

（5）关于退地后的土地利用问题，金港湾农业发展有限公司对退出的承包地通过合并、平整、引入灌溉等农田基础设施工作，吸引家庭农场、农民合作社、种田大户、农业产业化龙头企业等新型农业经营主体入驻，下一步计划以水果生产和观光旅游为公司主营业务。

2. 四川省内江市

为了解决当地存在的青壮年劳动力大量流入城镇、土地资源被闲置浪费、耕地地块分散不集中等问题，内江市2014年底开始大力探索土地承包经营权

---

① 戴红梅:《搞好改革双试点　释放土地新活力》，载《江苏农村经济》2017年第3期，第55—57页。

退出。截至 2016 年底，内江市市中区退地农民总计 304 户，退出土地总面积 416 亩[①]。承包地退出这一举措使当地大量闲置的土地重新被利用，扩宽了富民的路径，获得了村民的大力认可和支持。

（1）在退出条件上，内江市为了保证退出土地承包经营权后农民的基本生活，把农民自愿申请、权属明晰、家庭成员同意，退出后有固定住房、稳定就业、不以土地为基本生活保障作为永久退出的基本条件。在此基础上，农户再与集体经济组织就退出相关事项签订协议。

（2）在退出方式上，内江市市中区土地承包经营权退出分为永久退出和长期退出。永久退出即农民将土地承包经营权永久性地交还给集体经济组织，长期退出是指农民将内江市第二轮土地承包经营权到期前（2029 年之前）剩余时间的承包经营权交还给村集体，但是依然拥有在第三轮土地承包期内承包土地的权利。这两种退出模式中，农民的成员身份均没有发生变化，仍然是集体经济组织成员中的一分子，依然拥有基于其集体组织成员身份所享有的宅基地使用权和集体资产收益权。

（3）关于补偿标准，内江土地承包经营权退出并没有统一的补偿标准。当地的土地平均流转价格为 500 元 / 亩，在参考了平均流转价格后，与当地农民进行沟通协商，从而最终确定了补偿标准。按照退出的不同方式制定不同的补偿标准，永久退出给予 3 万元 / 亩的一次性经济补偿；长期退出给予 1.19 万元 / 亩的一次性经济补偿。

（4）在补偿资金的来源上，当地集体经济组织没有能力承担市中区退地补偿总额，经研讨后决定，区政府和镇政府先从政府财政资金中将退地农民所需的补偿资金总额划拨出来，暂时借给集体经济组织用来支付退地补偿款，同时商议当村集体经济组织从其他渠道获得资金后，以分期付款的方式偿还所有退地补偿款。

3. 重庆市梁平县

重庆市梁平县于 2016 年 6 月正式开始试点土地承包经营权退出制度，在实地考察之后，最终选择屏锦镇万年村、礼让镇川西村作为封闭试点，探索农民承包地退出机制。截至 2016 年 8 月底，梁平县退地农户总计 101 户，退出

---

① 内江市委改革办，内江市中区委改革办：《四川内江土地退出“三换”模式》，载《农村工作通讯》2016 年第 22 期，第 61 页。

农地总面积297.47亩[①]，同时成功引进6个新型农业经营主体。土地承包经营权试点工作的顺利推进，也大大地促进了梁平县的农业经营规模化进程，增加了农民经济收入。

（1）在退出条件上，为了规避承包地退出所带来的风险，梁平县规定退地行为必须以“户”为单位进行，此外还有另外三个条件：一是有稳定的住所，主要包含两种情形，满足其一即可。户主本人除了本村集体外，在其他地方还有稳定住所或者户主的孩子在城镇有住房。二是家庭不以农地耕种所得为主要收入，主要劳动力从事非农工作并且有稳定的收入。三是家庭青壮年成员参加城镇职工养老保险，家庭年老成员参加重庆城乡居民社会养老保险和合作医疗保险。

（2）在退出方式上，对两个试点村的具体情况进行考察之后，梁平县最终决定承包地退出采用两种退地模式。一是“整体退出、集中使用”模式，这种模式规定农民退地行为必须以“户”为单位进行，家庭所有成员统一将土地承包经营权退还给集体；二是“部分退出、进退联动”模式，这种模式适用于以下情况，当梁平县引进的新型农业经营主体表达出对某一块农地的使用意向，在取得了集体经济组织以及承包农户的同意后，可以与农民就退出相关事项签订协议，之后新型农业经营主体支付给承包农民约定好的租金，同时获得了在合同规定期限内该块农地的经营权。

（3）关于补偿标准，梁平县在与农民进行协商的基础上，结合退出土地的耕种类型以及区域位置，同时参考梁平县2016年土地流转平均价格，最终制定出农民满意的、合理的补偿价格，目前两个试点村承包地退出均给予1.4万元/亩的一次性经济补偿。

（4）在退地补偿资金的来源上，梁平县2016年7月出台了关于土地承包经营权退出周转金的管理办法，考虑当地集体经济组织没有能力承担退地农民所需的全部补偿款，所需款项由周转金管理单位（试点所在镇）先行垫付，周转金管理单位安排了160万元用来暂时支付农民的退地补偿。集体经济组织通过再次发包退回土地和出租退出的承包地两种方法获得收益，从而用来偿还政府垫付的周转金。

---

① 张云华，伍振军，刘同山：《农民承包地退出的梁平试验》，载《中国老区建设》2017年第2期，第24—26页。

（5）关于退地后农民的保障问题，梁平县完善了就业创业扶持的相关政策，鼓励退地农民进行自主创业，同时在金融信贷方面给予退地农民一定的优惠；将符合条件的退地农民纳入城镇企业职工养老保险，保证退地农民享有最低的生活保障。

4. 宁夏回族自治区平罗县

2010年以来，宁夏回族自治区平罗县在明晰了土地承包经营权权属关系的基础上开始探索承包地有偿退出，并逐步形成了承包地有偿退出的运行制度，截至2015年9月，平罗县退出土地总面积8650亩，安置移民总计1174户①。具体做法包括：

（1）在退出条件上，平罗县农民只要同时满足在城镇有固定住所、在城镇从事稳定的非农工作、非农收入来源稳定3个条件即可申请承包地退出。

（2）关于补偿标准，平罗县政府制定的补偿标准在参考了当地近3年土地流转的平均价格的基础上每年上浮5%，因而平罗县承包地退出补偿金（每亩）= 当年承包地收储价格（包括5%的价格溢价）× 第二轮土地承包期剩余年限。此外，补偿的最终金额还需参照平罗县当年人均分配标准并结合第二轮土地承包期剩余年限。

（3）在退地补偿资金的来源上，平罗县于2013年设立了土地接收储备基金，其中为承包地退出安排了300万元的接收储备基金。接收储备基金的主要作用是替那些无力支付退地补偿金的集体经济组织先行垫付补偿款，当集体经济组织通过退出土地的抵押或者流转获得经济收益后，再向政府偿还垫付资金。

（4）关于退出土地的利用，平罗县农民所退出的承包地的接收方统一为村集体经济组织，接收方采取两种方法对退出土地进行处置，当本村有新迁入的村民时，将退出的承包地分发给新迁入的没有土地的农民，或通过转让、出租、入股、转包等方式对退回承包地再次流转，本村的集体经济组织成员对流转的承包地具有优先权。

（5）关于退地后农民的保障问题，平罗县在医疗、养老以及住房三方面针对退地农民制订了专门的政策以保障退出后的基本生活。在医疗和养老方面，平罗县将退地农民纳入居民医疗保险和社会养老保险，且享受《平罗县推进农

---

① 刘同山，赵海，闫辉：《农村土地退出：宁夏平罗试验区的经验与启示》，载《宁夏社会科学》2016年第1期，第80—86页。

民向市民转变暂行办法》有关政策，办法中对社会保障、就业保障都做出了具体的规定；在住房方面，政府规定自愿退出承包地和房屋产权落户进城的农民，拥有申请“经济适用房”“廉租房”的资格。

（二）农地承包权退出的经验启示

江苏省金湖县、四川省内江市、重庆市梁平县以及宁夏回族自治区平罗县等地区对农地承包权退出的探索和试点，极大地促进了我国农村土地改革的步伐，对促进城镇化发展进程、解决农村土地撂荒问题、提高农业规模化集约化发展都有着积极的意义，对以后其他地区开展农地承包权退出试点也有着重要的借鉴意义。

1. 权属清晰是承包权退出的基础

在对试点地区成果经验总结后可发现，各地在承包权退出工作过程中都非常重视土地承包经营权确权登记颁证这一环节，通过确权颁证能够让农民对自己的权属有一个明确、清晰的认知。江苏金湖县于 2013 年正式进行确权登记颁证工作，自工作开展以来全县已办理土地经营权证和他项权证 478 本，证书到户率达到了 97.5%。宁夏平罗县明晰了土地承包经营权、宅基地使用权和农民房屋所有权等多项权属，截至 2015 年 9 月，平罗县集体耕地承包经营权颁证率达到了 97.2%①。农村土地承包经营权确权登记颁证这一工作的顺利开展可大力促进农村改革这一历史性进程，权属清晰也是开展承包权退出工作的基础。

2. 设置条件是承包权退出的前提

在上述的四个试点地区中，为避免因承包地退出引发社会问题，各地在制定退出具体事项中均对退出主体资格设置了严格的前提条件。在农民自愿的前提下，四个试点地区都提出了退出主体必须有稳定的就业或收入来源、固定住所的要求。除此之外，梁平县要求退地农户在退出承包地前必须参加养老保险；平罗县对于年纪较大的农民同时退出土地承包经营权、宅基地使用权和集体收益分配权的情况提出了一些特殊要求。

3. 农民自愿是承包权退出的根本

在开展农地承包权退出工作中，各地都以尊重农民意愿为工作的根本原则。

---

① 何巨，冯江：《唤醒沉睡的土地——金湖县农村土地改革观察》，载《群众》2017 年第 18 期，第 58—60 页。

在承包权退出工作开展前期，相关人员通过实地走访调研，到村到组到户，认真了解农民心里所想，实际所需，对民意的准确把握为农地承包权退出的步骤设计提供了具体方向。在承包地退出工作的执行过程中，各地严格依照相关法律法规，不以政府意志为主导，充分尊重农民意愿，由农民自主申请退出承包地，依法维护农民的合法权益。同时也要意识到，农地承包权退出不是一蹴而就的，需要经过足够长的时间才能彻底完成这一工作，我们要具备足够的耐心。

4. 合理补偿是承包权退出的关键

退地补偿标准的确定关系退地农户、退地接收方、集体经济组织和地方政府的利益，是制定农地承包权退出方案过程中的关键步骤。农民目前对农地承包权退出没有表现出强烈的需求的原因在于当前的退出补偿并没有达到他们的心理预期。农民的退地意愿与退地补偿呈正向关系，退地补偿的提高会大大地增加农民的退地意愿，但当前的退地补偿标准大多只是考虑土地的生产价值和土地的即时价格，没有考虑农地的发展权以及农民的预期受偿价格，故农民的退出意愿不强烈。下一步在制定农地承包权退出补偿标准时，应在农地的实际生产价值与农民的心理预期价格之间寻求均衡，以此提高农民的退地意愿，促进农地承包权退出工作有序进行。江苏金湖县根据退出土地的实测面积对退地农民进行补偿，补偿标准为 2.7 万元 / 亩；重庆市梁平县给予两个试点村承包地退出均 1.4 万元 / 亩的一次性经济补偿；四川省内江市对于永久退出给予 3 万元 / 亩的一次性补偿，长期退出则给予 1.19 万元 / 亩的一次性补偿。合理的补偿是承包权退出的关键因素。

5. 防范风险是承包权退出的保障

农民在退出承包地向城镇转移的过程中，会面临失业、医疗、教育以及养老保障等问题，如何构建农地退出风险控制机制，防范农民的退地风险是个很重要的问题。重庆市梁平县完善了就业创业扶持相关政策，鼓励退地农民进行自主创业，同时在金融信贷方面给予退地农民一定的优惠；将符合条件的退地农民纳入城镇企业职工养老保险，保证退地农民享有城镇最低生活保障。宁夏回族自治区平罗县将退地农民纳入居民医疗保险和社会养老保险。另外，政府规定自愿退出承包地和房屋产权落户进城的农民，拥有申请“经济适用房”“廉租房”的资格。建立有效的退出防范机制能够大大地降低农民退出过程中所会产生的各类风险。

四、明确农地承包权退出的主体

在农地承包权退出的具体实践操作中，退出主体的设置不够明晰，有些农民将土地退给乡集体，也有直接将承包地退给小组集体。在下一步构建退出主体制度时，需要将退出主体加以规范。

（一）规范退出方的条件和程序

1. 退出农户的条件

农地承包权退出目前仍处于初步阶段，考虑到农村的稳定以及对农民的权益保护，应对退出农户设置条件。当农地承包权退出进程趋于规范化之后，就可以以农民意愿为主要依据，来决定是否退出农地承包权。退地农民的条件主要包括以下四点：

（1）全体成员同意

农地承包权退出必须要以“户”为单位进行，要在得到农户家庭成员的一致同意之后才能提出退地申请。首先，我国农村现在实施的是家庭联产承包责任制这一土地制度，在政策规定以及实际操作中，农地承包行为都是以“家庭”为法定实施主体，从这一角度来看，农地承包权退出这一行为也应以“家庭”为有效行为主体。其次，农地承包权退出主体的意思表示必须要真实有效，意思表示是法律行为的必备要素。农民退出农地承包权，放弃属于自己的承包地，是一种民事合同行为，其意思表示应该是自愿且真实的，否则就属于意思表示不真实的行为，不具备法律效力。

（2）非农就业条件

土地是粮食的生产基地，是重要的农业生产资料，同时还承担着农民的就业功能。因为担负着农民的就业和生活，要真正退出农地承包权很难，所以农地承包权退出的首要条件就是农民要实现非农就业转移。农民离开农业，在城镇中寻找到与农业无关的工作并且有稳定的收入来源能够保证基本的生活，从而弱化土地的就业功能，这时承包权退出的基本条件才具备。

（3）非农收入条件

农民将职业选择范畴由农村转移到城镇，从农业领域转移到非农领域之后，非农收入成为其生活收入主要来源，因此非农收入显著影响农民最终决定是否退出农地承包权。非农收入的高低对农民退出农地承包权的意愿有正向影响，非农收入越高，农民退出承包地的意愿越强烈；非农收入越低，农民放弃承包地的意愿越弱。现阶段当农民的非农收入高于城市最低收入标准时，普遍认为其具备了承包权退出所需的非农收入条件。

（4）合法稳定住所

在城市拥有合法固定的住所会显著提高农户的土地退出意愿，比起在城镇没有固定住所的农民，这些在城镇拥有固定住所的农民更愿意退出农地承包权，并且对于退出的具体形式并没有一个严格的标准。合法稳定住所主要包括以下几种情况：第一，退地农民本人或夫妻共同通过购买、房改、接受赠予、继承、经批准自建等途径获得房屋合法产权的住所；第二，退地农民的直系亲属拥有某房产的房屋所有权，直系亲属将这一房屋提供给退地农民居住；第三，退地农民通过租住具有合法产权的房屋在城镇稳定下来。

2. 农户退出的程序

农地承包权退出应按照一定的程序进行，才能有序推进承包权退出的发展进程。退出的具体程序包括：村民小组审核、村委会复核以及乡镇政府批准。

（1）村民小组审核

退地农户首先应该以书面形式向所在集体经济组织提出退地申请，在书面申请中应当注明退地行为是否得到全体家庭成员的同意、退出土地的实际面积以及其他相关退地事由。集体经济组织在收到农户的书面退出申请后应及时通知村民小组，在适当的期限内就退出申请进行资格审核。

（2）村委会复核

村民小组在对农民的退出申请进行资格审查后，应当通知村委会进行复核，并将最终议定结果及时通知给农地承包人，之后再将退出的具体事由通过村委会以书面形式告知给本集体经济组织内的其他成员。

（3）乡镇政府批准

村委会对农民退地申请进行复核并最终通过后，应将退地申请报乡（镇）人民政府和县级人民政府农业等行政主管部门批准。同时承包人应及时将承包地交付给农村集体经济组织，并及时办理农地承包权的变更登记，未经登记的，不得对抗善意第三人。

最后退地农户与集体经济组织就退地有关事项签订正式协议，并且按照补偿标准获取经济补偿。村集体经济组织应当及时对退地结果进行公示，公示的内容包括退出土地的具体用途、所处位置、实际面积以及对退地农民的补偿方式与金额。

（二）统一村集体为退地接收方

农村土地除依法应属于国有的以外，均属于集体所有。在我国，作为集体所有权主体的农民集体有 3 种类型，分别是乡镇农民集体经济组织、村农民集体经济组织（或村民委员会）和组农民集体经济组织（或村民小组）。集体土地的所有者必然属于其中之一。然而，在现实生活中，除极少数特例之外，作为经济组织的农民集体事实上已不存在。虽然存在乡镇集体土地，但却找不到作为所有者的乡镇农民集体经济组织。村农民集体经济组织和组农民集体经济组织基本上也不复存在，目前其职能由村民委员会和村民小组承担。然而，村民委员会是村民自我管理、自我教育、自我服务的基层群众性自治组织，并不是农村集体经济组织。而作为农村土地最主要所有者的村民小组事实上并不存在组织形态的实体，涉及组农村集体土地的事项也大多由并不具备所有权的村民委员会负责。这种农村土地集体所有权主体存在的模糊性，即在农村集体经济组织并不存在的情况下，由谁来履行作为所有者的权利和责任并不明确，相关主体权利的实现面临诸多不确定性。

由于农村集体经济组织在法律上缺少应有规范，加之部分农村地区集体经济组织的缺乏，村民委员会和村民小组直接充当农村集体经济组织角色的现象就不可避免。为此笔者建议，在农地承包权退出制度的构建中，应该统一将村农民集体经济组织作为退出土地的接收方，逐步取消乡镇农民集体经济组织和组农民集体经济组织所拥有的土地所有权。村集体经济组织相比组集体经济组织更有能力给予退地农民经济补偿，以此来保证退地农民的合法权益不受侵害。

将村集体经济组织作为退出土地的接收方也是做实村集体的需要。在目前的农村集体产权制度改革中，做实村集体经济组织，由村集体经济组织统一代表村民行使村集体土地和资产的权利，同时健全其组织架构和管理机制是改革的大趋势。2017 年颁布的《民法总则》明确将农村集体经济组织规定为特别法人，使其取得了对外统一经营的法人资格。而目前的村民小组大多实际上已经失去了合作组织和独立核算的职能，只是名义上保留了土地所有权的主体地位。特别是在目前的土地所有权确权颁证中，将土地所有权确权给村集体经济组织的占大多数，对于村民小组的土地权属界限不清，大多数村民认可的，也确认给村农民集体所有。将农地承包权统一退还给村集体经济组织，有利于村集体在更大范围内统一经营利用土地，在做大做实村集体经济组织的同时，也会使全体村民受益。

五、构建农地承包权退出的补偿制度

农地承包权是用益物权，属于农民的财产权。农民退出农地承包权这一行为相当于农民放弃了其所拥有的合法财产权，从这一角度来看，农民退地应该得到合理的退地补偿以减少损失。对农民退出给予经济补偿可大大地加强农民的退地意愿，减少土地资源被闲置浪费的现象产生，加速农业生产经营集约化规模化。

对于我国农民而言，承包地兼具经济保障功能与心理满足功能，对退地农民进行经济补偿就是对退出所造成的农民经济与心理上的效用损失进行补偿。农地承包权退出是一种经济决策行为，农民会在退出成本和退出收益之间进行比较，最终根据比较结果作出最终选择。退出农地承包权如果无法得到合理的经济补偿，农民的退地意愿就会大大地降低，为了保留自己的承包地，有些农民宁愿将土地闲置也不愿退出，有些甚至会放弃取得城镇户口的机会。退地补偿是构建农地承包权退出法律制度中的中心环节和关键步骤，合理的补偿可以有效激励农民将不愿经营、粗放经营甚至撂荒的承包地顺利退出来，为规模化专业化集约化经营创造条件。因此，必须构建完整的农地承包权退出经济补偿制度，确立补偿原则，明确补偿主体和资金来源，制定合理补偿标准，采取多种补偿方式，以激励具备退地条件的农民退出农地承包权。

（一）确立补偿原则

目前没有一个统一的、系统的制度对农地承包权退出的补偿工作进行政策性指导，但从农地承包权退出试点的相关经验可总结出，在具体补偿工作中应遵循以下几个补偿原则。

1. 公平原则

当前的农地承包权退出工作进展不够顺利，很重要的一个问题就是，由于在开展农地承包权退出补偿工作的过程中出现的不公平现象，在具体实施过程中没有维护好退地农民的正当利益。我国农民普遍受教育程度较低，也没有形成规范的法律意识，所以在建立补偿机制时要保护农民的合法权益，保证整个退出流程公平公正。同时，我国至今仍未建立起比较完善的社会保障体系，退出土地的农民又被城镇排除在社会保障体系之外，他们无法保证生活基本所需，面临着生存风险。这种情况会给农村的发展带来很多不稳定的因素，要想保证国家稳步的发展，首先要稳定农村的发展，不能让农村产生动荡与变革。因此，我们应在具体的制度设计时坚持确立公平的补偿原则，要做好利益调节工作，促使退地经济补偿责任各方利益和社会公共利益实现最大化，形成各方利益相互融合、相互协调的局面。

2. “谁受益，谁补偿”原则

“谁受益，谁补偿”包括了两个方面的含义：第一，受益方应该为自己所得到的“益”对出让方进行补偿；第二，出让方应该就所出让的属于自己的合法权益得到补偿。在农地承包权退出这一行为中，出让方为拥有土地承包权的农民，受益方包括村集体经济组织、地方政府与中央政府和新的农地经营者。农民退出农地承包权优化了土地资源配置、为农业生产集约化规模化经营发展做出了贡献，在承包权退出过程中损失了农地承包权等经济权益，那么就应当对农民损失的权益给予补偿。同时，受益的新的农地经营者、农村集体经济组织和各级政府也应该承担相应的义务和责任，为其所承受的“益”负责，对退地农民进行经济补偿。

3. 可持续发展原则

可持续发展原则包括土地资源的可持续利用以及农民退出农地后的可持续发展。土地是人类粮食的主要生产基地，是人类最依赖的生产资料，在农业生产过程中具有不可替代性。我国耕地面积十分有限，为了保证我国的粮食产量维持在一个稳定的数量，就必须要保证耕地面积的稳定。因此要尽量减少土地资源浪费撂荒的情况发生，鼓励具备退出条件的农民尽快退出土地，以充分高效利用农地资源。同时，为了实现农地资源的持续性使用，农地的使用人员也必须树立起珍惜、爱护土地资源的意识。退地农民的可持续发展就是要保证农民从农村退出，进入城镇后的生活能够得到基本保障。农民退地之后会面临失业、生存等风险，为了避免这些风险的产生，对退地农民的补偿应当考虑农民的可持续发展和可持续生计，采用多元化的退出补偿，让退地农民在城镇中彻底稳定下来。

（二）明确补偿主体和资金来源

农地承包权退出经济补偿主体即为受益方，就是由于农民退出农地承包权而得以获利的组织或个人，包括政府、农村集体经济组织和重新利用退回土地的新的经营者。

1. 村集体经济组织

根据《农村土地承包法》的相关规定，农村集体经济组织作为农村土地所有权人，应当将土地无偿承包给本组织内的成员。但是当农民全家转户进入设区城市或者由于其他原因不再从事农业生产时，农民应将承包地交回给村集体。农村集体经济组织是退出土地的接收方，能够从退出土地中获取一定的经济收益，根据"谁受益，谁补偿"原则，集体应当承担农民的退地成本，对退地农民给予合理的补偿。

我国一些地区区位因素好、土地经营预期收益高、集体经济发展状况良好，完全有能力用村集体的自有资金来支付退地所需的全部补偿资金，对农民的退地成本给予经济补偿。但是，我国的现实情况是，目前全国76.3%的村集体经济组织经营收益都在5万元以下①，大部分都不具备向退地农民一次性支付全部退出补偿款的能力，这时村集体经济组织就可以自筹资金，用以支付农民的退地成本。农村集体组织自筹资金主要有以下几种方式：第一，向金融机构进行贷款，得到的资金先行支付农民退出承包地所需全部补偿金额。集体经济组织将退出的承包地进行转让、入股或是租赁后，用所获得的收益向金融机构偿还贷款。第二，集体经济组织可以采取"招拍挂"的形式有偿发包或转让农地承包权，以发包或转让获得的收益对退出农户进行经济补偿。

2. 中央政府和地方

农地承包权退出补偿责任主体之一的政府，主要是借助政府的优势作用，保证农地承包权退出补偿资金到位，从而在短期内迅速推动农地承包权退出与补偿制度的实施。地方政府对农地承包权退出主体进行经济补偿有以下几个做法：第一，建立政府财政支持下的收储机制。即以政府出资成立相应的农村土地产权收储基金，专门收储农民退出的承包地。这种做法目前已经在部分试点区进行实践，例如宁夏平罗县政府出资300万元设立承包地退出收储基金。第

---

① 农业部经管总站：《"十二五"时期村集体收支情况统计分析》，载《农村经营管理》2016年第6期，第14页。

二，政府先行将资金暂借给集体经济组织。退地补偿款应由作为发包方的集体经济组织支付，但是在实践中许多地区集体经济薄弱，缺少支付能力，无法负担退地补偿所需的全部资金。这时当地政府可从财政资金中划拨出一部分用来支付农民退出所需的全部补偿款，当村集体经济组织有能力时，再向政府偿还垫付的全部资金。在农地承包权试点地区中，梁平县考虑到试点村川西村组集体无力向退地农户支付退地补偿款，于 2016 年 7 月为土地退出试点安排了 160 万元周转资金，有关农户的退地补偿由周转金管理单位先行垫付，之后集体通过对退出土地转让、出租等方式取得经济收益以偿还政府垫付的资金。第三，整合使用各类涉农资金用于支付承包权退出所需的经济补偿。

还有一个重要的补偿资金来源就是中央政府。国家通过提高对农民的粮食补贴的方式有效地调动了农民的种粮积极性，同时也有利于农业生产资料向大户集中，从而大大推动了农地规模化经营，而农地承包权退出也具有相同的实践意义。集体经济组织所拥有的耕地总面积是固定不变的，本集体内有农民退出承包地，从另一个角度而言，集体的其他成员可承包这些退出的土地，相当于其承包地面积的增加。而承包地面积的增加可提高农民的农业收入，促进农业生产经营规模化集约化。因此，作为稳定收支的枢纽部门——中央财政，对于农民退出承包权进行经济补偿是合情理的。中央政府可以成立退地补贴专项基金，从支农开支中划拨部分经费作为农民退地补偿的专项费用，用于对全国各地的退出农户给予退地补贴。

3. 新的农地经营者

退出农地承包权的农民退回土地后，农村集体经济组织可以将土地流转给新的经营者，包括种粮专业大户、家庭农场、合作社。也可以流转给农业企业从事农业生产。被退回的土地有了新的经营者，显然这些实际土地经营者也是农地承包权退出的受益人。

当新的农地经营者有足够雄厚的经济能力时，可将退地补偿金一次性交付给退地农民。在实践中，梁平县承包权退出试点村——万年村，为了满足新型农业经营主体的需要，将承包地经营权再次流转，当地村集体经济组织将新的农地经营者支付的土地租金分发给退地农民，作为退地补偿。

但是也存在新的农地经营者资金实力薄弱，无法将补偿金一次到位给予退地农民的情况，这时有以下几种方法可以保障农民的退地补偿：第一，采用分期付款的方式将退地补偿金发放给农民。这种情况下，农民需要与新的农地经营者签订合同，要在退地补偿金收受条款中注明领取次数、领取时间、领取金额等，新的农地经营者应在约定的时间内按合同规定将退地补偿金全部发放给退地农民。第二，利用土地入股。农民将农地承包权退回给村集体，村集体将土地份额入股给新经营主体，农民经由村集体参照市场价格通过第三方经营分红方式分期获得补偿款。这样，农民土地权益就从单纯的实物化拥有向市场契约依附拥有转变。

可见，集体经济组织、政府和新的农地经营者三方共同成为农地承包权退出补偿的责任主体是目前比较可行的方法。

（三）制定合理的补偿标准

1. 各地补偿标准

由于目前并没有统一的农地承包权退出经济补偿标准，近年来，各地在尊重农民自愿选择的基础上探索农民农地承包权退出制度，陆续出台了承包地退出的具体补偿方法。

部分地区的农地承包权退出补偿标准

序号	省（市）地区	承包权退出补偿标准
1	四川省内江市（2014年）	对于土地承包经营权退出并没有统一的补偿标准，在参考当地土地经营权流转平均价格 500 元 / 亩的基础上，与村民沟通协商之后最终确定了补偿标准。永久退出按照土地流转价格的 2 倍，每亩每年 1000 元，以 30 年计算，给予 3 万元 / 亩的一次性补偿；长期退出按每亩每年 850 元，补偿 14 年（二轮土地承包剩余年限）计算，给予 1.19 万元 / 亩的一次性补偿。
2	江苏省金湖县（2016年）	对于符合退出条件的农户实行“永久性退出，一次性补偿”的办法，将农村土地承包经营权和集体收益分配权合并补偿，以退出的承包地实测面积计算补偿，补偿标准为 2.7 万元 / 亩。
3	重庆市梁平县（2016年）	按照“合法、合理、可操作”的原则，兼顾国家、集体和个人三方利益，对承包地退出补偿标准做了三点规定：一是由集体经济组织与自愿退地的农户协商，并经集体经济组织成员会议民主讨论确定；二是应考虑不同土地类型、不同地理位置，结合二轮承包期剩余年限和当地年均土地流转价格，适当考虑承包关系“长久不变”因素；三是原则上不得超过同期国家征地补偿标准。目前梁平县两个试点村退出补偿标准均为 1.4 万元 / 田。

续表

序号	省（市）地区	承包权退出补偿标准
4	贵州省湄潭（2017年）	自愿退出土地承包经营权的农民可获得一次性退地补偿，补偿标准根据土地状况，上不封顶，但下要“保底”。利用价值较高的土地，每亩最低1.98万元；价值相对较低的土地，每亩最低1.6万元。
5	武汉市黄陂（2017年）	符合退出条件的农户将承包经营权永久性退还给村集体，退地农户有两种自由退地选择方式：一种是直接可按每亩标准一次性领取补偿，一次性可获补偿款4.3万元/亩。一种是将这笔应得补偿资金作为本金，委托村委会代为拆借给该公司，农户可享有年借款收益2152元/亩。补偿标准的确立依据是当地土地流转价格和期限、征地标准、承包地的地力等级、位置大小等因素。同时，保持农民享有的社会保障、医疗、教育等相关政策不变，村集体经济收益分配权不变，宅基地使用权不变。
6	安徽省定远（2017年）	试点退出方式为土地整组成片退出，退出期限为30年，退出补偿标准为600元/亩/年，每亩地总共可获得1.8万元的退出经济补偿。

2. 补偿构成要素

通过对以上各地在农地承包权退出中补偿标准（大致2万—3万元）的梳理，可以看出农地退出补偿标准应主要包括农地给农民带来的经济价值以及心理价值两部分。具体分为以下五种土地价值：

（1）土地资源自身价值（R1）

土地资源自身价值是指农民能够从农地资源直接获得收益，主要表现为农地经济产出价值。农地作为最重要的生产生活资料，农民利用土地进行农业生产、收获农产品并获取相应收益是农地经济产出价值的最直接体现，同时也体现了农地资源的最基本价值。

（2）土地社会保障价值（R2）

承包地是农民最基本的生产生活资料，土地资源是农民的衣食父母，同时农地并不单纯是一种生产资料，除了具备生产经营功能以外，土地还承担着农民最基本的生活保障。

我国实行的城镇户口与农业户口分离的户籍政策使得社会保障制度在农村发展极为缓慢。1978年我国开始实施家庭联产承包责任制，给予了农民充分的土地权利，在很大程度上增加了农民的经营收入，农民不再依赖集体经济组织获取基本生活保障，但这也意味着承包地不只是用于农民的经营生产，同时还承担着农民的就业、养老等生存保障[①]。土地社会保障价值包括就业保障、生存保障，随着城镇化进程的不断推进，农村社会保障体系将会不断完善，从而淡化农民对土地的依赖。

（3）土地增值收益价值（R3）

土地增值收益价值是指，当土地由农用性质转变为建设用地性质后，其市场价值肯定高于土地被用作农业生产时的价值，多出来的这一部分价值即为土地的增值收益。农地从单纯农业用途向城市用地转化或转换为其他非农用途，必然会导致土地价格的提升，即农地用途的转化或改变会带来土地收益的明显增加。所以，当农地因城市化建设的需要和城乡一体化发展的需要而改变用途之后，其价值量应当为改变用途之后的实际价值，不应当以从前的农业用地价值进行衡量。

（4）土地维持稳定价值（R4）

土地维持稳定价值即为在农业用途下，国家通过利用农地所能获得的社会稳定和粮食安全收益。土地是粮食唯一的来源载体，国家要稳定粮食产量，保障粮食安全，就必须要对土地加以保护，保证耕地数量。同时农地解决了大部分农村劳动力的就业问题，从国家粮食安全和农村社会稳定的角度看，维持农地的粮食生产功能至关重要。

（5）土地心理要素价值（R5）

农户不愿意退出土地是因为土地还具有维系农民的“恋乡”“恋土”情感、传承小农耕种文化和生活方式、享受劳动带来的快乐等一些非经济性的心理要素价值。当农户已经习惯并享受这种农耕生活时便不愿意退出土地，也有一些农民担心退出以后自己的土地资源被浪费，没有得到妥善的开发，所以抱着对土地强烈的热爱和眷恋心理的他们并不愿意退出农地承包权。这便是土地心理要素价值。

由上述讨论可见，承包地退出补偿标准构成应包含土地资源自身价值、土地社会保障价值、土地增值收益价值、土地维持稳定价值和土地心理要素价值5个部分：

---

① 周建春：《耕地估价理论与方法研究》，南京农业大学2005年硕士论文，第69—71页。

∑R（退地补偿标准）=R1+R2+R3+R4+R5 公式中，∑R 为退地补偿标准，R1 为土地资源自身价值，R2 为土地社会保障价值，R3 为土地增值收益价值，R4 为土地维持稳定价值，R5 为土地心理要素价值。

以陕西省高陵地区为例，结合这 5 个要素，测算出每亩地大致补偿标准为 2 万—4 万元，当然在具体方案的制定中，还要考虑退地地区的区位、地段、交通、发展水平等要素，东部沿海、发达地区按照补偿价格的上限进行补偿；中部地区、大城市周边按照补偿价格的中段进行补偿；西部地区、边远地区按照补偿价格的下限进行补偿。关于补偿标准一定要和农民进行具体协商，待农民同意后才能将补偿标准确定下来。另外，也应该将土地潜在的增值空间和人民币的贬值风险这两个因素纳入制定农地承包权退出补偿标准时的考虑范围，故补偿标准应该结合以下三个因素予以制定：一是退出农地承包权所应得到的经济补偿；二是承包地的增值溢价补偿；三是对人民币贬值所导致货币价值降低的补偿。

补偿的标准要坚持适度、合理、科学的原则。由于我国国土面积大，不同地区的经济发展情况、土地的区位差异导致的极差地租的存在，使得建立一个统一的土地补偿标准是相当困难的，也是不现实的。各地政府应因地制宜地建立退出的补偿标准，切实保障农民的利益。

（四）采取多种补偿方式

1. 一次性经济补偿

经济补偿是最直接、最方便的补偿方式，是指集体经济组织、地方政府、中央政府和新的农地经营者通过支付一定的货币给予退地农民补偿。补偿方式包括一次性和分期经济补偿，“一次性经济补偿”是指农民退出承包地后，利用者一次性付清退地补偿款，消灭农民与利用者之间的法律关系。“一次性现金补偿”虽然补偿金额明确，方式简单，农民可以利用获得资金进城购买房屋、投资创业、享受更好的教育等，但是也可能会出现使不具备退地条件的农民以获取补偿金为目的而盲目退地。加之由于货币存在贬值的风险，接受一次性货币补偿可能会影响农户未来的生活质量；不仅如此，“一次性的现金补偿”形式也会对地方政府财政造成巨大压力。

分期经济补偿是指退出承包地农民获得的经济补偿按期送达，这样可以减少利用者当下的经济压力。相比于“一次性的现金补偿”而言，选择分多次收取退地补偿的农民虽然不能在退地之初就获得全部补偿金，但是分多年分次收到补偿金却是一种更持续性的退地补偿方式，在一定程度上能够缓解和减轻农民未来的生活压力，对农民未来生活起到一定的保障性作用。

经济补偿可显著提高农民的退地意愿，但是也存在着许多的不足。通过货币的形式对退地农民进行补偿可在短期内让农民的生活有所保障，但无法保证农民的可持续生计和收益。面对退地所存在的失业、生存等风险，经济补偿也无法对这些风险起到规避作用。

2. 社会保障性补偿

社会保障性补偿是指在农民退地的时候，相关部门按照补偿标准计算出应该支付给农民的退地补偿，但退地补偿不是以金钱的形式发放给退地农民，而是转换成相同金额的养老或医疗等社会保障，从而对退地农民进行补偿。

社会保障性补偿的优势在于能够给退地农民提供养老、医疗等方面的基本保障，不会让农民出现在退出农地后生活无法继续，生存所需无法得到满足的情况。但是不如货币补偿对农民的激励性强，农民由于其知识、认知层面的薄弱，对于社会保障的认知性不高，特别是年轻劳动力，大部分已经在工作单位购买了社保或是医保，无法享受多重社会保障。另外，目前我国社会保障体系不够健全，使得农民对城镇的社会保障信赖度还不高，导致社会保障补偿存在一定的制约性。

3. 多元化退出补偿

多元化的补偿方式是指建立多元化的退地补偿方式来满足农民的退地需求，主要包括以下几种形式：第一，承包地入股的形式，农民将承包地交于利用者进行经营，农民将自己应当获得的货币补偿折算成股份，入股经营，利用者根据每年的收益情况，对农民进行补偿。第二，实物补助，将承包地的补助按照每年农地产出情况置换成粮食，或者按照粮食市场价格现值换算成现金，对退地进行补偿，以此减少货币贬值所带来的损失。第三，参考国外相关经验，对退地农民实施年金制度，农民每年都可以领取一定金额的经济补偿。

六、防范农地承包权退出的风险

现阶段法律规定的滞后，城镇就业的严峻使得农地承包权退出仍然存在法律风险、失业风险、生存风险。只有切实防范这些风险，完善农地承包权退出的法律法规，建立退出农民就业培训保障机制，健全退出农民社会保障衔接制度，才能打消农民的顾虑，促进农地承包权顺利退出。

（一）承包权退出的主要风险

1. 法律风险

目前，我国农民退出农地承包权的立法工作严重滞后，法律体系尚不健全，我国规范和约束农地承包权退出方面的立法严重缺失。由于有关法律法规的缺失，相关机构对农地承包权退出工作一直不敢轻易开展，近些年来国家政府对农地承包权退出工作越来越重视，并通过出台相关政策给予支持。2015 年、2016 年、2017 年连续三年，国家出台的相关政策都提出了在有条件的地方开展农民土地承包经营权有偿退出试点，引导和鼓励具备主动退出农地条件的农户自愿主动退出。虽然这些政策意见使得农地承包权退出的发展前景越来越明朗，但不可否认的是，其规定过于原则化，操作性不强。政策的制定一般都是着眼于当下，旨在解决实践中所产生以及将来会产生的各种问题；而法律大多时候具有滞后性。另外，2018 年修订后的《农村土地承包法》中关于承包权退出方面的规定太过于简单笼统，不够完善。农地承包权退出是一个十分复杂的过程，包括农地退出前、退出中和退出后各个环节，涉及农民退出意愿的表达、农地信息的收集、农地价值的评估、退出补偿等过程。农民如何退出承包权？如何建立起合理的退出补偿制度？农民的权益如何保护？承包法修正案对这些问题都没有做出明确规定。

在缺乏法律约束的情况下，农民更没有退地的意愿，他们不会退出土地承包权，就是让土地撂荒也在所不惜。毋庸置疑，缺乏法制保障是承包权退出的重要风险。

2. 失业风险

非农就业预期不稳定，存在很大概率的失业风险，会大大地降低农民的退地意愿。为了促使农民退出农地承包权，就必须降低退出所存在的失业风险，提高农民的工作能力。

由于农民普遍缺乏技能素质，而且受教育程度较低、社会适应能力较弱，这给从前依靠农业劳作维持生计的农民造成了巨大的生存和就业挑战。受限于自身就业条件的劣势地位，尤其是年龄稍长的退地农民，在城镇就业市场中很难找到新的就业机会，原本能够依靠农业生产维持生计的农户家庭，由于退出土地之后无法在城镇中找到满意的工作，不能给家庭带来稳定的收入，长期下去必然导致农户家庭收入水平整体降低。另外，虽然各地政府承诺给予退地农民经济补偿并为农民提供就业技能培训，但就现有的农地承包权退出实践来看，各地政府对退地农民的就业安置没有予以充分的重视，这无疑给农民未来的生计带来了巨大的困难。而退地农民无法在城市中成功就业或稳定就业，没有持续性的收入来源导致退地农民沦为无业游民，成为社会生活中的不稳定因素。

农地所具有的保障功能能够有效地规避农民工转移到城镇所导致的失业风险。农民退出农地承包权后，无法再依赖土地进行就业，一旦发生非农失业的情况，大多数退地农民没有能力应对失业风险。政府应当加强对退地农民的就业扶持力度，帮助在就业竞争中处于劣势地位的退地农民成功就业。

3. 生存风险

农地承包权退出的生存风险主要是指农民退出土地之后，同时也就丧失了附着于土地经济功能之上的基础生活保障、医疗、教育以及养老等保障功能。

在实践中，政府对于农地承包权退出的方案设计完全由相关部门进行操作，没有充分征求退地农民群体的意见，无法确切了解退地农民实际所需，对退地农民利益的考虑也不够全面。退地农民在退出农村进入城镇生活后，必然要面对医疗、养老、子女教育以及基本生活保障等方面的问题，当这些生存必须考虑的问题缺乏相应的制度保障时，退地农民就会面临生存风险。

（二）承包权退出的风险防范

1. 完善农地承包权退出的法律法规

根据 2018 年修订后的《农村土地承包法》第 30 条规定，承包期内，承包方可以自愿将承包地交回发包方。承包方自愿交回承包地的，可以获得合理补偿，但是应当提前半年以书面形式通知发包方。建议在以后的修订中增加农户自愿退出的条件，细化合理补偿的标准及方式。

（1）明确退出条件。要对农地承包权退出主体资格做出规定，当退出主体满足以下条件时，才具备了退地资格：第一，退出行为必须经过全部家庭成员同意；第二，退地农民有稳定非农就业收入；第三，退地农民在城镇有固定住所。在实践中，试点地区都对农地承包权退出设置了门槛和前置条件，以保障农民退出农地后的生活品质不会受到大的影响，产生显著的变化。

（2）作出合理补偿。给予退地农民合理的经济补偿可以有效地激励农民退出农地承包权，是农地承包权退出制度构建中的重要环节，因此有必要在法律层面上对其进行系统化的规定。笔者认为，可从补偿原则、补偿主体和资金来源、补偿标准以及补偿方式这 4 个方面进行全面的规定，为日后政府在处理退地补偿相关事宜时提供法律参考。

2. 建立退出农民就业培训保障机制

（1）建立再就业指导制度。对于那些拥有在城镇工作能力的退地农民，政府通过开展就业指导和对相关工作岗位进行公开介绍，给退地农民提供与其匹配的职业信息，帮助农民在短时间内找到与自己条件相符的工作；对于那些想要创业的退地农民，政府应当提供市场信息以及与自主创业有关的政策信息，同时有关部门可在贷款以及税收方面给予自主创业的退地农民一定的优惠与扶持。

（2）完善就业培训制度。第一，将退地农民进行年龄划分，对那些处于劳动年龄段的退地农民进行职业技能培训，提高他们在市场竞争下的就业能力，加快其市民化转变过程。第二，对于那些已经在城镇中找到非农工作的退地农民，开展具有针对性的上岗前的培训，以保证退地农民能够尽快适应新的岗位。第三，为退地农民建立专门的就业培训机构，开设符合退地农民实际的特色专业，将退地农民打造成专业型就业人员。第四，鼓励退地农民参加与职业技能有关的资格考试，对考试相关费用给予全额补助，以提高退地农民的就业竞争力。

（3）完善失业救济制度。将处于失业状态的退地农民进行统一登记，同时将城镇以及农村的失业登记管理制度统一起来。处于劳动年龄段且对就业有需求，在农村没有承包地的退地农民均可进行登记，将登记的退地农民纳入失业保险且与城镇居民享受同样的待遇。对那些就业存在困难的退地农民，可开发出一些公益性的岗位供他们就业。

3. 健全退出农民社会保障衔接制度

（1）建立退地农民最低生活制度。农民选择退出土地承包权后，其身份由农民转变为市民，享受的基本生活保障标准也应当与城市居民相同。如果农民在退出土地承包权之前需要依靠领取最低生活保障金维持生计，那么在退地后，农民也应当具备享受城市最低生活保障的权利。此外，退地农民的工作能力普遍偏弱，在就业市场中不占据优势，在退地后很长一段时间内都无法找到稳定的工作。因此，对退地农民实施的社会保障项目中应当涵盖最低生活保障。

首先，合理划分被保障对象。由于我国已经开始实行城市居民最低生活保障和农村居民最低生活保障制度，而且领取最低生活保障有一定的限制，因此最低生活保障不必覆盖全部退地农民，而主要应该包括退地之后存在生活困难的农民，如没有劳动能力的农民，无法实现就业、没有收入来源的农民，没有法定抚养者的老年人、未成年人和残疾人，家庭收入无法达到最低生活标准的农民，因自然灾害、大病等造成贫困的家庭等。其次，关于最低生活保障线的标准应该对多种情况加以考虑后再进行划分。各地区的经济发展情况都不相同，划分的时候可结合当地政府财政收入、退地农民所在地基本生活所需等因素。申请最低生活保障，应当以家庭为单位，人均收入低于保障线的家庭人员均可享受补贴。在划定科学合理的最低生活保障标准并确定保障对象之后，通过多方渠道筹集基本生活保障资金，由当地政府作为责任主体按照城市居民最低生活保障标准向退地农民发放补贴金。

（2）建立退地农民医疗保障制度。我国当前的医疗保障体系包含了城市职工基本医疗保险制度、城市居民基本医疗保险制度和新型农村合作医疗制度这三大制度。农民退出农地承包权之后，面临生活环境、生活条件的巨变，对疾病风险的抵御能力较弱，而且收入水平偏低的退地农民可能根本无法承担起巨额的医疗、治病费用，因此城镇医疗保障体系理应将退地农民群体纳入其中。

在退地农民的医疗保险方面，对退地农民进行前期投保，参保费用由政府、村集体经济组织、退地农民三方以一定比例进行缴纳，引导退地农民踊跃参与城镇居民医疗保险。还可以构建社会医疗救济制度，其资金来源包括医疗慈善机构、当地有实力的企业以及个人。另外，推行统筹基金和个人账户相结合的医疗保障制度，即个人账户用于一般医疗支出，超过部分和大病救助由社会统筹基金按一定比例支付。

（3）建立退地农民子女教育保障制度。退地农户在获得经济补偿后，有相当一部分农户会将所得补偿金用于子女上学，就当前的情况来看，我国的教育资源十分有限，教育资源好坏与地区发达程度呈现正比关系。退地农民没有教育资源，无法保证其子女应当享有的教育权利。地方政府应当建立退地农民教育保障常态机制，各地教育部门应当科学规划教育基础设施，合理分配教育资源，将教育资源适当向退地农民群体倾斜；同时，不断完善退地农民家庭中各级各类学生就读政策和资助体系，保证退地农民家庭子女能够接受公平的教育。

当退地农民家庭的子女达到法定入学年龄时，应当准许其与当地青少年享受同样的入学待遇，根据当地教育部门的具体规定，按区划就近入学，平等地享受接受义务教育的权利；在普通高中分配退地农民子女的就读指标，并确保退地农民子女享受国家的政策优惠。

（4）完善年老退地农民养老保险保障。年纪较大的农民一般因为身体健康原因无法从事农业生产工作，没有稳定的经济收入来源，故应该给予年老退地农民特别的关注。将年老农民纳入养老保险范畴中可有效保障他们的基本生活所需，但我国农村养老保险覆盖范围较窄，并且保障资金金额较低，加上失地年老农民参与养老保险的费用一般都来源于农民应享有的退地资金补偿，所以很少有年老农民参与养老保险。各地政府应对此问题加以关注，划拨出一部分财政资金用于支付年老农民的参保费用，让每一个年老农民都能够加入养老保险。我们也可以参考国外的一些经验以保障一些年纪较大的农民退地后的生活。为了促使年纪较大的农民离开农业，以实现农业规模化经营，法国政府采取了对这一部分农民发放终生养老金的方法。

七、健全农地承包权退出的配套制度

农村产权制度改革、土地价格评估制度、农村产权交易平台等与农地承包权退出有关的制度完善，可以大力促进农地承包权退出的进程。

（一）加快农村产权制度改革

土地是最根本的农业生产资料，也是农民生存的最基本保障。20 世纪 80 年代以来，随着土地家庭联产承包责任制的推行，极大地解放了农业劳动生产力，但同时也强化了土地对农民生产生活的保障性。在现有的土地产权制度安排下，农地承载着就业、收入、保障、社会稳定等多种功能。然而，随着社会市场经济体制的逐步完善以及农民阶层分化的剧烈变动，现有的家庭承包经营责任制也同样面临巨大的挑战。农村耕地撂荒与粗放经营、农业劳动生产率低下、土地纠纷增多、农民财产性收入增长缓慢等问题严重制约了农业经济的发展与农村社会的转型。

党的十八届三中全会以及近几年“中央一号文件”，都提出建立所有权、承包权及经营权“三权分置”的农村土地权利体系。“三权分置”是新一轮农村土地制度深化改革的政策选择，已然成为深化农村土地制度改革的重要内容，而稳定农民所拥有的农地承包权是“三权分置”改革中的核心问题。

产权权属稳定的效率意义在于提高土地收益、提高投资强度、实现农地的规模化经营。“三权分置”下，承包关系稳定还会影响使用权再次分离时经营权的稳定。土地承包权“长久不变”“再延长30年”为下一步农业生产关系调整指明了方向。农地应逐步集中在“想种地”“种好地”的职业农民或种田大户手中，土地承包关系的稳定有利于土地流转和规模经营，降低农地生产规模化集约化经营所需的成本。长期稳定农民的土地承包权是农村经营制度的基础所在。农户对其承包的土地依法拥有占有、使用、收益及流转、退出的权利，作为集体成员承包本集体所有的土地是有身份限制的，承包的土地也具有社会保障功能，如果土地承包权退出了，承包农户依法应得到相应的补偿，也就实现了土地承包权的财产价值。

土地承包权的有效退出可以解决现有产权制度以及农村土地家庭联产承包责任制带来的土地经营规模不经济的问题。但是我国由于缺乏退出这一权利并获得相应回报的有效制度，土地承包权的退出较为少见。对于在外务工或正式就业的农民而言，保留土地意味着多了一层保障，但退出权的缺乏使其无法将其土地权利充分变现，只能获得少量的农地流转收益。同时，由于缺乏退出农地承包权的激励，农村人均耕地面积难以提高，以土地规模化为标志的农业现代化便难以实现。与农地承包权退出有关的制度的缺乏使得那些有意愿退出农地承包权的农民无法顺利退出，也阻碍了农业经营规模化发展。我们应该尽快建立起一个行之有效的农地承包权退出制度，引导有退出意愿的农民依法自愿有偿退出承包地。同时，为了适应农村居民非农化就业增长的需要，解决农村土地家庭联产承包责任制带来的土地经营规模不经济的问题，应加快农村产权制度改革，细化土地所有权的实现方式，拓展土地承包权的权能，丰富土地经营权的内容，为土地承包权顺利退出奠定基础。

（二）健全土地价格评估制度

土地具有不可再生性和不可替代性，是一种稀缺性资源。由于其具备的特殊性质，近些年土地价格不断上涨，建立土地价格评估制度主要是为了规范土地的使用，减少因价格评估不准确所带来的经济损失。在农地承包权退出过程中，承包地价格的评估与补偿标准息息相关。

所谓的价格评估制度，就是指专门的价格评估人员，遵循严格、合理、科学的价格评估原则和方法，对土地的市场价格予以测定[①]。笔者建议，可以从以下几个方面来健全土地价格评估制度：（1）大力发展土地价格评估中介机构，逐步形成科学合理的价格评估体系；（2）设置合理的评估原则，公正合理的土地价格评估原则能够准确地测量土地价格；（3）建立土地基准价格制度，土地基准价格的缺失使得相关机构对土地价格的评估失去了基本依据，造成农地流转中出现地价水平不协调等问题，严重阻碍了农地市场的发展与完善；（4）规范土地价格评估程序。将评估制度程序化，以此保证测量结果的公平公正性。

我国农村土地市场建设还处于初始阶段，但可以肯定的是，随着农村土地市场的不断发展和完善，会大大地增加对土地价格评估的需求，而合理的价格评估制度能够有效规避土地承包权退出带给退地农民的风险，减少因价格评估不准确而带来的经济损失，因此健全土地价格评估制度能够有效推动农地承包权退出。

（三）构建农村产权交易平台

一方面，随着城镇化进程的加速，农村青壮年劳动力不断涌向城镇，大量的农村资产被闲置，尤其是土地资源，大面积的农地被闲置浪费，无人耕种。另一方面，随着我国农村改革进程不断加快，国家大力培育家庭农场、专业大户以及农民合作社等新型经营主体，这些新型农业主体的发展必然会对农村闲置的田地、房屋、山林等各类农村产权产生大量的需求，特别是农民退出后的承包地也需要在农村产权交易平台上再次流转利用起来。基于上述现实情况，建立具有联动性、规范性、共享性和互通性的农村产权交易平台是很有必要的。

农村产权交易平台的构建有利于引导农村产权流转交易业务公平透明发展，使农村产权流转市场规范化，可以有效地减少寻租腐败行为；有利于保障村集体和农民的财产权益，构建农村产权交易平台既能够满足农民对于土地改革的要求，也有效保障了农民的合法权益；有利于促进农业结构调整和经济发展，实现农业生产经营集约化规模化发展，提高农地生产效率。

---

① 张健:《土地价格评估的主要方法探究》，载《产业与科技论坛》2016 年第 1 期，第 55—56 页。

关于农村产权交易平台的构建，在遵循公益性、公平公正、交易便利这几个原则的基础上，（1）应明晰农村产权交易平台的设立区域。我国生产大户、农业合作社等新型农业经营主体为了达到扩大企业生产规模、提升生产品质的目的，对农地有着大量的需求。对于农村产权流转交易平台的构建，从市场的供求关系角度进行考量的话，现阶段市场建设应以县（区）域为主。（2）应完善农村产权交易平台的设立形式。首先，对各种形式的平台进行整合。我国综合性的农村产权交易平台的性质多种多样，可分为事业单位性质、企业法人性质以及由其他单位转换而来 3 类。在明确农村产权交易平台性质的基础上，应对现有资源进行整合，进而规范农村产权交易平台的具体设立形式。其次，加强网络交易的平台建设。随着互联网技术的不断发展，各地大多都已建设有专门的产权交易网络平台。将产权交易信息公布在网络上，可以让对农村产权有需求的人群能够快速、直接地了解到产权基本情况，大大地提升产权交易效率。但是一些经济比较落后、发展较为缓慢的地方仍没有建立起互联网形式的产权交易平台，应对这些地方加以重视，抓紧时间开发和构建一个基于政府监管的全国统一的农村产权网络交易平台。

同时，要构建农村产权交易平台的准入机制，完善农村产权交易平台的运营管理，统一农村产权交易平台的交易程序，完善农村产权交易平台的服务内容，对退出后的承包地再次流转利用提供服务。

八、结论与展望

（一）研究结论

当前，我国已进入城镇化快速发展的阶段。在未来相当长的一段时间内，城镇化快速发展仍将是我国经济与社会发展中的主题。与此相适应的是，农村劳动力转移进程也将不断加快，农村大量人口将逐步向城镇集中。与此相应地，学术界对农地承包权退出问题也必将给予持续关注。综合来看，本文提出了如下的观点：

第一，应尽快构建农地承包权退出法律制度。相关法律法规的缺失，使得农地承包权退出没有一个系统性的规定以及处理相关纠纷时无法律依据，国家应加快修改和完善多部法律法规，让农地承包权退出做到有法可依、有章可循。

第二，重点构建农地承包权退出的补偿制度。在农地承包权退出法律制度的构建中，补偿制度是核心。构建补偿制度应该从补偿原则、补偿主体和资金来源、补偿标准以及补偿方式4个方面入手。补偿原则包括公平原则、“谁受益，谁补偿”原则以及可持续发展原则；补偿主体包括村集体经济组织、地方和中央政府以及新的农地经营者，结合各补偿主体的实际情况通过多种渠道进行补偿资金的筹集；各地在制定具体补偿标准时可参考承包权退出试点地区中关于补偿标准的规定，同时结合土地的5种价值对承包权退出补偿标准进行量化；补偿方式则包括一次性经济补偿、社会保障性补偿以及多元化退出补偿。只有建立起行之有效的补偿制度，才能够有效地激励农民自愿有偿退出承包地。

第三，注意防范承包权退出所产生的风险。承包权退出会产生法律风险、失业风险和生存风险。通过对《农村土地承包法修正案（草案）》的修订，完善承包权退出相关法律法规，以此规避承包权退出所带来的法律风险；通过建立再就业指导制度、完善就业培训制度、完善失业救济制度来规避承包权退出的失业风险；通过建立退地农民最低生活保障制度、建立退地农民医疗保障制度、建立退地农民子女教育保障制度以及完善年老退地农民养老保险保障4个方面来防范承包权退出的生存风险。

第四，健全农地承包权退出相关配套制度。农地承包权退出相关配套制度的完善可以大大地加快承包权退出进程，在实践中应加快农村产权制度改革，推进城乡户籍制度改革，健全土地价格评估制度，构建农村产权交易平台。

（二）研究展望

我国经济快速发展，对农村改革产生了迫切的需求。“三农问题”是我国社会主义现代化建设过程与城镇化建设过程中最重要的问题，而构建农地承包权退出制度是关系农民向往城市美好生活，农业规模化集约化发展，农村和谐稳定，城乡融合发展的重大问题。改进和完善我国农地承包权退出制度必须贯彻积极、合理、科学的原则，同时，从宏观的战略高度对我国农地承包权退出相关政策进行制定，充分把握农地承包权退出制度所具备的价值和功能，平衡退出过程中各方的利益，全面分析农地承包权退出制度可能产生的各种影响，在农民自愿的基础上充分考虑并照顾农民的利益，着眼于持续渐进地推进农村人口的非农化转移，构建农村人口非农化的畅通渠道，建立城市吸纳农村转移人口的财政支持政策，才能够最大限度地发挥农地承包权退出制度的效果。

同时，许多地方的承包权退出实践都表明了农村土地制度改革的复杂性和艰巨性，城镇化快速发展过程中所产生的农地问题是无法一步到位地解决的，我们只能采取折中的方法，走渐进性的农民市民化道路。我国特有的农村土地制度使我国农村土地不仅承担着生产经营作用，还对农民的生存提供了基本保障，土地是农民安身立命之本，考虑到农民的恋土情节及家园依赖心理，农村土地制度改革具有长期性和复杂性，农地承包权退出必然需要足够长的时间才能彻底完成。农民退出农地承包权的前提是农民在退地之后能够保证其生活与退出之前差别不大，并且能够完全适应城镇生活。但我国目前社会保障体系不够健全，不能给退地农民提供完善的生活保障，在这种情况下，退地农民放弃了承包地，又不具备在城镇就业的能力，则无法保证自身的生活水平，这将会给社会稳定带来潜在的巨大隐患。以上的现实情况均表明了农地承包权退出的彻底完成需要经过相当长的历史过程，不会一步就成功，我们需要具备足够的历史耐心，同时在农村制度改革无法快速完成的前提下，只有走渐进性的道路，稳步发展，以尊重农民意愿为出发点，遵循循序渐进的原则，首先帮助农民对土地经营权进行流转，同时逐步开展土地承包权退出，对于土地从流转到退出的转变过程，要由点及面，审时度势进行。结合各地区的经济发展情况以及土地差异化的用途，鼓励进行符合自身的实践探索和制度创新，构建符合中国国情的农地承包权退出法律制度。

参考文献

著作类

[1] 张红宇:《中国农村的土地制度变迁》，中国农业出版社 2003 年版。

[2] 胡吕银:《土地承包经营权的物权法分析》，复旦大学出版社 2004 年版。

[3] 刘勇:《中国城镇化战略研究》，经济科学出版社 2004 年版。

[4] 骆玲，唐永进，张红宇:《城镇化与农民》，西南交通大学出版社 2006 年版。

[5] 丁关良:《土地承包经营权基本问题研究》，浙江大学出版社 2007 年版。

[6] 汪振江:《农村土地产权与征收补偿问题研究》，中国人民大学出版社 2007 年版。

[7] 张平华:《物权法专题精义：争点与判例——土地承包经营权》，中国法制出版社 2007 年版。

[8] 简新华，黄锟:《中国工业化和城市化过程中的农民工问题研究》，人民出版社 2008 年版。

[9] 孟勤国:《中国农村土地流转问题研究》，法律出版社 2009 年版。

[10] 贺雪峰:《地权的逻辑——中国农村土地制度向何处去》，中国政法大学出版社 2010 年版。

[11] 周应江:《家庭承包经营权：现状、困境与出路》，法律出版社 2010 年版。

[12] 揭明，鲁勇睿:《土地承包经营权之权利束缚与权力结构研究》，法律出版社 2011 年版。

[13] 郑兴明:《中国城镇化进程中农民退出机制研究》，人民出版社 2012 年版。

[14] 罗红云:《中国农村土地制度研究》，上海财经大学出版社 2012 年版。

[15] 邹秀清:《土地承包经营权权能拓展与合理限制研究》，中国社会科学出版社 2013 年版。

[16] 王金堂:《土地承包经营权制度的困局与解破》，法律出版社 2013 年版。

[17] 祖彤，杨丽艳，孟令军:《我国农村土地承包经营权制度研究》，黑龙江大学出版社有限责任公司 2014 年版。

[18] 张学敏:《转移与退出：离农农民承包地退出机制研究》，西南财经大学出版社 2014 年版。

[19] 王立争:《新时期农村土地承包制度改革的法律探索》，中国政法大学出版社 2016 年版。

[20] 楚德江:《农地承包权与宅基地使用权退出机制创新研究》，中国出版集团 2016 年版。

[21] 高佳:《农业转移人口市民化：土地承包权退出及经济补偿研究》，中国农业出版

社 2016 年版。

[22] 张坚:《农村土地承包经营权、宅基地使用权流转的实证分析与法律构造》，法律出版社 2017 年版。

[23] 庄斌:《土地承包权与经营权分置制度研究：改革逻辑与立法选择》，中国社会科学出版社 2018 年版。

期刊类

[1] 华彦玲，施国庆，刘爱文:《国外农地流转理论与实践研究综述》，载《世界农业》2006 年第 9 期。

[2] 朱怡，杨新海:《借鉴英国经验完善中国土地产权流转》，载《国家城市规划》2007 年第 22 期。

[3] 刘彦随，刘玉，翟荣新:《中国农村空心化的地理学研究与整治实践》，载《地理学报》2009 年第 10 期。

[4] 周也奇，朱玉碧:《推进重庆市户籍改革的土地退出机制构建探讨——基于重庆市北碚区歇马镇转户农民土地退出的意愿调查》，载《中国外资》2011 年第 7 期。

[5] 蔡继明:《中国的城市化与土地制度改革》，载《徐州师范大学学报》(哲学社会科学版) 2011 年第 4 期。

[6] 滕亚为:《户籍改革中农村土地退出补偿机制研究——以重庆市为例》，载《国家行政学院学报》2011 年第 4 期。

[7] 贺雪峰:《为什么要警惕"土地换户籍"》，载《北京农业》2011 年第 7 期。

[8] 许宏表，汪守涛，方建中:《论"两分两换"中的问题及其对策》，载《改革与开放》2011 年第 4 期。

[9] 吴康明，陈霄:《农民土地退出意愿与关键环节拿捏：重庆例证》，载《改革》2011 年第 10 期。

[10] 李刘艳:《农地流转国外经验借鉴与启示》，载《甘肃农业》2012 年第 13 期。

[11] 牛山敬二:《日本农业与农村的现状及危机》，载《中国农史》2012 年第 1 期。

[12] 王兆林，杨庆媛，范垚:《农户土地退出风险认知及规避能力的影响因素分析》，载《经济地理》2013 年第 7 期。

[13] 白现军:《农地承包权退出机制构建》，载《开放导报》2013 年第 4 期。

[14] 张学敏，刘惠君:《离农农民退出承包地影响因素分析——基于河南、湖南、四川和重庆 1086 农户的实证分析》，载《西部论坛》2013 年第 2 期。

[15] 张学敏:《我国离农农民承包地退出补偿的构成与计量》，载《西部论坛》2014 年第 5 期。

[16] 郭熙保:《市民化过程中土地退出问题与制度改革的新思路》，载《改革经济理论与经济管理》2014 年第 10 期。

[17] 王丽双，王春平：《实现农地承包经营权退出制度的路径选择》，载《学术交流》2015 年第 11 期。

[18] 谢根成，蒋院强：《农村土地承包经营权退出制度的缺陷及完善》，载《农村经济》2015 年第 3 期。

[19] 内江市委改革办，内江市中区委改革办：《四川内江土地退出“三换”模式》，载《农村工作通讯》2016 年第 22 期。

[20] 刘同山：《农户承包地的退出路径：一个地方试验》，载《重庆社会科学》2016 年第 11 期。

[21] 楚德江，韩雪：《农民市民化进程中农地承包权退出机制研究》，载《理论导刊》2016 年第 7 期。

[22] 农业部经管总站：《“十二五”时期村集体收支情况统计分析》，载《农村经营管理》2016 年第 6 期。

[23] 王常伟，顾海英：《城镇住房、农地依赖与农户承包权退出》，载《管理世界》2016 年第 9 期。

[24] 汪晓春，李江风，王振伟，张志：《进城农民土地退出的补偿机制》，载《党政视野》2016 年第 1 期。

[25] 宁萌：《农民退出承包地的社会保障问题及对策》，载《天津农业科学》2016 年第 2 期。

[26] 刘同山，赵海，闫辉：《农村土地退出：宁夏平罗试验区的经验与启示》，载《宁夏社会科学》2016 年第 1 期。

[27] 何巨，冯江：《唤醒沉睡的土地——金湖县农村土地改革观察》，载《群众》2017 年第 18 期。

[28] 吴爽：《农民土地承包权有偿退出法律机制的建构》，载《农村经济》2017 年第 9 期。

[29] 张东：《离农农户土地承包权退出动力机制研究》，载《陕西农业科学》2017 年第 7 期。

[30] 李红波，陈旭：《新型城镇化背景下农民土地承包权退出机制研究》，载《农村经济与科技》2017 年第 6 期。

[31] 范传棋，谭静，雷俊忠：《农民承包地有偿退出模式比较研究》，载《农村经济》2017 年第 4 期。

[32] 秦梦圆：《三权分置视域下土地承包权有偿退出机制初探》，载《现代经济信息》2017 年第 3 期。

[33] 戴红梅：《搞好改革双试点释放土地新活力》，载《江苏农村经济》2017 年第 3 期。

[34] 张云华，伍振军，刘同山：《农民承包地退出的梁平试验》，载《中国老区建设》2017 年第 2 期。

［35］童彬：《土地承包经营权退出机制的法律困境和制度建构》，载《农村经济》2017年第2期。

［36］张力，杨绎：《人口城镇化背景下农民自愿退出农村地权的法律规制》，载《江西财经大学学报》2018年第3期。

［37］余澳：《农村土地承包经营权有偿退出机制的建构》，载《农村经济》2018年第9期。

［38］李荣耀，叶兴庆：《农户分化、土地流转与承包权退出》，载《改革》2019年第2期。

学位论文类

［1］袁春瑛：《我国农村社会养老保险问题研究》，山东农业大学2003年硕士学位论文。

［2］周建春：《耕地估价理论与方法研究》，南京农业大学2005年硕士学位论文。

［3］李启宇：《基于城乡统筹的农地承包经营权流转制度创新研究》，四川农业大学2010年硕士学位论文。

［4］冯善书：《农村集体经济组织成员权退出机制》，华东师范大学2010年硕士学位论文。

［5］张蔚：《快速城镇化进程中农村土地退出机制研究——基于重庆市户籍制度改革的实证》，西南大学2011年硕士学位论文。

［6］吴康明：《转户进城农民土地退出的影响因素和路径研究——以重庆为例》，西南大学2011年硕士学位论文。

［7］郑兴明：《城镇化进程中农民退出机制研究》，福建农林大学2012年硕士学位论文。

［8］严燕：《重庆市户籍制度改革中农村土地退出模式研究》，西南大学2012年硕士学位论文。

［9］翟研宁：《农村土地承包经营权流转机制研究》，中国农业科学院2013年硕士学位论文。

［10］曾思尹：《农村土地承包经营权退出制度研究》，西南政法大学2014年硕士学位论文。

［11］张学敏：《离农农民承包地退出机制研究》，西南大学2014年硕士学位论文。

［12］李妍：《城镇化中农村土地承包经营权退出研究》，华中师范大学2014年硕士学位论文。

［13］李苗苗：《农业转移人口市民化过程中自愿退出农村的障碍和对策》，信阳师范学院2015年硕士学位论文。

［14］高佳：《土地承包权退出及经济补偿研究》，西北农林科技大学2016年士学位论文。

［15］宁萌：《土地承包经营权退出制度研究》，天津商业大学2016年硕士学位论文。

［16］胥敏：《基于农民意愿的承包地有偿退出机制研究》，兰州大学2017年硕士学位

论文。

[17] 王紫彤：《"三权分置"下的土地承包权研究》，华中师范大学 2017 年硕士学位论文。

[18] 刘李秋：《进城落户农民土地承包权自愿退出补偿模式研究》，重庆大学 2017 年硕士学位论文。

[19] 张美伊：《土地承包权退出的风险防范制度研究》，华中师范大学 2017 年硕士学位论文。

[20] 丁洁琼：《"三权分置"下的农村土地承包权有偿退出机制研究》，江西财经大学 2018 年硕士学位论文。

[21] 冯甘霖：《三权分置背景下农民土地承包权自愿有偿退出机制研究》，郑州大学 2019 年硕士学位论文。

第六章 | 农民专业合作社社员权益保护法律问题研究

一、问题的提出

农业是人类衣食之源、生存之本，也是一个国家经济发展的基础。农业为工业提供各种原材料，同时还为工业发展输送剩余劳动力，为一个国家的政治和经济的健康有序运行提供保障。农民是农村社会的主体，是农村经济发展的原动力。改革开放以来，我国的工业化、城镇化快速发展，但“农业基础仍然薄弱，最需要加强；农村发展仍然滞后，最需要扶持；农民增收仍然困难，最需要加快”，农民、农业、农村的问题解决好了，其他的社会问题也就可以迎刃而解。然而在广大农村，封闭的经济系统、规模较小的单个农户、分散的经营方式、滞后的信息等问题都是农民在无法预测的市场风险中难以应对的因素。随着社会主义市场经济体系的逐步建立和完善，市场竞争日趋激烈，作为弱势群体的农民所面对的问题更加严重，农民增收、农业生产、农民利益的保护都面临着极大的挑战与压力。目前我国农业和农村的发展，农民权益的保护普遍存在着一个严重的问题，即有效组织与合作的缺乏。生产的专业化合作与分工的不足，致使农户想要平等地进入市场困难重重。要解决这些问题，使广大分散的农民加强合作，提高农民的组织化程度，促进农村经济发展的一个很好的选择，就是保证维护农民利益的同时，在“民办、民享、民治”的组织原则的指导下通过合作提高农民和农业生产的竞争力。于是，农民专业合作社应运而生。

在市场经济条件下，我国农民专业合作社发展迅速。2007 年《农民专业合作社法》的施行结束了中国一直以来没有合作社法的时代，进一步明确了合作社的法人主体地位，标志着中国合作社立法进入了一个新时代。以《农民专业合作社法》的施行为起点，农民专业合作社进入了快速发展阶段。据统计，截至 2018 年底，全国登记注册的农民专业合作社达 217.3 万家，相比 2012 年增长了3.15倍，相比2008年增长了19.6倍，实有入社农户超过了1亿户，占全国农户总数的49.1%[①]。2018年新修订《农民专业合作社法》的颁布实施，顺应了时代的发展要求，针对我国实现农业农村现代化所面临的新形势和新任务，为农民专业合作社的可持续发展指明了发展道路，提出了发展要求，提供了发展动力。这次修改进一步规范了农民专业合作社的组织和行为，扩大了农民专业合作社的经营范围，新增加了一章“农民专业合作社联合社”，对于合作社成员的出资形式又做了不同程度的放宽。同时，这次新法还对成员的新入社和除名、盈余分配、对外投资、强化治理等条款作了修改完善[②]。显然，这些修改的内容在一定程度上保护了农民专业合作社及其成员的权利。然而《农民专业合作社法》中仍然存在诸多问题没有明确和细化，例如许多法律问题的规定不明、立法不完善、法律体系不健全等。尤其对于农民专业合作社社员权益的保护，农民合作社是否以农民为本，以农民的合法权益作为开展活动的出发点与归宿，理论上仍然研究较少，实践中也缺乏统一性的规定，需要我们不断思考和研究。

农民专业合作社是我国市场经济发展的必然选择，是农业现代化的必然结果。发展农民专业合作社，对于提高农民的组织化程度，增加农民收入，推进农业产业化经营具有十分重要的作用。较强的规范性和市场主体性是农民专业合作社在农村合作经济组织中的重要特性。但从实践中来看，我国学术研究大多集中的焦点在于各种新型农村合作经济组织的总体性，而对农民专业合作社的研究明显不够重视，对农民专业合作社中社员权益的保护研究也较少，毋庸置疑，对农民专业合作社法律问题的研究会丰富我国这一领域理论研究的成果。市场经济条件下，农民专业合作社存在的根本价值就在于能够满足在市场竞争中处于弱势地位的农业商品生产者谋取或维护自身利益、增强竞争能力。本文正是从农民专业合作社与社员权益保护法律问题进行研究，希望能对社员权益保护问题更加完善。

自20世纪80年代以来，我国农村改革发展实践中各地创办了大量的农民专业合作社，它是广大农民实施农业产业化经营的一个重要组织载体。对农民

---

① 梅香:《公平抑或效率：合作社的异化及辨析——兼论土地股份合作社的发展》，载《东岳论丛》2019年第5期，第138—146页。

② 高海:《〈农民专业合作社法〉的改进与完善建议》，载《农业经济问题》2018年第5期，第43—51页。

专业合作社与社员权益保护法律问题的研究，在于加深人们对我国农民专业合作社的理解，同时促进其健康可持续发展，对于推进我国农业产业化经营，推动新时期农村经营体制改革，促进乡村振兴战略的实施，实现我国农业现代化都具有重要的理论意义和实践价值。

二、农民专业合作社与社员权益保护的内涵

（一）农民专业合作社的内涵和地位

1. 农民专业合作社的概念

很长一段时间，对于合作社的定义人们的观点都不一致。徐旭初，黄胜忠（2009）认为中国的“农民专业合作社”的概念大致上对应国际上“农业合作社”（farmer cooperatives）的概念，适用国际合作社联盟（International Co-operative Alliance）在 1995 年给出的定义。1995 年在曼彻斯特召开的国际合作社联盟 100 周年代表大会上，通过的《关于合作社界定的声明》中对合作社定义的规定是：合作社是人们自愿联合、通过共同所有和民主管理的企业，来满足共同的经济和社会需求的自治组织。在我国，农民专业合作社是一个农业生产经营组织，它是由广大农民在农村土地家庭承包经营基础上自主创办的，并且是伴随着农业产业化经营逐步发展起来的一个全新的市场主体，是对家庭承包经营为基础、统分结合的双层经营体制的丰富和完善，也是我国农业生产经营体制改革中的重大制度创新。2018 年《农民专业合作社法》第一章第二条对“农民专业合作社”作了规范界定：“本法所称农民专业合作社，是指在农村家庭承包经营基础上，农产品的生产经营者或者农业生产经营服务的提供者、利用者，自愿联合、民主管理的互助性经济组织。”第一章第三条规定：“农民专业合作社以其成员为主要服务对象，开展以下一种或者多种业务：（1）农业生产资料的购买、使用；（2）农产品的生产、销售、加工、运输、贮藏及其他相关服务；（3）农村民间工艺及制品、休闲农业和乡村旅游资源的开发经营等；（4）与农业生产经营有关的技术、信息、设施建设运营等服务。”其内容主要包括以下几个方面：

第一，农民专业合作社的主体是农民，这些农民享有着农村土地承包经营权。它属于一种新型的合作社，与传统的农村集体经济组织相比较，它是在农村家庭承包经营的基础上由农民自发组织起来的一种经济组织。加入农民专业

合作社后，社员要遵守本社的章程规定，同时生产经营自主权仍然掌握在社员手里，并不改变家庭承包经营权。

第二，农民专业合作社的目的和宗旨是实现成员共同的经济利益。农民专业合作社的生产经营等活动大多是围绕着同类农产品的生产或同类农业生产经营服务而进行的。在这里，“同类”主要指的是提供该类农产品的销售、加工、贮藏、运输、农业生产资料购买等一系列活动，还有与该类农业生产经营相关的技术、信息等服务。

第三，农民专业合作社的定义及其原则与国际上通行的基本上保持一致。国际上通行的合作的定义：人民自由自主联合，以民主管理共同所有为基础，为了满足他们共同的经济和社会需求，而成立的一种自治组织。基本原则主要包括：社员的民主管理原则，社员的经济参与原则，教育、培训和信息的原则等。

2. 农民专业合作社的特征

农民专业合作社是我国发展最为成熟、组织结构和运行规则最为成熟的合作经济组织[①]。农民专业合作社不仅从事着不同的经济活动内容，而且又起着社会经济团体的作用，维护着社员的利益。作为一种经济组织，它有其独特的决定其本质的典型特征，主要体现在以下几个方面。

第一，独特的管理方式，即合作社的民主管理。每一个组织成员都平等地享有这样一种权力，即对经济组织控制和管理的权力。另外，成员投票权是平等的，所有成员都是合作社的主人，都有权对其进行管理。《农民专业合作社法》规定，合作社要健全内部管理机构和办事民主程序，保证大多数成员能够最大可能地实现民主管理合作社。在具体的管理过程中：首先是社员积极参与制定合作社的重大方针事项，比如说经营盈余的分配，资金的筹集等；其次是“一人一票制”原则的贯彻，成员的选举权平等；最后就是管理人员的负责制度，即那些民主选举出来的管理人员要对社员的一切利益负责，既包括眼前利益，也包括长远利益。

第二，独特的经济关系，即合作社所特有的自愿、民主、互利的经济关系。在合作社中，劳动者自愿入股，入股的方式是一定的专业技术、劳力、资金或

---

① 刘大洪，邱隽思：《我国合作经济组织的发展困境与立法反思》，载《现代法学》2019年第3期，第169—180页。

生产资料，然后再用自主劳动、经营和民主管理方式加以运作，目的是使成员获得一定的经济利益和各种服务。

第三，独特的宗旨和目的。合作社是一个利益共同体，它是由劳动者在自愿的前提下组成。同时，它也是劳动者自我服务的一种组织，其主要宗旨和目的是让全体组织成员享受合作社所提供的各种服务，而不是一味地获取利润。另外，根据社员反映出来的愿望和要求，合作社还会开展一定的业务经营活动，运用组织的力量，实现各成员的经济利益，不断提高各社员的政治地位。

3. 农民专业合作社的法律地位

2018 年新修订的《农民专业合作社法》第 7 条规定，国家保障农民专业合作社享有与其他市场主体平等的法律地位。国家保护农民专业合作社及其成员的合法权益，任何单位和个人不得侵犯。这就从法律上保障了农民专业合作社的平等主体地位，但是由于农民专业合作社是一个新兴的市场主体，拥有很大的活力，目前正在迅速发展，而如何界定它的法律地位，目前学者们的观点并不一致。主要有以下几种看法：

第一，合作社是社团法人。这种观点的内容主要是，合作社以互助合作为基础，通过共同经营的方式，让社员获取到一定的经济利益，进而达到改善其生活的目的。

第二，合作社是非营利法人。这种对法人所进行的分类主要存在于大陆法系国家和地区。按照法人是否具有营利性这一性质，法人可分为非营利法人（一般指公益法人）与营利法人。依据此种分类，合作社就应该属于非营利法人。

第三，合作社是中间法人。这种观点对合作社的界定是，合作社既不是不以营利为目的的公益法人，又不是专以营利为目的的私益法人，它是处于这两种法人之间模糊地带的法人，属于中间法人。

第四，合作社是合作社法人。基于合作社这种新型经济组织的特殊性，从外部表面上看来，它要有一定的盈利收入，与企业法人相类似；从内部实质上来看，它谋求的是社员之间共同的利益，并且与社员之间的交易不以营利为目的。因此这种观点就认为，在法律上，合作社应当定位为合作社法人，而且工商行政管理部门应当设立一个专为合作社法人注册门类的部门，以便为合作经济组织办理登记注册提供方便，并不得在其设立时加以歧视故意设置障碍。

笔者认为农民专业合作社在法律地位上应属于私法人、社团法人、中间法人。合作社法人具有不同于其他私法人的法律属性和本质规定性[①]。在我国，农民专业合作社设立的法律依据是私法，它是由农民和农产品的生产经营者在私法的基础上而设立的，因此属于私法人。在私法人中，依据法人成立的基础不同又可以将私法人分为社团法人与财团法人。其中社团法人是以社员权为基础的人的集合体，而农民专业合作社是以社员权为基础的，因此属于社团法人。农民专业合作社主要是劳动者进行自我服务的经济组织，它的主要目的不是获取利润，而是为全体组织成员提供各种所需的服务。不过，虽然它成立的目的和宗旨不是一味地追求经济上的利润。但是在社会主义市场经济条件下，或者说在全球一体化这种背景下，要想获得生存并不断地发展成长，就要遵循市场经济规律，面对由市场带来的不可预测的各种风险，因此农民专业合作社就必须在商品交换过程中有所盈利以调节内部的再分配和筹集发展资金。所以，它不同于纯粹以获取利益为目的的营利法人，但又区别于非营利法人。日本有学者将这种具有特殊性质的团体叫作处于营利和非营利的中间法人，笔者认为这种说法能恰如其分地表现农民专业合作社的特殊法律地位，因此农民专业合作社是中间法人。

（二）社员权益保护的内涵和意义

1. 社员权益的内容

在取得社员资格后，农民专业合作社的社员就与合作社产生了一种法律关系，进而产生了一定的权利义务。社员权益就是指基于法律和农民专业合作社的章程规定，在合作社发展运行的过程中，合作社的社员所享有的权利，也可以简称为社员权益。

按照我国合作社法的相关规定，我国合作社社员权益的内容主要可以分为两大块，即管理权和财产权。

（1）管理权。在农民专业合作社中，管理权包括社员个人权和社员共同权。社员个人权的内容主要有表决权、选举与被选举权、文书查阅权、罢免领导请求权和诉讼权。社员个人权是社员能有效行使管理合作社的重要权利，也是社员意思自由、自治的切实体现。社员共同权的内容有召开大会请求权、大会提案权、查阅会计账簿权、进行检查请求权、罢免领导请求权和诉讼权。共同权

---

① 赵新龙：《合作社决议效力规则的立法构造及其适用》，载《农业经济问题》2018 年第 3 期，第 56—66 页。

是社员行使监督权的另一种有效途径。

（2）财产权。包括事业利用权、盈余分配权和剩余财产分配权。事业利用权是利用本合作社所提供的服务和生产经营设施权。盈余分配权是对合作社的盈利进行分配的权利。剩余财产分配权主要是指在合作社破产时，社员可以依照合作社章程的规定要求分配合作社的剩余财产。但在分配之前，要先清偿债务，对剩余部分再进行分配。财产权是维护社员权益的重要保障，只有对合作社的财产权进行了合理公平公正的分配，才能使合作社的普通社员及高级管理人员积极参与到合作社的日常管理中去，才能促进合作社的持续健康发展。

2. 社员权益的性质

合作社社员加入合作社之后，依据我国合作社法和合作社的章程规定，依法享有一定的社员权利，那么在其性质上，可以分为以下几点：

首先，社员权是私权。私权也叫私权利，但需要注意的是，私权并不仅仅是私人财产权。还包括社员的人身权，比如人格权、身份权等。显然，这些权利的内容始终贯彻的是行为人主体意思自由、意思自治的原则，是私法的体现，与国家公权力没有多大的关系。社员权所产生的基础是社员自己的行为发生的一些法律关系。把社员权界定为私权更能防止“公权”对“私权”的侵犯，在法律内容上维持社会秩序的稳定。

其次，社员权是一种复合型的权利。它的内容很多，不仅有经济性质的，也有非经济性质的。从我国合作社法律的规定来看，社员权有表决权、选举和被选举权这些和社员有直接人身关系的人身权，还有分享盈余权这种具有财产关系的财产权，更有查阅权这种代表着公共利益性质的公益权。所以说，社员权的内容较多，但这些基本权利内容的设定都是以最大化维护社员的切身利益而设定的，也是为了与合作社建立的目的保持一致。这些权利是一个不可分割的有机整体，具有综合性质。

再次，社员权以社员资格为基础，并始终与这种资格紧密相关。当一个行为主体加入合作社之后，才会有社员权的产生，也就是说，社员权以行为人取得社员资格为基础和前提条件。一旦行为主体加入合作社之后，这种社员权利就伴随始终，直到该主体退社或者被除名。在成为合作社社员的这段时间，该行为主体被称为社员，享有我国合作社法和该合作社章程所规定的一切权利。

最后，社员权的内容既可以法定也可以约定。法定权利如我国合作社法里所记载的权利内容，约定权利如根据本合作社的章程规定所享有的权利。合作社本身就是一个自愿联合的自治性组织，在法律规定的内容之外，赋予社员更多的其他权利才能代表全体社员的意志，才更能体现出社员在对合作社的经营管理过程中自治民主的实质，才更能实现让社员当家做主的精神。由于我国合作社目前尚不成熟，处于一种摸索发展的阶段，通过约定章程赋予合作社社员一定的自治权利，其好处就在于合作社可以根据自己的情况，一切从实际出发，实事求是地运营发展。

3. 社员权益保护的理论基础

第一，利益与利益机制理论。从古至今，在社会的每一个发展阶段，经济关系都是首先作为利益表现出来的。毋庸置疑，社会上各个阶层对利益的不断追逐能够有效推动人类社会的发展。保障和改善民生要抓住人民最关心、最直接、最现实的利益问题，既尽力而为，又量力而行，一件事情接着一件事情办，一年接着一年干。而在民生问题里，人民的利益是核心内容之一。从古至今都有这样一个规律，当利益产生分歧的时候，社会矛盾就会或多或少地出现。在不断发展的社会关系中，利益会以一种过程的形式呈现在人民面前，追求这种过程都是为了更好的物质精神文化生活。人类文明史上，无论哪个时代，利益都产生在各种需求的基础上，由于人民的需求不同，当无法完全平衡时，利益分歧就产生了。在一定的社会关系中，人与人之间要接触要交往，还会有不同的物质交换，在这个关系发生的过程中，利益实际上就已经出现了。从根源上说，社会权利的失衡导致利益格局的不平衡。十八大报告指出必须坚持维护社会的公平正义，努力营造公平的社会环境，所以说给予人们相对公平公正的利益能够不同程度上有效化解人民之间的利益冲突。

构建和谐社会最根本的要求就在于尊重和保护每个社会成员的合法权利。基于我国现在正处于社会主义初级阶段的转型期，东西部之间经济发展不协调，各个产业群体的收入差距不断拉大。在这种严峻的大形势下，初级产品生产者的农民群体既无先进的生产技术，又无雄厚的资金实力，毫无疑问就成了最大的弱势群体。三农问题不容忽视，而三农问题的关键与核心是农民利益问题。在法治社会建设进程中，农民权益保护问题仍是不容忽视的。开展各种各样的合作是这一弱势群体保障和维护自身利益的一个有效手段，在市场经济条件下，农民专业合作社就应运而生。作为农民利益集团的代表，农民专业合作社是一个互惠互利共同体，它以利益为纽带而结成，不仅是农民权益保护的重要组织形式之一，而且能够在一定程度上实现社会利益均衡 。

第二，农民集体行动理论。在1966年，奥尔森发表了《集体行动的逻辑》一书。集体行动理论认为，在一个社会中，某些利益集团如果想以保护自己的利益为目的而对政府的政策有所影响，就必须采取一定的行动，这就是所谓的“集体行动”。

奥尔森搭便车理论的中心论点是：公共物品一旦存在，每个社会成员不管是否对这一物品的产生做过贡献，都能享受这一物品所带来的好处。公共物品的这一特性决定了，当一群理性的人聚在一起想为获取某一公共物品而奋斗时，其中的每一个人都可能想让别人去为达到该目标而努力，而自己则坐享其成[①]。当每个人都想着别人去付出劳动，而自己享受成果时，“搭便车”困境就出现了。人们常说“三个和尚没水喝”，其实也是搭便车行为的表现形式。在农民专业合作社中，这种“搭便车”的困境也一定程度地存在着。农民由于文化知识水平不高，组织能力较低，当有集体行动的时候，社员之间的沟通与协调都存在着问题，想要一致对外困难重重。另外，成员入社的目的是获取合作社的各种服务，包括技术、采购、信息、销售等服务，通过合作社和合作社服务的发展实现利益最大化，而此目的必会产生“搭便车”问题[②]。加上农民集体意识薄弱，专业知识素养不够，这都直接导致农民谈判能力不足，自身的正当权利无法得到有效的维护。所以说，克服“搭便车”现象，建立起一个能真正代表和保护农民利益的组织是尤为必要的。

第三，维护和保障社会弱者利益理论。在现代文明法治社会，法的价值不仅体现在规范社会秩序，促进社会文明发展，还在于维护和保障社会弱者利益。首先，法的基本使命和核心功能是利益调整。从实质上看，法是在一定社会物质生活条件下确立和保障实施的，是由权力主体通过公共权力意志行使。每个时代法律制度所设计的内容实际上都包含着空间，这些空间由各个社会关系主体的具体利益组成。在这一制度里面，不同主体的不同利益要求都有不同的反应，有的得到促进发展，有的则是受到限制阻碍。而在这个庞大复杂的社会利益群体系统中，农民作为重要组成部分，其利益不可忽视，应当引起社会各界的高度重视。

---

① 赵鼎新：《集体行动、搭便车理论与形式社会学方法》，载《社会学研究》2006年第1期，第1—21页。

② 秦德智，姚岚，邵慧敏：《基于现代企业制度的农民专业合作社治理研究》，载《经济问题探索》2016年第4期，第150—155页。

其次，在现代文明和谐社会，法所追求的是利益的平衡与协调，而不是失调与纷争。社会弱者的利益亟须现代法的维护与保障，而这也正是体现现代法的首要内容之一。现代社会各个国家为了达到社会经济与环境的可持续协调发展，都更加重视发挥法律制度所能发挥的作用，这其中就包括对利益的分配与调节功能。毫无疑问，从多方面来看，法律并不是利益强者的所爱。而作为弱势群体，法律与国家力量的帮助与维护就显得尤为重要。因而在现代这个文明民主法治国家所制定的法律制度下，用尽一切方法把合作社社员等社会弱势群体的切身实际利益维护和保障好，才是这种背景下法律制度的基本追求与价值，也是这个国家所倡导的文明与民主精神所在。同样，对于产生在法治社会中的合作社，维护弱势群体的农民利益就是其首要目的和现代法的内涵体现。

4. 社员权益保护的重要意义

合作社是社员自愿联合的互助性组织，它的宗旨和目的就在于为广大社员提供各种所需要的服务，使社员获得利益。在我国，农民专业合作社的成员主要是广大农村的农民，而且我国《农民专业合作社法》也明确规定，在合作社成员总数中，农民的人数至少应占百分之八十。一定程度上讲，充分了解并维护社员权益具有重要意义。

第一，有利于维护合作社社员的合法权益。农民专业合作社设立和运行就是为广大社员谋取利益，促进农村经济健康快速发展。在合作社的正常运行中，社员权益保护的程度直接影响着社员能够参与合作社管理的程度。只有真正切实维护社员权益，社员才能积极参与到合作社的运行中去，为合作社的发展贡献自己的力量。

第二，有利于实现专业合作社的目的和宗旨。充分保障全体社员的合法权益，它不仅关系社员能够真正利用合作社资源和服务的程度，又能从深层次体现合作社的宗旨以及存在的价值。只有当社员权益得到很好的保护时，合作社为社员服务的宗旨和目的才能彰显出来。

第三，有利于促进专业合作社的健康发展。对于大部分文化程度较低的农民来讲，他们的法律意识维权意识都相当淡薄，而只有让社员了解到自己的权益，他们才能真正参与到合作社的运行管理中来。作为合作社的主要组成人员，当社员积极参与到合作社的运营管理中时，该组织就会充满活力而促进其持续健康发展。

因此，充分了解并维护好社员权益就显得十分重要，这就要求立法者对农民专业合作社社员权益做出明确规定。在理论研究中，学者对有关农民专业合作社的理论研究给予充分的关注、讨论和相关解释说明，进而给广大农民社员更好的实践指引，使他们真正成为合作社的主人，也使社员权益保护不只是空谈，而更加具有现实意义。

三、农民专业合作社成立中社员权益保护

（一）出资成立中社员权益保护的问题及完善

在农民专业合作社的成立过程中，出资类型显然直接关乎社员的权益问题。在我国，土地承包经营权、劳务、资金、公积金、财政补助、捐赠及融资是合作社成立时主要的出资方式。

1. 土地承包经营权

我国《农村土地承包法》规定承包方“可以自愿联合将土地承包经营权入股，从事农业合作生产”，因此以土地承包经营权入社是有法律依据的。2018年新修订的合作社法新增土地经营权和林权出资，贯彻了承包地“三权”分置与林权改革[①]。新《农民专业合作社法》第13条规定：农民专业合作社成员可以用货币出资，也可以用实物、知识产权、土地经营权、林权等可以用货币估价并可以依法转让的非货币财产，以及章程规定的其他方式作价出资。新规定明确了成员可以用土地经营权等财产作价出资，这显然有利于农民充分利用土地的用益物权，把资产变成资本，不仅增加了对农民专业合作社的扶持措施，体现了出资的多样性，也大大地提高农户投资的积极性。但这又是一个相当复杂的问题。在实践中以土地承包经营权入股的例子不少，而农民以土地承包经营权入股，万一发生合作社债务清偿问题，那么到底可不可以用土地承包经营权来进行债务清偿呢？对广大农民来说，土地是最基本的生活保障，如果在合作社发生债务后，入社的农民用土地承包经营权清偿债务，不仅会严重损害社员的土地财产权益，也会引起社会的不安定。2013年6月，山东省枣庄市发生了这样一起事件。邵某宝是当地的种植养殖大户，他成立种植专业合作社后，流转土地多达1600多亩，在2013年初获得土地流转抵押贷款300万元。然而令人不可解的是，在该笔贷款下发后，有关银行直接从账户中划走前期欠款200

---

① 高海：《农民专业合作社法》的改进与完善建议》，载《农业经济问题》2018年第5期，第43—51页。

万元，这就直接导致合作社资金链断裂，经营无力为继。最后农民承担了80多万元的工资拖欠、1090亩土地使用权证被扣及玉米延期耕种减产等损失。显然，这样的土地流转融资设计，客观上造成了风险向农户转移集中的局面，农民得到的仅仅是每亩1000元的基础地租收益。可以看出，一旦风险发生，农民受损失最大，而土地流转陷入困局，导致效率与公平均受损。这一案例告诉我们，在合作社的运行过程中，一定要搞清楚合作社、理事长与社员的关系，市场主体要分清，理事长个人贷款与合作社法人贷款不能混为一谈，以避免产生风险转嫁问题而损害社员权益。同时，流转受让方的经营行为、融资等风险与流转农户没有关系，一旦无法按期支付基础地租，则流转合同按失效处理，经营权回到农民手中，可重新选择经营者再次流转，以此来保障社员的合法权益[①]。建议在农地三权分置改革中，在坚持合作社盈余分配以惠顾返还为主的原则下，土地经营权出资的性质应当限于债权性经营权，同时配套增加“固定保底收入+浮动分红”的利益分配方式来加以完善[②]。

2. 劳务与资金

鉴于我国农民人口众多的国情，占全国人口70%的农民只拥有不到20%的社会财富，导致广大农民很少以资金出资，很多合作社主要由非农民主体承担资金出资。在实践中，劳务出资是农民专业合作社中最主要的出资方式，作为一种生产要素，劳务具有浓厚的自然属性。随着人的变化，劳务在生产中所做的贡献也在不断变化。尤其是随着年龄的增长，人的劳动能力由弱到强再到弱，直至归于无。农民的文化程度一般较低，只能靠劳务来维持生计，因此给予社员足够的人文关怀是保护社员权益的一个必要措施。关于资金出资问题，由于我国对合作社的成立持扶持态度，制度相对宽松，加上合作社的成立并未规定出资的具体要求，就让很多人钻了空子，导致许多非农民主体的资金出资存在出资不实、出资不足、虚假出资的现象。这种状况的隐患就是，一旦合作社发生对外债务，而合作社实际资金不足，不得不用其他的方式以偿还债务，这样无疑会严重损害社员的权益。因此在合作社成立之初，保证资金落实到位是很有必要的。为了进一步完善劳务和资金出资的规范管理，一是加强资金出资的验资制度。市场登记与监管机构直接与银行账户联网，互通信息，协调配

① 王东宾：《土地流转金融创新的法律风险》，载《社会观察》2014年第3期，第50—53页。

② 高海：《〈农民专业合作社法〉的改进与完善建议》，载《农业经济问题》2018年第5期，第43—51页。

合，防止虚假出资和不实出资。同时加大对虚假出资和不实出资的打击力度，强化责任追究。二是健全对非货币出资的评估作价。由于合作社成员之间相互熟悉，对社员的非货币出资由经过官方认可的评估机构进行价值评估，或直接由社会上资信较高的第三方评估机构进行价值认定，才最终确定合作社资产的相应份额，以确保合作社整体资产价值的稳定[①]。三是适当放松社员资格准入，吸纳社会资本进入。农民专业合作社当然是以农民为主体，但与合作社业务直接相关的企事业单位和社会团体也可进入，让部分具有较强资金实力的企业成员或非农投资者成员参与合作社，以提高合作社的原始资金规模[②]。

3. 公积金、财政补助及捐赠

公积金这一出资方式，主要是在盈利的基础上，因此必然存在着不稳定、偶然性的特点。所以，只有在合作社运行良好的状况下才会有这一出资方式。关于财政补助，目前来看这部分也是很少的。近年来，农民专业合作社发展迅速，而财政补助更显得捉襟见肘。2018 年修订后的《农民专业合作社法》第 65 条规定，中央和地方财政应当分别安排资金，支持农民专业合作社开展信息、培训、农产品标准与认证、农业生产基础设施建设、市场营销和技术推广等服务。国家对革命老区、民族地区、边疆地区和贫困地区的农民专业合作社给予优先扶助。尽管法律政策中明确了对合作社的财政扶持政策，但实践中，各地政府选择扶持对象的标准也有很大的不同。有些地方制定的标准过高，导致只有极少数的合作社才能享受财政补助，这就影响了其他大多数合作社的发展，进而影响社员的权益，存在着不公平的现象。还有的地方扶持门槛过低，一些机构松散的组织，甚至一些“伪农民专业合作社”都有可能成为财政资金扶持的对象，达不到财政资金扶持的目的，致使财政资金用不到实处。所以，对于政府来说，根据各地不同的情况一切从实际出发，具体问题具体分析，制定合适的对象扶持标准是尤为重要的。因为只有这样才能够促进当地合作社持续健康发展，合作社社员的权益才有可能得到保障，也才能体现出当地政府从政策、资金乃至人心方面对社员权益的关心以及对合作社的重视。捐赠这一资金来源并不具有代表性，主要是通过社会途径，目前较少有合作社得到捐赠。

---

① 吴皓：《农民专业合作社自治制度研究》，云南大学 2016 年硕士论文，第 21 页。

② 王俊刚，房建恩：《我国农民专业合作社融资困境与法律对策》，载《农业经济》2014 年第 11 期，第 27—29 页。

（二）成员资格中社员权益保护的问题及完善

目前，我国现行的《农民专业合作社法》没有对不同类型成员的权利和义务加以区分，只要按照法律和章程的规定加入合作社的一律称为“成员”，并享有相同的权利，履行相同的义务[①]。

在我国，加入合作社有两种方式：一般加入和特殊加入。一般加入指的是原始地取得社员资格的加入，即加入者首先向合作社提出加入申请，由合作社理事会审查其是否具有入社资格，如果具备资格，通过了审核，就按合作社的章程规定让他交纳股金，也就是批准其加入；如果不具备资格，就不准其加入。特殊加入主要包括两种方式，分为接受股份式加入和继承股份式加入。接受股份式加入是指非社员接受社员转让的股份而取得该社员资格的加入，取得社员资格的时间以合作社同意转让该股份之日期为准。继承股份式加入指的是非社员继承已故社员的权利和义务而取得社员资格的加入。继承股份式加入不适用于合作社联社，主要是因为联社一般是以法人为其成员的。由此可以看出，我国入社的方式多种多样，这也充分说明了政府对合作社的扶持态度，贯彻了入社自愿的原则，对于加入合作社的行为主体，凡是具备合作社章程规定资格的，都可以自愿申请加入合作社。如果没有正当理由合作社不得予以拒绝，并且当新社员加入时，合作社不得对其附加不利条件，要保证新老社员的平等性，维护社员的权益。我国合作社法明确规定合作社实行“入社自愿、退社自由”的原则，这些做法都较好地贯彻了我国民法所规定的意思自治原则，体现了政府对合作社的政策扶持，尽可能最大化地保护成员在入社时的权益。

在社员的退出方面，分为自愿退出、法定退出和强制退出。自愿退出就是社员根据自己的意志，自由退出合作社，在退出前将退出事由通知合作社后即可。法定退出是指当出现了退出的法定事由时，社员自行退出合作社的行为。这些法定事由主要有：丧失社员资格、社员死亡、社员破产、社员受到禁止处分财产的判决等。强制退出即农民专业合作社成员不遵守合作社的章程、成员大会或者成员代表大会的决议，或者严重危害其他成员及农民专业合作社利益的，可以予以除名。这种退出方式和程序也是2018年新修订的合作社法对社员退出方面的进一步完善规定。一旦社员退出合作社，就不再享有合作社社员

---

① 杨建荣：《农民专业合作社法律问题研究》，苏州大学2011年硕士论文，第9页。

的权利和义务。但一般情况下，依章程规定仍具有股份返还请求权利和债务清偿义务。如果该合作社亏损，就扣除其应承担的亏损份额和债务；如果该合作社盈利，就分给其应得的红利及根据章程规定应分配的其他财产。而在实践中，很多龙头企业领办的合作社章程规定有社员退社时退还社员入股本金，但是分配当年盈余和累计盈余的问题往往被忽略掉，实际上就是不分盈利，这严重损害了社员的财产利益。现实生活中，较多新兴的合作社由于刚开始运行不久，盈余很少，有些甚至还处于亏空阶段，这些也是导致社员权益受到侵害的现实问题。因此，加大对合作社的政策资金扶持力度，使合作社能够快速健康持续发展，规定社员退社时的盈利分配权，是解决这一现实问题的关键所在。

我国合作社法将合作社的成员分为三类，第一类是农民，第二类是非农民，第三类就是从事着一定生产经营活动的企业、事业单位或者社会团体（具有管理公共事务职能的单位除外）。但这种经营活动是有范围的，一般是与农民专业合作社的业务直接相关，同时在日常的经营中还要能够利用农民专业合作社所提供的一些服务，在数量上的规定是成员总数至少有 80% 应为农民。如果合作社的成员总数少于或者等于 20 人，那么成员中就可以有一个企业、事业单位或者社会团体成员；如果成员总数超过 20 人的，那么第三类成员的数量就不得超过成员总数的 5%。笔者认为，关于成员数量及其所占比例的规定，有着很明显的目的，就是保证合作社的主要成员是农民，进一步发展农村经济。同时与国家重点扶持农民及保障农民利益，把农民的权益放在首位这一政策相对应。另外，也能保持“农民合作”的纯粹本性，防止一些以赢利为目的而不择手段的主体加入合作社而使合作社的原本的宗旨和目的被违背，进一步地保护社员权益。

四、农民专业合作社运行中社员权益保护

我国农民专业合作社的基本组织结构有社员大会、理事会、监事会和经理。合作社组织机构是合作社治理的依托，而合作社治理又是合作社组织机构活力的源泉与健康运行的保障。合作社治理与合作社组织机构相互依存，密不可分。社员大会是合作社的最高权力机构，其中合作社的理事、监事的产生均来源于社员的选举，并且要由社员担任。另外，由全体社员监督和控制理事会，其目的是在形式和实质上保证社员的绝对权益。合作社成立的宗旨是为全体组织成

员提供各种所需要的服务，而良好的治理结构是保证合作社健康运行的基础，只有合作社运转正常，才能实现合作社的宗旨和目的。如果合作社的组织机构对广大社员的权益不闻不问或者漠不关心，而在管理运营当中过分追求盈利，那么就会与合作社的宗旨大相径庭，这样自然就逐渐导致了社员对合作社的不认同，长久以来就会对合作社组织机构丧失信心，当达到一定程度时，甚至会以退出合作社来表达自己的不满。所以说，在合作社的运行机制中应关注和维护社员的权益，同时对运行中存在的问题要高度重视和加以解决。

（一）社员大会

1. 社员大会运行中社员权益保护的问题分析

作为合作社的最高权力机构，社员大会由全体社员组成。合作社的一切重大问题均由社员大会决定，任何人都不能凌驾于社员大会之上。在合作社的正常运行管理中，社员大会起着举足轻重的作用。依据法律规定，每一个合作社社员大会都是必须设置的机构，它是农民行使社员权利的意思代表机关。当社员大会发挥它应有的作用时，社员权益才有得到保护的可能，它是社员权益得以实现的前提与基础。

依据我国合作社法相关规定，合作社每年要至少召开一次社员大会，有以下情形之一的，还应该在 20 日内召开临时社员大会：（1）占社员总数 30% 以上的社员提议召开；（2）执行监事或监事会提议召开；（3）章程规定的其他情形。当召开社员大会时，出席的人数应达到社员总数的 2/3 以上。在选举或者做出决议时，要由本社社员表决权总数过半数通过方可。如果做出重大事项，比如做出章程修改或者合并分立、解散这些决议时要有本社社员总数的 2/3 以上通过。但如果章程对表决权的规定高于这些的，则按章程规定。社员大会通过决议时要相应记录，以记载大会的议事过程和结果，社员可以随时查阅会议记录。根据 2018 年新修订的《中华人民共和国农民专业合作社法》（以下简称《农民专业合作社法》）第 32 条第 1 款明确规定，农民专业合作社成员超过 150 个人的，可以按照章程规定设立成员代表大会。成员代表大会按照章程规定可以行使成员大会的部分或者全部职权。

从一定程度上说，社员大会是农民专业合作社实现民主管理的重要途径，也是社员直接行使权利的重要场所，而从大会召开的频率就可以看出社员能够行使自己民主权利机会的多少。然而，实践中社员大会在运行中仍然存在着以下问题：

第一，社员大会召开不规范。有些合作社几乎不举行社员大会，有些就算召开次数也很少，时间又短，并且在大会上讨论的议题也不多。加上会前工作做得不好，很少对有关的议题进行披露，甚至对有些重要的经营问题高级管理人员都故意隐瞒不向社员报告，社员代表对议题不能进行充分的讨论，导致社员大会召开目的无法得到有效的实现。

第二，社员权益行使不及时。从社员角度的分析来看，很多社员文化水平较低，并不太了解自己在合作社里应有的权利义务，如何行使社员权利、维护自身的社员权益就更无从谈起了。由于他们不具备管理合作社的专业知识、能力，加上维权意识不强，以至于他们缺乏参与决策经营与管理的热情与兴趣，久之社员对合作社的实际经营情况就不甚了解。而社员要从其他方面收集经营信息，成本较高，直接导致社员权益不能得到及时有效的行使。

第三，社员监督机制不健全。由于每个社员只有一股，在表决时也只有一票，从监督中能获得的收益不多，致使他们都不乐意对经营管理行为实施监督。而总是把希望寄托到别人身上，互相推诿，“搭便车”现象严重，最终的结果就是监督不力、效率不高，严重损害了社员权益。

2. 完善建议

第一，完善社员大会的会议制度，对大会职权予以明确。应按法律规定，社员大会每年必须至少召开一次，禁止用职工大会或年度工作会议代替。赋予社员大会对所有事务的最高决策权。比如合作社的亏损弥补方案、财务预算方案、盈余分配方案的表决通过权；合作社经营方案的决定和变更的决策权；合作社的解散、分立、合并等事项的决定权，还包括对理事监事这些人事的任免、薪酬，对合作社章程的制定和修改等，这些重大事务都要由社员大会来决定，其他机关不能代替行使，以体现社员大会的权威性。

第二，设立社员大会代表制度。作为非常设机构，社员大会的召开需要耗费相当高的成本。在小社员众多的合作社，集体行动的逻辑使社员很难采取一致的行动来监督代理人的行为，这就需要寻求某种制度安排来打破集体行动的“囚徒”困境。而有效的社员代表制度能够降低需要协调行动者的人数，从而有利于实现集体的行动[①]。在规模较大的农民专业合作社中，通过层层选举的社

① 杨建荣：《农民专业合作社法律问题研究》，苏州大学 2011 年硕士论文，第 30 页。

员代表制度，能够使社员的意见最大限度地通过代表大会的方式得到表达。在国外，很多国家在成员较多的合作社都设立了社员代表大会制度。我国法律的规定是在社员超过 150 人的合作社可以设立社员代表大会，应将“可以”设立调整为“应当”设立。尤其是在规模较大成员数量较多的合作社，强制设立社员大会代表制度是非常必要的，因为这一方面不仅可以提高合作社的办事效率，另一方面也是保证中小规模社员在专业合作社中实现发言权的重要途径。同时，建立社员代表诉讼制度。赋予权益受到损害的社员可以行使或委托代表诉讼权利，从而保障社员参与合作社管理和监督的权利，更好地维护社员权益。

第三，加强合作教育，开展相互监督活动。鉴于合作社社员“搭便车”严重的现象，加强社员的民主、自治宣传教育，提高社员参与合作社经营管理的热情与积极性是尤为必要的。合作社其独特的为社员服务的宗旨强调社员之间互助合作的精神，更为重要的是要让社员充分了解合作社的各种经营活动，让社员从合作社中真正获得收益。由于合作社往往由地缘、业缘、人缘接近的人们组成，即合作社内部是一个“熟人社会”，或至少是一个“半熟人社会”，人情味浓厚，情感往往大于理性的规定，在这种人格化的社会中开展相互监督活动就有利于减少“搭便车”行为。一旦社员对合作社事务显示出漠不关心的状态时，他人就会议论纷纷，所以说相互监督从侧面也可以提高社员参与合作社的积极性。

（二）理事会

1. 理事会运行中社员权益保护的问题分析

理事会作为社员大会决议的执行机关，也是合作社的重要组成机构之一。社员大会由于人数众多，召开难度较大，这些独有的特征决定了合作社很多日常经营管理事务不可能由社员大会一一解决处理，理事会就应运而生。理事会是很多理事智力的集合体，代表社员大会对合作社日常经营进行管理，理事会的召开一般由理事长主持。根据我国合作社法的相关规定，合作社的必设机构里面不包括理事会。农民专业合作社可以从自身的实际情况出发，决定是否设立理事会。一般来说，在社员大会闭会期间，理事会是合作社的常设机构，作为社员的代理人，理事会应向社员负责，维护社员的最大利益。

理事会中的理事是由社员选举产生的，作为合作社的业务执行机关，理事会有义务也有责任去维持合作社的本质属性。合作社特有的属性决定了合作社的宗旨是为社员提供服务，如果合作社远离了这一宗旨，那么作为业务执行机关的理事会也存在着失职问题，也会辜负社员对理事会的信任与希望。显然，理事会的行为决策直接影响着社员的利益。然而在实践中，理事会存在着很多问题。

第一，理事会召开不规范。实践中很多合作社的理事会不能正常召开，合作社的理事们并不积极管理合作社的日常事务，只有与他们自己的切身利益相关联时才会召开理事会，忽视社员权益，直接导致理事会在日常决策中发挥不到应有的作用。

第二，"内部人控制"现象较为普遍。在广大农村，相当一部分合作社都是由生产大户、龙头企业、运销大户等带头组建成立的，他们通常是合作社的重要决策者和日常管理者，对合作社的成立、发展和壮大具有举足轻重的作用[①]，他们拥有着合作社的实际控制权，被称为"内部人"。而这些"内部人"往往资金雄厚，有自己的实业，处于熟人社会与半熟人社会之间的合作社，很多时候人们之间的情感高于具有理性关系的契约规定。为此，理事会在协调社员冲突和平衡社员利益时，"容易出现软制度现象，即人情关系重于规范，有规不依，执规不严"[②]，这就导致在协调各种关系时需要花费大量的时间和精力，而在管理过程中又不愿意得罪人，进而影响理事会的作用的发挥。要想根治"人治大于法治"的这种软制度现状，就亟须积极培养理事会成员和社员的法律意识、契约意识以及市场经济理念，以增强合作社制度的刚性，实现制度约束和行为规范[③]。

第三，信息披露制度不健全。由于我国合作社发展时间不长，很多制度都不健全，特别是信息披露制度缺失。合作社的许多经营机密都掌握在拥有实际控制权的"内部人"手里，而这些"内部人"经常不顾广大社员的利益，借合作社之名做对自己有利的事件，严重损害社员的权益。

2. 完善建议

第一，界定理事会的职权。在社员大会闭会期间，合作社的日常经营事务由理事会负责。按照合作社章程规定，按时召开理事会，发挥理事会应有的职

---

① 蒋辉：《农民专业合作社内部治理机制与运营风险防范》，载《江西社会科学》2016 年第 6 期，第 227—231 页。

② 李建桥，陶佩君：《农民合作社内部限制因素与适应性对策研究》，载《中国农学通报》2005 年第 5 期，第 428—432 页。

③ 刘艳：《农民专业合作社社员权益保护研究》，内蒙古大学 2011 年硕士论文，第 32 页。

权。由于社员大会是非常设机构，如果为了经营需要，社员大会可以授权理事会一定事项的决策权，但这些决策权是受限制的。一些重大事项的决策权，比如说合作社的经营方针、经营计划、发展战略等，仍由社员大会决定。

第二，解决“内部人”控制的问题。由于理事会要处理合作社的日常事务，它的职权是相当广泛的。重视并切实解决“内部人”控制的问题，真正实现民主决策和保护社员权益，就必须要进一步完善理事会内部制度。首先要建立健全民主决策制度。合作社的章程必须严格履行，在选举理事会领导，对一些重大事项进行决策时，严格执行一人一票表决制。其次要提高管理层的经营效率。对比参考股份合作制的运行机制，如果合作社内部条件允许，可以实施董事会和经理层分工管理这一模式，另外，还可以聘用职业经理人管理合作社，进一步提高管理效率。最后要有一个合理的决策机制。因为理事会的目标就是要妥善管理合作社的日常事务，要达成这样一种共识——即协调社员的不同需求，形成组织决策。只有这样理事会才能真正体现社员的意志，切切实实维护社员的权利。

第三，建立有效的信息披露制度。信息披露制度是合作社得以公开透明运行的重要因素之一，同时也是防止合作社“内部人控制”的有效手段。理事会是社员意志行使的重要场所，会前对相关议题的信息及时披露才能使参会理事对该议题有充分的了解，进而展开讨论。一般来讲，高管掌握着合作社的大量信息，若透明度不够，“内部人控制”的现象就很可能更加严重。所以，要进一步建立有效的信息披露制度，从而加强对高管的监督，促进合作社治理结构更加完善。当然，信息披露机制中最为关键的信息就是财务信息的披露，要按规定及时披露各类财务信息，让广大社员及时掌握合作社的财务信息，让管理者更加清楚合作社的财务状况，也能较好地接受社员和政府的监督和评价[①]。

（三）经理层

1. 经理层运行中社员权益保护的问题分析

根据我国合作社法的相关规定，经理不是合作社的法定必设机构，根据自己的实际情况，合作社可以决定是否聘任经理。若该合作社决定不聘任经理，那么合作社的日常事务将由理事或理事会经营管理。若该合作社决定聘任经理，

---

① 叶川：《农村合作社治理机制研究》，浙江海洋大学 2016 年硕士论文，第 36 页。

那么由理事会聘请。经理一般是经营管理专家，合作社的日常业务将由其进行负责处理。经理的管理水平直接影响决定着合作社的利润盈亏，因此理事会最重要的决议事项之一就包括对经理的聘请。经理直接对理事会负责。经理的职权一般包括：主持合作社的生产经营管理工作，组织实施理事会决议；组织实施合作社年度经营计划和投资方案；拟定合作社内部管理机构设置方案；拟定合作社的基本经营管理制度；提请聘任或解聘合作社副经理、财务负责人；聘任或解聘除应由理事会聘任或解聘以外的负责人等。在农民专业合作社运行中，经理层也存在着一些问题。

第一，经理责任制不健全。由于经理层一般实行聘任制，大多不是合作社的成员，所以很多情况下合作社的利益与经理的利益关系不大。这就导致经理对合作社是否能够正常健康运行责任心不强，难以维护社员的权益。

第二，缺乏激励机制。一般情况下合作社盈利和管理状况与经理的薪酬待遇没有直接关系，这样就无法激励经理，直接导致经理在管理合作社时对社员的权益关心不够。这种不健全的激励机制使经理很难有持续长久的动力和热情去主动关心合作社的持续发展，而对于那些由成员担任管理人员的合作社，对其经理实行的是不计报酬或低报酬的制度，这种制度也不利于激发管理者的潜能①。然而，合作社运营管理的权力却掌握在经理手里，经理一般都是商人，商人的本性使得他们会想方设法地利用自己所掌握的权力和资源优势为自己赢得利益，实现自身红利而损害社员利益。

2. 完善建议

为了切实维护社员的权益，就需要对经理制度加以改善。

第一，进一步强化经理的义务与责任。对经理代理行为的法律后果加以明确，由于经理是理事会聘任的，其权力也是由理事会赋予的，理事会对经理有着绝对的控制权，当然也就可以对经理的职权加以适当的限制。同时，要明确规定责任追究制度，即如果由于经理人员的故意或者重大过失行为致使合作社和社员及其利益相关人受到不同程度损失的，就要追究相关经理的个人责任。

第二，建立完善的激励机制。建议在合作社内部对经理层实行年薪制，使固定年薪占较小份额，而与合作社经营效益挂钩的奖励绩效年薪占绝大部分，

---

① 方强，周瑞金：《我国农民专业合作社存在问题及对策研究》，载《广东农业科学》2010 年第 6 期，第 334—335 页。

用这种根据长期经营业绩而确定的年薪比重占绝对数额的办法，防止经理层只追求短期利润而忽视长期绩效，年薪制的实行必然促使经营者注重企业的长期发展。同时，还可以给予经理一定的股权激励和在年终时对业绩好的经理给予一定的奖金，鼓励经理人员更加谨慎、诚信勤勉地工作，更加积极主动地管理合作社的运营。

五、农民专业合作社分配中社员权益保护

（一）盈余分配的现状及问题分析

农民专业合作社的利益分配是合作社制度的核心构建，按照 2018 年新修订的《农民专业合作社法》相关规定，盈余主要按照交易量（额）比例进行分配[①]。由此可见，按交易量（额）为主进行盈余分配仍然是我国农民专业合作社最主要的盈余分配方式，这一立法模式基本沿袭了各国农民专业合作社盈余分配的立法传统。从我国盈余分配的现状来看，对社员权益保护的问题主要体现在分配比例随意性大，分配顺序不合理，普通社员分配利益受损害等方面。

1. 没有建立社员利益保护机制

根据我国合作社法相关规定，合作社应该建立社员账户，其中社员账户记录着社员股金、社员与合作社之间所产生的交易额，还有量化为该社员的公积金份额这些内容等；依据成员与合作社的交易量，返还给成员的应该是可盈余分配的百分之六十以上。很多合作社大都发放了社员证，然而明显缺少对社员分户账户的建立。另外，收益分配的时候股金分红或者是股息结算都是很多合作社所进行的工作，却没有考虑盈余返还。不管是合作社自身，还是政府和相关部门对盈余返利的保护机制建设不够，对这一方面的监督执行也欠缺。根据河北省农民专业合作社分红调研显示，按照章程规定分红的占到 31.9%，不足 1/3；没有分红的占到 23.6%，将近 1/4；100% 的合作社没有社员个人账户，更

① 《农民专业合作社法》第 44 条规定：在弥补亏损、提取公积金后的当年盈余，为农民专业合作社的可分配盈余。可分配盈余主要按照成员与本社的交易量（额）比例返还。可分配盈余按成员与本社的交易量（额）比例返还的返还总额不得低于可分配盈余的百分之六十；返还后的剩余部分，以成员账户中记载的出资额和公积金份额，以及本社接受国家财政直接补助和他人捐赠形成的财产平均量化到成员的份额，按比例分配给本社成员。经成员大会或者成员代表大会表决同意，可以将全部或者部分可分配盈余转为对农民专业合作社的出资，并记载在成员账户中。

没有将合作社利润提留计入个人账户[①]。

从社员自身来看，我国农民专业合作社大多数都分布在农村区域，社员普遍为农民，文化程度不高，很多社员甚至不清楚也不了解有盈余返还这一规定。实践中即使在法律规定的范围内，很多社员对其自身的合法权益也不了解，他们几乎就没有法律维权意识，导致他们不知道用法律这个武器维护自己的合法权益。

2. 盈余分配顺序位置存在欠缺

目前，我国合作社的盈余分配项目不全，顺序简单，操作性不强。首先，关于公积金的提取比例问题存在欠缺。我国 2018 年新修订的《农民专业合作社法》规定，根据合作社章程规定或者成员大会的决议，农民专业合作社可以从当年的盈余中提取公积金，公积金的用途在于，弥补亏损、扩大生产经营，也可以转为成员出资。由此可见，合作社自行决定是否提取公积金以及提取的比例法律没有强制规定，这一规定体现合作社自治色彩，但忽略了合作社留存发展基金的重要性[②]。由于各地实际的差异，各个合作社章程中规定的对于公积金提取比例也各种各样，甚至有的合作社对公积金提取比例完全忽略不计，导致很多合作社根本就不提取公积金，有的即使提取了，也只是提很少的一部分，以至于公积金本应有的作用很难得到发挥，弥补合作社亏损、扩大再生产就成了空谈，使合作社运行中所存在的风险进一步加大。

其次，薪酬制的欠缺不利于激励高级管理人员。在社会主义市场经济条件下，即使合作社不以营利为目的，但要想获得生存，还是要有一定的利润。只有这样，合作社才能不断地发展壮大，才能更好地为社员提供优质服务，维护社员的切身利益，以最终达到为“三农”服务的目的。从很多社会合作社的实践来看，合作社的大户多是高级管理人员，担任着理事长、理事或监事的要职。但由于薪酬制的不健全，没有激励机制，这些高管参与管理合作社的积极性普遍不高，加上专业管理知识能力不足，对参与市场进行竞争也没有很强的观念。合作社是市场经济的产物，远离市场竞争会大大减弱其活力。所以，从合作社的盈余中提出来一部分资金作为激励高级管理人员是很有必要的，这样不仅可

---

① 赵慧峰，穆迎春：《河北省农民专业合作社发展现状的调查》，载《浙江农业科学》2018 年第 11 期。

② 杨唯希：《农民专业合作社盈余分配规则及实践探究》，载《当代经济研究》2016 年第 2 期，第 78 页。

以让具有较高管理技能的人才长期留在合作社，为合作社的发展出谋献策，而且还可以提高合作社的综合实力，提高合作社的市场竞争力。目前，我国合作社法的薪酬激励机制还有待进一步的明确和完善。

最后，关于公益金的规定欠缺。公益金是指合作社用来改善和发展社员的文化、福利事业的一种公共基金。它是一种专项资金，是专为一定范围内公众的利益而建立的。一般情况下，公益金包括法定公益金和任意公益金，法定公益金指的是按照规定比例从净利润中提取的用于职工集体福利设施的公益金，法定公益金用于职工集体福利时，就将其转入任意公积金。从我国相关规定看，任意公积金则是指在没有法律的强制规定下，由企业自己决定是否提取及其提取的比例。对于合作社而言，其公益金是专门供合作社在举办公益事业时使用的，如对社员进行培训。但目前，我国的合作社法里面关于公益金的规定是欠缺的，长期来看这对合作社的发展是不利的。因为缺乏必要的资金，合作社很少对社员进行正式系统全面的培训，加之很多社员本身的文化知识水平较低，这就导致我国合作社存在各种各样的问题，缺乏市场竞争意识，很难实现民主管理，以至于发展较慢，市场竞争力较低。

3. 盈余分配制度比较混乱

由于我国合作社还处于发展阶段，各方面机制尚不健全，自身的盈利能力也不强，而政府为了扶持合作社的发展，每年下拨到合作社的财政补贴较多。在 2003 年，财政部设立了专项基金，当年的额度就高达 2000 万元，并且逐年加大支持力度。在 2015 年，财政部已拨付 20 亿元专项资金用于支持农民专业合作组织发展，旨在加快促进构建新型农业经营体系，不断提高农民组织化程度[①]。2019 年，中央扶持农民专业合作社的资金高达每个合作社 30 万元左右。但是我们看到合作社的盈余分配制度还相当混乱。尽管我国合作社法中明确规定有利润返还之最小比例，但是在实践中，很多合作社的股金分红、利润返还的比例随意性较大，管理者将国家的补助、贷款优惠、税收优惠等作为私人收益，利益分配缺乏内部与外部的监督[②]。一些合作社甚至都没有建立收入分配制度，社员加入合作社后，享受的仅仅是一些在购买生产物资、出售产品时价格

---

① 韩洁，王镜茹：《中央财政拨付 20 亿支持农民专业合作组织发展》，载 http：//politics.people.com.cn/n/2015/0729/c70731-27381518.html，最后访问日期 2019 年 8 月。

② 马奔，温亚利，薛永基：《多主体合作博弈视角下林业专业合作社盈余利益分配研究》，载《林业经济》2015 年第 2 期，第 109—127 页。

上的优惠，很少能够参与剩余收益的分配。少数核心领导手中掌握着盈余的分配权，监督约束机制缺失。这样混乱的盈余分配制度使社员的权益受到严重损害，有些合作社由于利益分配机制的不合理引发很多矛盾，这些都阻碍了合作社的进一步发展，甚至导致合作社解散。

（二）盈余分配中社员权益保护的完善

针对我国合作社盈余分配中存在的问题，建议从以下几个方面进行规范和完善。

1. 建立社员利益保护机制

从实践中来看，具有较强凝聚力和吸引力的合作社都是有着完善的章程、盈余返还制度和合理的利益分配制度，且内部民主管理制度健全。所以，利益关系均衡是合作社收益分配制度中的根本保证，它直接关系农民能否结成一个利益共同体。有些合作社对社员不按交易额进行利润返还，将股息作为股金进行分红，这些都偏离了合作社的初衷，有损社员利益，不利于合作社利益联结机制的稳定。而严格遵守“按惠顾返利”原则将更能体现合作社社员的劳动价值，体现出按交易额进行利润返还的规定。另外，合作社要充分重视按盈余返还制度的实施，政府和相关部门对这一制度要做好发展合作社的配套法规制定和各项扶持合作社政策的落实工作，推动合作社在发展中规范，在规范中发展，从政策上加以保护并实施监督。从社员本身来说，社员要尽可能提高自身的文化知识素养，特别是法律维权意识，多了解合作社的基本盈余状况，进一步加强社员对合作社的认知程度，参与到合作社的经营管理上来，以保护自己的合法权益。同时，进一步强化社员的法律意识和财会人员的业务素质，形成守法诚信的合作社文化，促进合作社理性自治，社员严格自律，发挥社内“互助合作”的组织特点，集思广益在规则设计上避免风险隐患[①]。

2. 规范盈余分配顺序

合作社要实现持续健康发展，就要有一定的盈余，毫无疑问这些盈余如何分配及其分配的顺序直接关乎社员的切身利益，既不能把盈余全部分给自己的成员，又不能不考虑公积金的问题，因此分配盈余要有一定的条件顺序。根据合作社法的相关规定，在弥补亏损、提取公积金之后的当年盈余，即为农民专

---

① 杨皖宁：《农民专业合作社信用合作业务监管研究》，载《农村经济》2018 年第 3 期，第 70—76 页。

业合作社的可分配盈余，是可以分配给社员的。合作社可以从当年盈余中提取公积金，公积金用于弥补亏损、扩大生产经营或者转为成员出资。因此，合作社如果向社员分配盈余，必须满足这些条件：第一，一定的盈余是可以分配的前提。与公司一样，合作社作为一个主体，如果想要在市场竞争中生存，必要的资金是基础和前提。合作社的正常运营，包括生产、流通等都离不开资金的支持。所以，对于合作社社员而言，“无盈余，无分配”也是一个市场经济的规律。第二，在弥补亏损和提取公积金之后才能向社员进行盈余分配。也就是说，当年合作社的收入在进行对亏损的弥补和提取公积金之后，还有盈余的话才可以向社员分配。假如当年合作社的收入连亏损都不能弥补，连公积金都不够提取的话，自然也就无法向社员进行盈余分配。因此，对合作社的盈余分配要注意下面几个问题：

首先，公积金的提取问题。（1）公积金在盈余分配中的顺序。公积金可以用于弥补亏损，还可以用于扩大再生产。各个商事主体在盈余中都是首先提取公积金，这也是他们能够得以健康运营发展的前提条件。合作社也不例外，当年的盈余应首先提取公积金。（2）在提取公积金时要考虑的问题。由于我国合作社的发展尚处于不成熟阶段，合作社法对公积金的提取比例问题规定还不明确，这就出现了各地合作社完全按照自己的意志来提取公积金，随意性很大，提取的比例悬殊。有的不提取，有的提取高达 30%，呈现出较为混乱的局面。笔者建议，根据我国合作社的具体发展情况，合作社公积金的提取比例可以在 10% 左右。

其次，在盈余分配中酬劳金的支付问题。在合作社的经营管理中，一定的酬劳资金对高级管理人员有着激励的作用，从盈余中提取固定比例的资金作为酬劳支付给理事、经理还有其他管理人员是很有必要的。这不仅可以留住合作社中的专业技术知识人才，更能激励高级管理人员充分发挥自己的能动作用，展现自己的才能，对工作尽职尽责，有效管理合作社的日常经营业务。一个良好的运转机制，需要各个岗位人员各司其职，同时人尽其才，而这种激励机制更能充分发掘合作社的人才资源。建议我国合作社在弥补亏损和付息外，提取 5%—10% 作为高级管理人员的酬劳金，放在提取公积金之后发放。

最后，公益金是否应该提取及提取的顺序问题。公益金的提取有一定的必要性，可以作为对合作社社员的培训等公益事业的资金。笔者认为，由于我国目前合作社的人员素质偏低，运营管理难度较大，因此合作社抽取该部分公益金是必要的。

3. 健全盈余分配制度

一个良好健全的盈余分配制度是合作社的精髓，它不仅可以激励员工努力工作，还可以吸引非社员的积极加入。合作社要从自身的实际情况出发，具体问题具体分析，同时严格遵循我国合作社法的规定制定出本社可以具体实施的盈余分配方法。建立公平与效率兼顾的收益分配方式，既要增强对社员惠顾的激励，也应有利于吸引外部资本的进入①。合作社进行盈余分配时，可以先提取出来一定的风险基金和发展基金，以维护合作社的长期稳定发展，达到以社养社的良性循环目的。但是，对于提取的风险基金和发展基金这个比例，各合作社要根据自己的实际情况进行，建议比例不宜太大。另外，要调整分配比例，进一步简化分配科目，按照一次返利进行。此外，还要坚决杜绝在盈余分配的过程中自行改变分配比例的行为，加大规范合作社盈余分配的程序，一方面，在盈余分配的过程中，加大监事和成员的参与和监督权，如果发现理事在盈余分配过程中有不法行为，应及时予以制止防止损害社员权益。另一方面，要规范盈余分配程序。在盈余分配的过程需要用正规的书面形式记录下来，对分配的比例、时间及数量等要有成员和理事的签字，以备在后续监督中有据可查。

六、农民专业合作社监督中社员权益保护

（一）内部监督中社员权益保护的问题及完善

1. 内部监督的现状及存在的问题

为了避免作为社员代表的理事会可能损害合作社、社员的利益，违背为社员服务这一宗旨，将自己的利益置于合作社利益之上，合作社设立监事会作为监督机关。作为合作社的内部监督机构，监事会是合作社的常设机构之一，专门检查合作社的财产和业务，并代表全体社员检查监督理事会的工作。同时，由于理事会的产生是由社员大会选出的，所以它只对社员大会负责，并服从于社员大会的管理。一般来说，规模较小的合作社只设几名监事。

作为民主管理自治性组织的合作社，社员对合作社要想进行直接管理仍存在一定困难，这就意味着对合作社监控和监督非常重要。合作社的经营管理一

---

① 刘刚，郭利：《市场导向下农民合作社的治理机制优化研究》，载《世界农业》2017 年第 5 期，第 25—28 页。

般由理事会管理，监事会不直接参与。但是作为监事会，可以要求理事会成员在执行合作社的日常业务时，根据法律、法规、章程和社员大会的决议为合作社正常的经营管理尽职尽责。监事会监督的内容包括合作社的业务是否合法，有没有违反合作社的章程，经营行为是否符合合作社的宗旨目的，同时还包括对财务会计的监督，经营业务的监督，既包括事前监督，也包括事中监督和事后监督。我国合作社的发展时间不长，各方面发展还不健全，对合作社事务的监督就显得尤为必要。从某种程度上说，监事会对保证社员权利的实现有着非常重要的意义。

然而，目前合作社的监事会并不是必设机构，一般由合作社自己决定是否设立。有些合作社虽然设有监事会，但主要工作仅仅是召集成员学习有关文件而已，并没有较好地履行监事会的职能，也没有按照监事会的职责展开工作，监事亦没有尽到应尽的义务，直接导致监事会形同虚设。特别是很多合作社的财务公开制度仅仅局限在形式上，存在程序不规范、内容不易理解、透明度差等问题[①]。另外，很多监事都是由专业知识及管理能力不高的农民担任，他们的整体素质难以保证监督的效果。有些监事即使监督了，方法也极其有限，大多是事后监督，无法对理事会的重大事项尽到监督责任，比如说在重大资产处置、重要经营决策、关联交易以及重大投资等方面，失去了监事会的存在价值。

2. 完善建议

第一，强制设立监事或执行监事。我国大多数社员不了解合作社的运营管理，甚至对自己在合作社里的权益不清楚，部分社员对合作社的监督更是不予关心。没有监督，权力滥用就很容易形成。因此说，强制设立监事或执行监事是很有必要的，合作社的章程里可以强制规定设立监事或执行监事。如果合作社规模较小，设立一名执行监事即可，也可以采取建立内部审计制度或者委托第三方审计来强化监督。

第二，严格限制监事会的人员组成。监事不能兼职合作社的其他职务，比如合作社的理事、经理，只能专任监事这一职务，以免权力滥用，这样能更好地保持监事会成员的纯粹性和中立性，以利于展开监事工作。

第三，规范监事的任职资格。对监事的任职资格进行规范，要选出既能对合作社和社员利益忠诚，又能公正监督合作社的人选担任监事。在广大农村，

---

① 高芳：《我国农民专业合作社内部控制问题及对策浅析》，载《财务与会计》2015 年第 15 期，第 63 页。

村民们相互熟识，在合作社的运营过程中，社会人情关系氛围浓重。一方面，作为监事会的人选要有公平正义感，要熟悉合作社日常事务，在当地要有一定的威望，只有将这样的人选到监事会，才能更好地发挥监督作用。另一方面，监事要有一定的专业知识和文化水平。在合作社的运营中涉及财务、运营绩效方面的问题，只有监事具有了一定的专业知识，才能在监督中起到应有的作用。所以，只有规范监事的任职资格，强化监事的监管能力，才能保证监事胜任监督职责。

另外，内部监督还有社员大会的监督、理事会的监督、社员的监督，但只有监事会是专门的监督机构。虽然社员大会有着监督的广泛性和权威性，但社员大会要管理的事务很多，容易出现监督流于形式的现象。而理事会是合作社日常运营的实际执行者，如果让理事会监督，就会出现自己监督自己的现象，显然这种监督的效果不明显。基于我国农民专业合作社的现状，社员对合作社的经营管理普遍呈现出一种漠不关心的现象，对自己所享有的权利也知之甚少，更不用说进行监督了。所以，完善监事会的监督职能对于合作社的正常持续健康发展有着不容忽视的作用，同时也是社员权益得以维护的最有效手段。

（二）外部监督中社员权益保护的问题及完善

外部监督主要有政府部门监督和社会审计监督。政府部门监督主要是各级政府主管部门对合作社的经营管理情况进行的监督和检查。社会审计监督指的是会计师事务所及审计机构对合作社的基本运营情况进行的检查监督，审计内容主要包括合作社的经营状况、章程执行情况、内外部关系、账目还有年终总结等。在审计结束之后会形成一份详细的总结报告，之后理事会要将审计结果通告社员，保证社员对审计结果的知晓，以确保审计监督的公开与透明。

外部监督是一种重要的监督方式，但目前我国农民专业合作社外部监督存在着诸多问题，如政府部门的监督不完善，缺乏政府的专门监督。由于我国政府对合作社实行扶持政策，很多时候上级主管部门对合作社的监督检查往往只进行表面工作，使监督流于形式。社会审计监督不健全，如会计师事务所及审计机构对合作社的基本运营情况进行审计时费用不足，独立性也不够，这就大大地减损了社会审计的功能。

任何事情内因都起着决定性作用，外因只是起推动作用。因此，外部监督的作用是有限的，也是被动的，这就需要农民专业合作社的监督应以内部监督为主，同时强化外部监督的作用。政府主管部门的监督能够保障合作社分配利益的公平性[①]。建议设立专门的部门和整合相关部门力量对合作社进行监督，要对其经营管理状况进行实质审查。政府部门的监督重点是工商监督和其他监督方式并存。工商部门的监督重点是及时审查合作社的盈余分配制度和财务制度，以此来监督合作社的运营。比如，在进行年度审查时，要求合作社提供由审计部门通过的审计证明材料。对于合作社盈余分配、财务状况没有进行审计的，或者虽进行了审计却没有通过的，在年度审查时工商部门不予通过，同时还要给予相应的处罚，通过这一途径来加强对合作社盈余分配的监督。同时，各地政府对合作社的监督进行了一系列探索，成立纪检小组和监督工作联席会议，取得了较好成效。2013 年初，四川省安县乐兴镇探索将纪检组织建在产业链上，在农民专业合作社成立纪检小组，将纪检监督“哨所”前置，镇纪委参照村（社区）财务管理和议事规程，在红心猕猴桃种植专业合作社率先成立纪检小组试点，实现规范管理和有效监督，开展农民专业合作社“阳光服务体系”建设，打造“保廉监督”样本，促进合作社的健康发展[②]。2018 年 6 月，南京市栖霞区成立农民资金互助合作社监督管理工作联席会议，开展农民资金互助合作社的监督管理与风险管控等工作[③]。相比较其他部门来看，政府部门的监督有着其他监督方式所不具备的优势，如直接、力度大而且迅速快捷，能够及时发现合作社运行过程中的难点和焦点问题，并督促其尽快解决。加强政府部门在合作社运营和分配过程中的监督，才能确保社员权益在盈余分配中从实体到程序上落到实处。

审计监管是一种有效、适度且低成本的方式，对促进合作社的健康运行至关重要。一是在监事会中设立内部审计机构，代表监事会进行审计监管。二是聘请第三方会计事务所或审计事务所进行独立审计，审计范围应贯穿被审计人忠实履行义务的全过程，并建议审计费用由政府承担。三是必要时启动特别审计监管，在社员申请或监管部门认为有必要时启动，针对合作社合理有效使用扶持资金、盈余分配等事项进行监管[④]。

---

① 马晓红：《农民专业合作社利益分配机制研究》，载《农业经济》2015 年第 7 期，第 27—28 页。

② 刘裕国：《监督“哨所”前置　社员心头明亮》，载《人民日报》2 月 16 日。

③ 参见栖霞区政府办公室：《关于建立栖霞区农民资金互助合作社监管联席会议制度的通知》（宁栖政办字［2018］101 号）。

④ 夏勇：《走向权利的时代》，中国政法大学出版社 2000 年版，第 3 页。

七、农民专业合作社社员权益纠纷的救济

“没有救济就没有法律”“无救济即无权利”。正是在这样的意义上，救济本身可以被看作“第二权利”①。我国合作社社员权益救济是指社员权利在受到不法侵害后，对于所发生的矛盾纠纷形成的对权利矫正、补救方法或利益恢复的方法和措施。由于合作社的社员大多是农民，作为一个弱势群体，其权益受到侵害后理应受到法律的保护，一般包括私力救济和公力救济两种方式。

（一）私力救济中社员权益保护的问题及完善

私力救济是指合作社的社员在权利遭受侵害后，单纯依靠自身或者私人力量，而捍卫自身合法权益不受侵害。私力救济一般指的是“审判外（诉讼外）纠纷解决方式”，或者称为“法院外纠纷解决方式”“非诉讼纠纷解决方式”等，这种纠纷解决方式是一种寻求在诉讼外解决纠纷的方式，它的优点在于构造新型多元化的纠纷解决机制，以最少的资源解决问题。这种解决方式受到社会的高度重视，也是备受关注的焦点问题之一。

私力救济在社员权益保护中成为不可或缺且首选的救济手段，对处于“熟人社会”或“半熟人社会”现阶段的合作社社员来讲，如果选择诉讼解决纠纷将存在很多障碍。一是诉讼成本较高。诉讼一般都需要有诉讼费用，成本相对过高，农民往往都请不起律师。二是心理上的障碍。也叫隐形成本，乡村社会的农民社员几乎都是到了没有办法解决的时候才去法院打官司，诉讼有可能破坏农村的网状社会结构。三是知识上的障碍。很多农民的文化知识水平不高，法律意识淡薄，司法部门的运行用的却是规范的法律条文，运行时还有着相当严格的法律程序，农民对这些显然都是不了解不熟悉的。如果说一个纠纷到了司法领域，农民就会无所适从，这些陌生的法律专业术语很少出现在他们的生活中。

我国合作社法赋予社员的很多权利都可以抗衡、制约和纠正不法侵害行为，比如说知情权、质询权、表决权和退社权等，而在这些权利当中最行之有效的自我保护手段就是退社权。依据合作社法的相关规定，社员声明退出的应向理事会提出，且是在财务年度终了 3 个月前。如果社员觉得自己的权利有可能遭到侵害或者已经出现了侵害的危险性时，就可以申请退社，以“用脚投票”的

① 苏力:《法律及其本土资源》，中国政法大学出版社 1996 年版，第 33 页。

方式来保护自己的合法权利。同时，社员还可以通过在社员大会上行使表决权，否决有可能侵害社员权益的一些决策或者决议。

私力救济的两种纠纷解决方式主要是协商和调解。协商是双方当事人共同商量以便取得一致意见。作为一种常见的纠纷调解方式，协商主要体现的是双方共同的意志。当社员之间或者社员与合作社之间出现了问题，产生了矛盾，处于“熟人社会”与“半熟人社会”的社员首先想到的是进行协商而不是打官司。由于协商完全是双方的意思表示，可以充分表达各自的意志。作为一种和平的解决方式，它不仅无形之中使成本降到最低，而且有利于社员之间人际关系的处理。协商的目的是使产生矛盾的社员双方各退一步，达成一致，寻求一个处理问题的最佳联结点，使双方社员的利益损失最小化，而最大可能地保护双方社员的权利。

调解是指在第三方（人民法院、人民调解委员会及有关组织）介入的情况下，对双方或多方社员就争议的实体权利、义务，自愿进行协商，通过教育或者疏导的方式，达到使各方解决纠纷的目的。调解与协商最大的不同之处就在于有第三方的介入，第三方处于一种主动积极的位置，尽可能地为发生争议的双方社员找到解决问题的方法。从一定程度上说，调解也是双方社员意志的表达。无论什么方式，只要能最大限度地表达出双方当事人的呼声，就有不同程度上维护他们权益的可能，这同样也适用于专业合作社的社员。而且我国合作社法提倡的是若成员与合作社、成员与成员之间发生了争议，尽可能用和平的解决方式来解决。协商和调解都是成本较低且效率很高的解决争议的方式，当社员的权益受到侵害时，能快速有效地用此方法予以解决，而且广大社员也普遍乐于接受这些争议解决方式。当前，我国 90% 以上的村民委员会都已经建立了调解组织。调解这种方式遵从了我国合作社社员之间的人格化关系原则，而且不伤社员之间的和气，但需要明确一点的是，这种解决方式的运用要遵守双方当事人自主自愿的原则，尊重当事人的意志。

（二）公力救济中社员权益保护的问题及完善

公力救济是指当社员权益受到侵害时，国家行政机关或私法机关运用国家公权力予以保护的一种纠纷解决机制。在现代文明社会中，公力救济是保护民事权利的主要手段，包括行政救济和司法救济。行政救济是法律救济的一种，包括行政机关系统内部救济和司法机关对行政相对人的救济，有行政复议、行政诉讼、信访制度等，还有行政仲裁、行政调解、行政裁决。按照我国合作社法的规定，合作社的主管行政部门属于县级以上农业农村行政主管部门，所以，当社员的合法权益受到不法侵害时，就有权向县级农业农村行政主管部门进行举报，以求寻得行政救济，维护自身权益。

在我国，司法救济主要是根据法律法规的规定，通过运用诉讼的方式对社员的权益加以维护，它是合作社社员权利最权威的救济方式之一。当司法机关做出判决后，在国家强制力的基础上执行判决以对纠纷做出有效的解决。现代法律的基本特征之一就是可诉性，2018 年新修订的《农民专业合作社法》增加了社员直接诉讼制度，这对于有效防止或遏制理事和监事等高级管理人员滥用其权力，保护弱势群体的社员利益具有重要的意义。

关于公力救济对社员权益保护问题，建议《农民专业合作社法》未来修法时可进一步借鉴我国公司法中对中小股东权利保护的相关规定，增加社员代表诉讼制度，以更好地保护社员的诉讼权益。社员代表诉讼的原告资格应赋予每一个社员，以便对合作社的经营管理人员进行监督。社员代表诉讼的被告范围或为合作社的经营管理人员，或为第三人。此时合作社的诉讼地位应为有独立请求权的第三人。社员代表诉讼的主要事由包括违反法律和行政法规、章程等损害合作社利益。社员代表诉讼胜诉后的利益归属合作社。如果败诉，由此产生的相关费用则区分社员代表诉讼的主观意图，善意诉讼的相关费用由合作社承担，恶意诉讼的相关费用则由其个人承担。

八、结论与展望

农民专业合作社社员权益保护是一个现实而又迫切的问题，随着社会主义市场经济的发展，农民专业合作社这种新型的经济组织在提高单个农民应对无法预测的市场风险方面日益显示出其优势。总体来看，本章从农民专业合作社与社员权益保护的基本概念理论进行诠释，重点就农民专业合作社的成立、运行、分配、监管中社员权益保护的问题进行分析、研究，最后对农民专业合作社社员权益纠纷的救济问题进一步探讨。并在其中有针对性地提出操作性较强的建议，既能促进农民专业合作社的健康发展，又能切实维护社员的合法权益。由于我国合作社制度起步较晚，在对社员权益的保护方面存在着很多不足，在合作社制度逐步发展的过程中，以期用法律的手段更好地对社员权益加以保护。

参考文献

专著类

[1] 漆多俊:《中国经济组织法》,中国政法大学出版社 2003 年版。

[2] 傅晨:《中国农村合作经济:组织形式与制度变迁》,中国经济出版社 2006 年版。

[3] 屈茂辉等:《合作社法律制度研究》,中国工商出版社 2007 年版。

[4] 徐旭初,黄胜忠:《走向新合作——浙江省农民专业合作社发展研究》,北京科学出版社 2009 年版。

[5] 胡卓红:《农民专业合作社发展实证研究》,浙江大学出版社 2009 年版。

[6] 郭红东,张若健:《中国农民专业合作社调查》,浙江大学出版社 2010 年版。

[7] 马彦丽:《促进我国农民专业合作社健康发展研究》,中国社会科学出版社 2011 年版。

[8] 刘雅静:《农民专业合作社的发展与创新研究》,山东大学出版社 2012 年版。

[9] 孔祥智:《中国农民专业合作社运行机制与社会效应研究》,中国农业出版社 2012 年版。

[10] 李旭:《农民专业合作社成长的影响因素》,经济日报出版社 2013 年版。

[11] 刘伯龙,唐亚林:《从善分到善合:农民专业合作社研究》,复旦大学出版社 2013 年版。

[12] 邱梦华:《农民合作与农村基层社会组织发展研究》,上海:上海交通大学出版社 2014 年版。

[13] 赵晓峰:《新型农民合作社发展的社会机制研究》,社会科学文献出版社 2015 年版。

[14] 柳岩:《农民合作社扶持政策与制度研究:基于 120 家合作社调查》,中国发展出版社 2016 年版。

[15] 王玉梅:《农民专业合作社之法理探究与实践》,科学出版社有限责任公司 2016 年版。

[16] 仝志辉:《农民合作社本质论争》,社会科学文献出版社 2016 年版。

[17] 张照新,高强,谭智心,吴比:《农民合作社内部信用合作实践探索与发展思路:基于试点地区的实地考察》,中国发展出版社 2018 年版。

[18] 谭智心:《联合的逻辑:农民合作社联合社运行机制研究》,人民日报出版社 2018 年版。

[19] 河南省农业厅:《河南省农民合作社典型案例及评析》,中国农业出版社 2018 年版。

[20] 刘宇翔:《农民合作社发展模式研究》,中国财政经济出版社 2019 年版。

[21] 车红莉:《乡村振兴战略背景下农民合作社经营管理问题研究》,中国农业科学技

术出版社 2019 年版。

期刊类

[1] 应瑞瑶:《论农业合作社的演进趋势与现代合作社的制度内核》,载《南京社会科学》2004 年第 1 期。

[2] 马彦丽，孟彩英:《我国农民专业合作社的双重委托——代理关系》,载《农业经济问题》2008 年第 5 期。

[3] 任坐田:《农民专业合作社产权制度的创新与规范》,载《生产力研究》2008 年第 14 期。

[4] 孙亚范，余海鹏:《社员认知、利益需求与农民合作的制度安排分析——基于江苏的调研数据》,载《南京农业大学学报》(社会科学版)2009 年第 9 期。

[5] 卢新国:《农民专业合作社盈余分配现状及对策研究》,载《调研世界》2009 年第 11 期。

[6] 徐旭初:《治理机制对农民专业合作社绩效的影响——基于浙江省 526 家农民专业合作社的实证分析》,载《中国农村经济》2010 年第 5 期。

[7] 汤正旗:《论农民专业合作社的成员权利救济制度》,载《襄樊学院学报》2010 年第 4 期。

[8] 赵凌云:《农民专业合作社不规范运作问题探析》,载《新视野》2010 年第 5 期。

[9] 杜亮亮，金爱武:《林业类农民专业合作社状况分析——以浙江省丽水市为例》,载《林业经济》2010 年第 5 期。

[10] 方强，周瑞金:《我国农民专业合作社存在问题及对策研究》,载《广东农业科学》2010 年第 6 期。

[11] 任大鹏，李存:《通过财政扶持引导农民专业合作社持续均衡发展》,载《理论研究》2010 年第 7 期。

[12] 朱晓娟:《我国合作社法人的分类与归属》,载《北方法学》2011 年第 4 期。

[13] 曹苏:《完善现行立法破解农民专业合作社融资困境》,载《华南农业大学学报》(社会科学版)2012 年第 1 期。

[14] 刘坚:《把促进农民专业合作社发展作为“三农”工作的重中之重》,载《科技致富向导》2012 年第 4 期。

[15] 杨军，张龙耀:《中国农民专业合作社融资约束及其对策研究》,载《上海金融》2013 年第 1 期。

[16] 邵科，徐旭初:《合作社社员参与:概念、角色与行为特征》,载《经济学家》2013 年第 1 期。

[17] 陈新建，谭砚文:《基于食品安全的农民专业合作社服务功能及其影响因素——以广东省水果生产合作社为例》,载《农业技术经济》2013 年第 1 期。

[18] 崔宝玉，刘峰:《快速发展战略选择下的合作社政府规制及其改进》，载《农业经济问题》2013 年第 2 期。

[19] 李静:《农民专业合作社法人治理结构及其规范运行分析》，载《经济问题》2013 年第 3 期。

[20] 曹军新:《当前农村合作经济组织融资功能的异化与综合治理——基于农村金融整体改革视角》，载《经济社会体制比较》2013 年第 4 期。

[21] 蔡荣，王学渊:《农业合作社的集体行动困境: 理论分析与实证检验》，载《农业经济问题》2013 年第 4 期。

[22] 韦克游:《农民专业合作社信贷融资治理结构研究——基于交易费用理论的视角》，载《农业经济问题》2013 年第 5 期。

[23] 吴甜甜，余得生:《西省农民专业合作社发展中的问题与对策研究》，载《生态经济》2013 年第 10 期。

[24] 胡平波:《农民专业合作社中农民合作行为激励分析——基于正式制度与声誉制度的协同治理关系》，载《农业经济问题》2013 年第 10 期。

[25] 李剑:《农民专业合作经济组织生存发展分析》，载《农业技术经济》2013 年第 12 期。

[26] 宫哲元:《论农民专业合作社的性质、作用和研究范式》，载《社会科学论坛》2014 年第 1 期。

[27] 万江红，管珊:《“国家—社会”视野中的农民专业合作社发展分析》，载《贵州社会科学》2014 年第 2 期。

[28] 苑鹏:《农民专业合作社的多元化发展模式》，载《中国国情国力》2014 年第 2 期。

[29] 李明贤，樊英:《经营模式、经营特性与农民专业合作社的发展研究——基于湖南省浏阳市三家典型蔬菜类合作社的研究》，载《农业经济问题》2014 年第 2 期。

[30] 孙亚范:《农民专业合作社治理中的社员参与意愿影响因素研究——基于江苏省的调查数据》，载《经济问题》2014 年第 3 期。

[31] 张永兵，温世扬:《农民专业合作社财产权法律属性研究》，载《当代法学》2014 年第 3 期。

[32] 邓军蓉，祁春节，汪发元:《农民专业合作社利益分配问题调查研究》，载《经济纵横》2014 年第 3 期。

[33] 王俊刚，房建恩:《我国农民专业合作社融资困境与法律对策》，载《农业经济》2014 年第 11 期。

[34] 梁剑峰，李静:《农民专业合作社法人治理结构的冲突与优化》，载《经济问题》2015 年第 1 期。

[35] 崔宝玉:《农民专业合作社的治理逻辑》，载《华南农业大学学报》(社会科学版) 2015 年第 2 期。

[36] 胡明霞，胡耘通，黄胜忠：《农民专业合作社规范运行的监管机制探析》，载《农村经济》2015 年第 6 期。

[37] 陈建敏，张春霞：《林业专业合作社利益分配的法律完善》，载《林业经济》2015 年第 11 期。

[38] 秦德智，姚岚，邵慧敏：《基于现代企业制度的农民专业合作社治理研究》，载《经济问题探索》2016 年第 4 期。

[39] 马晓红：《农民专业合作社利益分配机制研究》，载《农村经济》2015 年第 7 期。

[40] 高芳：《我国农民专业合作社内部控制问题及对策浅析》，载《财务与会计》2015 年第 15 期。

[41] 杨唯希：《农民专业合作社盈余分配规则及实践探究》，载《当代经济研究》2016 年第 2 期。

[42] 蒋辉：《农民专业合作社内部治理机制与运营风险防范》，载《江西社会科学》2016 年第 6 期。

[43] 杨皖宁：《农民专业合作社信用合作业务监管研究》，载《农村经济》2016 年第 8 期。

[44] 刘观来：《我国农民专业合作社社员权的诉权保护——以社员代表诉讼的制度构建为中心》，载《农业经济问题》2016 年第 12 期。

[45] 王俊凤，庞博，杨德光：《农民专业合作社内部资金互助的运行机理研究》，载《学习与探索》2017 年第 3 期。

[46] 刘刚，郭丽：《市场导向下农民合作社的治理机制优化研究》，载《世界农业》2017 年第 5 期。

[47] 赵新龙：《合作社决议效力规则的立法构造及其适用》，载《农业经济问题》2018 年第 3 期。

[48] 高海：《〈农民专业合作社法〉的改进与完善建议》，载《农业经济问题》2018 年第 5 期。

[49] 唐丽桂：《农民专业合作社发展中的不规范现象研究》，载《重庆社会科学》2019 第 2 期。

[50] 刘大洪，邱隽思：《我国合作经济组织的发展困境与立法反思》，载《现代法学》2019 年第 3 期。

[51] 洪梅香：《公平抑或效率：合作社的异化及辨析——兼论土地股份合作社的发展》，载《农村发展研究》2019 年第 5 期。

学术论文类

[1] 赵秀丽：《中国农民专业合作社立法完善研究》，河北大学 2011 年硕士学位论文。

[2] 彭泽忠：《基于博弈论视角的农民合作经济组织研究》，西南政法大学 2012 年硕士

学位论文。

[3] 任晔:《西部地区农民专业合作组织发展研究》，内蒙古大学 2013 年硕士学位论文。

[4] 邹爱萍:《农民专业合作社外部监管法律问题研究》，南京农业大学 2014 年硕士学位论文。

[5] 戴佳晨:《河北省农民专业合作社发展问题研究》，河南大学 2015 年硕士学位论文。

[6] 叶川:《农业合作社治理机制研究》，浙江海洋大学 2016 年硕士学位论文。

[7] 吴皓:《农民专业合作社自治制度研究》，云南大学 2016 年硕士学位论文。

[8] 王磊:《我国农民专业合作社法律制度研究》，哈尔滨工程大学 2016 年硕士学位论文。

[9] 钟玉清:《论我国农民合作社财产制度之完善》，河北大学 2017 年硕士学位论文。

[10] 王文芹:《农民专业合作社的发展困境与路径选择》，山东师范大学 2018 年硕士学位论文。

[11] 张昊:《农民专业合作社法人治理结构问题研究》，扬州大学 2018 年硕士学位论文。

[12] 杨腾:《乡村振兴战略背景下农民专业合作社的发展研究》，聊城大学 2018 年硕士学位论文。

[13] 马娟:《黑龙江省农民专业合作社成员利益实现研究》，东北农业大学 2018 年硕士学位论文。

[14] 崔俊:《农业经营体制改革视阈下的农民专业合作社问题研究》，首都经济贸易大学 2018 年硕士学位论文。

[15] 杨洁:《我国农民专业合作社社员权及其保障初探》，浙江大学 2019 年硕士学位论文。

[16] 胡笑笑:《合作社嵌入乡村社会治理：理论建构与现实考察》，延安大学 2019 年硕士学位论文。

后 记

党的十八大以来，为了解决农业农村领域发展严重滞后的问题，缩小城乡发展差距，促进城乡融合发展，党中央、国务院加大了对农业农村领域的改革，包括农业现代化、土地制度改革、农村精准扶贫、乡村振兴战略等。近年来，许多专家学者围绕农村改革和城乡融合发展中的热点难点问题展开深入研究，取得了一系列丰硕的研究成果。从 2008 年开始，笔者就重点关注和研究农村法治问题，研究范围和兴趣包括农村产权制度改革、深化土地制度改革、新型农业经营主体改革等领域，重点围绕土地住房抵押、征地制度改革、农民土地权益保护等方面形成了一些成果。我生于农村，长于农村，虽然离开家乡已经二十多年了，但我现在每隔两三个月都会回去看看那片曾经养育我的黄土地，时时关注和留意家乡所发生的种种变化，把家乡当成我研究农村法治问题的一个固定调研基地。

本书的主要内容包括征地改革中增值收益分配、农民权益保护、养老保险制度完善、土地抵押风险防范、土地承包权退出制度构建、农民专业合作社社员权益保护等内容。每章撰写分工如下：第一章由史卫民撰写，第二章由张渭撰写，第三章由马宁撰写，第四章由杨晶撰写，第五章由高子喻撰写，第六章由孟文静撰写，最后由史卫民统稿。在本书研究和撰写的过程中，参考借鉴了国内外学者大量最新研究成果和文献资料，也得到了许多学界同人支持与帮助，在此一并表示感谢。

感谢出版社编辑和同事们的辛苦工作和鼎力相助。感谢西安财经大学法学学科建设经费的支持与资助。

史卫民

2019 年 7 月 31 日

图书在版编目（CIP）数据

城乡融合发展与农民权益保障研究 / 史卫民等著 .
—北京：中国法制出版社，2020.4
ISBN 978-7-5216-0968-4

Ⅰ. ①城…　Ⅱ. ①史…　Ⅲ. ①城乡建设–经济发展–研究–中国
②农民–权益保护–研究–中国　Ⅳ. ① F299.21 ② D422.6

中国版本图书馆 CIP 数据核字（2020）第 046204 号

策划编辑：郭会娟
责任编辑：刘　悦　　　　封面设计：杨鑫宇

城乡融合发展与农民权益保障研究

CHENGXIANG RONGHE FAZHAN YU NONGMIN QUANYI BAOZHANG YANJIU

著者 / 史卫民等
经销 / 新华书店
印刷 / 北京京华虎彩印刷有限公司
开本 / 710 毫米 ×1000 毫米　16 开　　　　印张 / 16　字数 / 270 千
版次 / 2020 年 4 月第 1 版　　　　2020 年 4 月第 1 次印刷

中国法制出版社出版
书号 ISBN 978-7-5216-0968-4　　　　定价：59.00 元

值班电话：010-66026508
北京西单横二条 2 号　邮政编码 100031　　　　传真：010-66031119
网址：http://www.zgfzs.com　　　　**编辑部电话：010-66073673**
市场营销部电话：010-66033393　　　　**邮购部电话：010-66033288**
（如有印装质量问题，请与本社印务部联系调换。电话：010-66032926）